国家民族事务委员会人文社会科学重点研究基地
西南民族大学中国西部民族经济研究中心

中国少数民族地区经济发展报告 2018

改革开放40年民族地区的经济发展

Report on Economic Development in China Minority Region 2018

郑长德◎主编

中国经济出版社
CHINA ECONOMIC PUBLISHING HOUSE
·北京·

图书在版编目(CIP)数据

中国少数民族地区经济发展报告.2018:
改革开放40年民族地区的经济发展/郑长德 主编.
北京:中国经济出版社,2018.11
ISBN 978-7-5136-5037-3

Ⅰ.中… Ⅱ.①郑… Ⅲ.①民族地区经济—经济发展—研究报告—中国—2018
Ⅳ.①F127.8

中国版本图书馆CIP数据核字(2017)第319892号

责任编辑 李煜萍 李若雯
责任印制 巢新强

出版发行 中国经济出版社
印 刷 者 北京柏力行彩印有限公司
经 销 者 各地新华书店
开　　本 710mm×1000mm 1/16
印　　张 13.25
字　　数 210千字
版　　次 2018年11月第1版
印　　次 2018年11月第1次
定　　价 58.00元
广告经营许可证 京西工商广字第8179号

中国经济出版社 **网址** www.economyph.com **社址** 北京市西城区百万庄北街3号 **邮编** 100037
本版图书如存在印装质量问题,请与本社发行中心联系调换(联系电话:010-68330607)

中国少数民族地区经济发展报告编委会

摘　要

民族地区(本书中的民族地区主要指内蒙古、广西、西藏、宁夏、新疆五个少数民族自治区和青海、云南、贵州三个少数民族分布集中的省份,合称民族八省区,以及其他省份的少数民族自治州、自治县)在全国发展格局中具有特殊重要的战略地位,民族地区的经济社会发展在我国国民经济与社会发展中具有重大的战略意义。中华人民共和国成立以来,党和人民政府一直致力于在广大民族地区提高社会生产力、减少和消除贫困现象。尤其是改革开放以来,中国政府先后制定、实施了一系列倾斜性的发展援助和扶贫政策和措施,为推进民族地区经济社会跨越式发展和减贫脱贫,跨越贫困陷阱,使之与全国同步实现全面建成小康社会的奋斗目标发挥了重要作用。

本报告首先大致梳理了改革开放以来中国政府出台的支持民族地区跨越式发展和摆脱贫困陷阱的一系列政策措施,主要利用改革开放以来民族八省区的相关经济数据,总结了改革开放以来民族地区经济发展取得的成就,归纳阐述了推动民族地区经济社会跨越式发展的主要经验。报告的主要结论是:

改革开放以来,中国政府高度重视民族地区经济社会的跨越式发展,中国共产党对民族地区的战略地位高度重视,历次全国代表大会报告、历次国民经济和社会发展“五年”规划(计划)均阐明了各阶段民族地区发展的目标、重点任务和战略举措;先后召开了四次中央民族工作会议,深入分析民族工作面临的形势,深刻阐述民族问题和民族工作的重要性,明确民族工作的主要任务,提出进一步做好民族工作的要求,是历次中央民族工作会议要解决的基本问题;出台了关于民族地区经济社会发展的专门规划,如少数民族事业发展规划、人口较少民族发展规划、兴边富民规划、边境地区发展规划等;专门召开西藏工作座谈会、新疆工作座谈会,讨论西藏和四省藏区、新疆等民族地区发展的重大问题;考虑到民族八省区的异质性,出台针对性更强的关于西藏、新疆、宁夏、广西、甘肃、云南、内蒙古、贵州等民族地区经济社会发展的意见。这些规划意见,极大地推动了民族地区经济社会跨越式发展和全面建成小康社会。

改革开放40年来,民族地区经济社会发展取得了举世瞩目的伟大成就。

固定资产投资高速增长。中央政府对民族地区的一系列支持政策,主要是通过对民族地区的投资实现的。据统计,1978年民族八省区全社会固定资产投资总额为76.7亿元,到2017年达到89659.6亿元,年均增长率达到19.85%。1981—2017年,民族八省区全社会固定资产投资年均增长率为21.20%,超过同期全国19.80%的水平,民族八省区全社会固定资产投资占全国比例在1981年为9.19%,到2017年提高到13.98%。2017年民族八省区全社会固定资产投资总额增长11.8%,高于全国4.6个百分点。

经济持续平稳快速增长。高速增长的投资带来民族地区经济总量的快速增长。据统计,民族八省区在1978年的地区生产总值为323.8亿元,占全国国内生产总值的比例为8.8%,到2017年民族八省区地区生产总值达到84898.9亿元,占全国国内生产总值的比率提高到10.26%。内蒙古、广西、云南、贵州、新疆等省区地区生产总值均已突破万亿。2017年民族八省区全年实现生产总值同比增长7.6%,高于全国0.7个百分点。除内蒙古外,其他七省区增速均高于全国平均水平。贵州、西藏和云南的GDP增速位列全国前三位,分别为10.2%、10%和9.5%。贵州省已连续28个季度保持经济两位数增长。

经济结构优化迈出重要的步伐。经济发展不仅反映产出量的增加,更重要的是推动了经济结构的演进,而基本的经济结构变化是生产结构和就业结构的变化。从地区生产总值在三次产业间的分布看,1978年民族地区一、二、三产业的产值比重为37.58:41.61:20.81,到2017年变化为13.19:41.35:45.46。第一产业产值比重进一步下降,第三产业比重上升较快,第二产业相对稳定。历史地看,20世纪90年代初是民族地区产业结构变化的很重要的分界线,自那以后民族地区第一产业产值比重稳定地低于第二产业和第三产业,目前民族地区第二产业和第三产业提供了85%以上的生产总值。生产结构的变化、现代产业的发展、传统产业地位的下降,必然导致劳动力在部门间的重新配置,引起就业结构的变化。这种变化的一个基本趋势是,随着经济发展,劳动力逐渐由农业部门向非农业部门转移,第二产业和第三产业成为劳动力就业的主要领域。民族地区劳动力就业结构的变化是符合这一基本趋势的。1978年民族八省区各产业劳动力份额为79.41∶11.41∶9.17,1998年为66.89∶13.26∶19.85,到2016年各产业就业份额比例为49.16∶15.92∶34.96。

自我发展能力增强,城乡居民生活水平显著提高。发展成果通过国民收入的初次分配和再分配,最终反映在政府、企业和城乡居民收入的增长上。改革开放以来,伴随着国民经济的高速增长,民族地区政府、企业、居民的收入均有了快速的增长。

地方财政收支增速快,自我发展能力增强。西部大开发以来,随着国民经济的快速增长,民族地区地方财政收入呈现出快速增长的态势。1978年八个民族省区地方财政一般预算收入52.28亿元,2017年超过9000亿元,达到9133.17亿元,年均增长率超过15%,大大快于地区生产总值的年均增长率。财政收入的快速增长,提高了地方政府调控经济的能力,加强了经济和社会发展中的薄弱环节,切实加大了对落后地区和低收入群体的转移支付力度,加快了脱贫致富的步伐,有效地保障了经济社会的稳定协调发展。

城乡居民收入有了大幅度提升。1978年民族八省区居民人均收入(城镇居民人均可支配收入和农村居民家庭人均纯收入用城乡人口比例加权)只有260多元,1999年达到2900多元,2010年突破8500元。2017年民族八省区全体居民平均收入达到19520元。

特别是贫困地区农村常住居民人均可支配收入增幅高于各省区平均水平。2017年贫困地区城镇常住居民人均可支配收入达31553元,增长8.4%;农村常住居民人均可支配收入达10442元,增长9.2%。宁夏贫困地区农民人均可支配收入比上年增长11%,高于全区平均增幅2个百分点。

反贫困取得显著成效。民族地区是中国贫困人口最集中、贫困程度最深的地方。据统计,新时期592个国家扶贫开发工作重点县中,广西28个,贵州50个,云南73个,青海15个,宁夏8个,新疆27个,合计201个,占全国的

34%。另外,西藏原列有5个国定贫困县,《国家八七扶贫攻坚计划》实施结束后,国务院将西藏的74个县纳入扶贫计划进行区域整体扶持,不再列入国家扶贫重点县名单。因此,民族地区始终是国家扶贫开发工作的主战场。国家多年来对少数民族贫困地区加大扶持力度的工作取得明显成效。据国家统计局对全国31个省(自治区、直辖市)16万户居民家庭的抽样调查,按每人每年2300元(2010年不变价)的国家农村贫困标准测算,2017年,民族八省区农村贫困人口为1032万人,比上年减少379万人;减贫速度为26.9%,比上年加快4.8个百分点;农村贫困人口占乡村人口的比重,即贫困发生率为6.9%,比上年下降2.4个百分点。

重点任务与重点工程建设取得显著成效。改革开放以来,特别是实施西部大开发战略以来,国家紧紧围绕基础设施建设、生态建设和环境保护、产业结构调整、发展科技教育等重点任务,通过规划指导、政策扶持、项目安排等,加大了对民族地区的支持力度。这些重点工程的开工建设,为民族地区工业化的加速推进奠定了坚实的基础,为贯彻落实西部大开发战略、推进民族地区经济社会发展、改善群众生产生活条件发挥了重要作用。

目 录

CONTENTS

7. 改革开放40年青海的经济发展

8. 改革开放40年宁夏的经济发展

9. 改革开放40年新疆的经济与社会发展

总报告

1. 改革开放 40 年民族地区经济发展总报告

中国西部民族经济研究中心[①]

1.1 引言

1978 年,中国共产党第十一届中央委员会第三次全体会议在北京闭幕,标志着中国进入了改革开放的历史新时期。2018 年是中国改革开放 40 周年,40 年来,中国经济得到长足发展。1978 年,中国经济总量为 3678.7 亿元,居世界第十位;2008 年,为 319515.5 亿元,居世界第三位;2012 年,为 540367.4,居世界第二位;2017 年,中国经济总量已达 827122 亿元。[②] 其间,共增长 823443.3 亿元。1978 年,中国经济总量只占世界的 1.8%,2017 年已超过 5%。随着中国经济的不断发展,中国在世界经济的舞台上发挥着越来越重要的作用,据世界银行估计,2017 年中国经济占世界经济的比重约为 5.3%,对世界经济增长的贡献率达到 34% 左右。中国经济的稳健发展,有力地推动了世界经济及国际贸易的发展。

改革开放 40 年来,民族地区(本报告所指的民族地区包括内蒙古、广西、西藏、宁夏、新疆五个少数民族自治区和少数民族分布集中的贵州、云南和青海三省,简称民族八省区)和全国一样,随着改革开放深度和广度的不断提升,以及全球化、区域一体化步伐的加快,其封闭、落后的局面被打破,正逐渐由落后的边缘区向开放前沿转变。

改革开放 40 年来,沿着中国特色解决民族问题的正确道路,民族地区发

---

① 项目支持:西南民族大学中国西部民族经济研究中心 2018 年重点项目。

执笔人:郑长德,西南民族大学中国西部民族经济研究中心主任/教授,博士生导师;陈田,西南民族大学博士研究生;沈新乐,西南民族大学博士研究生;边作为,西南民族大学博士研究生。

② 据中华人民共和国国家统计局。

生了翻天覆地的变化。国家政策不断向民族地区倾斜,倾斜力度不断加大,民族地区享受国家优惠和扶持的力度也不断加强。国家层面,如制定少数民族事业发展规划、扶持人口较少民族规划、兴边富民规划,出台支持贵州、云南、青海、宁夏发展的意见,召开西藏、新疆工作座谈会等,为民族地区经济发展提供了强有力的制度保障。

改革开放之初,民族地区由于交通基础设施落后、信息不畅、市场化水平低、思想观念守旧等原因,经济发展受到极大的限制。2008 年是改革开放 30 周年,民族地区经济有了较大的变化,经济得到较快发展,但人民的生活水平虽然有了较大提高,与东、中部地区相比依然较低。改革开放 40 年来,民族地区的发展有了前所未有的变化,经济和社会发展迅速,与东、中部地区的经济发展差距逐渐缩小,经济的发展程度超过了历史上的所有时期。1978 年民族八省区经济总量为 323.8 亿元,2017 年增长到 84898.9 亿元,占全国国内生产总值的比率从 1978 年的 8.80% 增长到 2017 年的 10.26%。在产业结构方面,二、三产业比重逐渐增加,产业空间布局不断优化。人民生活方面,收入水平显著提高,贫困发生率大幅度下降,社会保障水平明显提升。投资方面,公共财政投资不断加大,有力地促进了民族地区公共基础设施的完善和社会事业的发展。对外开放方面,民族地区紧跟时代步伐,牢牢把握西部大开发和“一带一路”建设的历史机遇,不断加强与国内、国外市场的联系,积极吸收国内外资本,不断提高开放的深度和广度,正逐渐成为开放的前沿。

改革开放 40 年来,虽然民族地区取得显著成绩,但我们也要清楚地看到,民族地区总体生产力水平还不高,创新发展能力还不足,城市和乡村仍有一定数量的贫困和低收入人口,民族省区之间、民族省内之间的发展还存在较大的不平衡,农业、农村发展依然滞后,农村基础设施有待改善,农村人口的科学文化素质和现代化水平以及农民收入水平还有待提高,推动民族地区良性发展的制度体系还不完善,制约民族地区经济社会发展的机制体制障碍依然存在。这些障碍,使得民族地区经济社会发展还任重而道远,缩小与东、中部地区的经济发展差距还困难重重。

历史经验表明,矛盾和问题是催生变革的动力。改革制约经济社会发展的机制体制,是促进民族地区经济发展的重要前提。反过来,发展是解决一切问题的总钥匙,民族地区的经济发展也将助力民族地区矛盾和问题的解决。

2017年10月18—24日,中国共产党第十九次全国代表大会在北京召开,十九大报告指出:我国已进入新时代,新时代我国社会的主要矛盾是人民日益增长的美好生活需要和不平衡不充分的发展之间的矛盾。而这个主要矛盾在民族地区显得更为突出。十九大报告进一步将老少边穷地区放在区域协调发展战略的优先位置,体现了党中央加快老少边穷地区发展的决心。2018—2020年是决胜全面建成小康社会的关键几年,也是最后几年。而民族地区恰是全面建成小康社会的最短板,民族地区的发展水平和发展质量影响着全面小康的水平和质量。因此,继续推动民族地区经济持续发展、绿色发展、协调发展、跨越式发展显得尤为迫切。

2018年是改革开放40周年,是承上启下的一年,是对过去进行总结和继承、开启新时代和新发展的一年。本报告对民族地区改革开放40年来中央支持民族地区实现经济社会跨越式发展的各项制度和战略措施及所取得的成就进行了归纳和总结。首先,阐述改革开放以来涉及中央政府出台的关于民族地区的各项决定、相关规划;其次,分析改革开放40年民族地区经济发展所取得的成就;最后,提炼改革开放以来推动民族地区发展的经验,对民族地区经济发展进行展望。

1.2 改革开放以来中央政府支持民族地区经济发展的政策与相关规划

改革开放以来,中国政府高度重视民族地区经济社会的跨越式发展,中国共产党对民族地区的战略地位高度重视,历次全国代表大会报告、历次国民经济和社会发展“五年”规划(计划)均阐明了各阶段民族地区发展的目标、重点任务和战略举措;先后召开了四次中央民族工作会议,深入分析民族工作面临的形势,深刻阐述民族问题和民族工作的重要性,明确民族工作的主要任务,提出进一步做好民族工作的要求,是历次中央民族工作会议要解决的基本问题;出台了关于民族地区经济社会发展的专门规划,如少数民族事业发展规划、人口较少民族发展规划、兴边富民规划、边境地区发展规划等;专门召开西藏工作座谈会、新疆工作座谈会,讨论西藏和四省藏区、新疆等民族地区发展的重大问题;考虑到民族八省区的异质性,出台针对性更强的关于西藏、新疆、宁夏、广西、甘肃、云南、内蒙古、贵州等民族地区经济社会发展的意见。这些规划意见,极大地推动了民族地区经济社会跨越式发展和全面建成小康社会。

1.2.1 民族地区在全国发展大局中的战略地位愈加重要

民族地区经济发展历来是全国区域经济的重要组成部分,事关全国经济繁荣、社会稳定、可持续发展和全面建成小康社会,事关“两个一百年”奋斗目标的顺利实现。根据中国共产党最近几次全国代表大会的报告,可以看出民族地区在全国的发展大局中的战略地位愈加重要(见表1-1)。

表1-1 十四大以来历次党代会关于民族地区发展的表述

党代会报告	章节	关于民族地区发展的表述
十四大	二、九十年代改革和建设的主要任务	第五,充分发挥各地优势,加快地区经济发展,促进全国经济布局合理化。……加快少数民族地区经济发展,对于加强民族团结,巩固边防,促进全国经济发展,具有极为重要的意义。贫困地区尽快脱贫致富,是实现第二步战略目标的重要组成部分。对少数民族地区以及革命老根据地、边疆地区和贫困地区,国家要采取有效政策加以扶持,经济比较发达地区要采取多种形式帮助他们加快发展
十五大	五、经济体制改革和经济发展战略	(五)加强农业基础地位,调整和优化经济结构。促进地区经济合理布局和协调发展。……更加重视和积极帮助少数民族地区发展经济
十六大	四、经济建设和经济体制改革	(三)积极推进西部大开发,促进区域经济协调发展。实施西部大开发战略,关系全国发展的大局,关系民族团结和边疆稳定。要打好基础,扎实推进,重点抓好基础设施和生态环境建设,争取十年内取得突破性进展
十七大	五、促进国民经济又好又快发展	(五)推动区域协调发展,优化国土开发格局。缩小区域发展差距,必须注重实现基本公共服务均等化,引导生产要素跨区域合理流动。……加大对革命老区、民族地区、边疆地区、贫困地区发展扶持力度
十八大	四、加快完善社会主义市场经济体制和加快转变经济发展方式	(三)推进经济结构战略性调整。继续实施区域发展总体战略,充分发挥各地区比较优势,优先推进西部大开发,……采取对口支援等多种形式,加大对革命老区、民族地区、边疆地区、贫困地区扶持力度

续表

党代会报告	章节	关于民族地区发展的表述
十九大	五、贯彻新发展理念，建设现代化经济体系	(四)实施区域协调发展战略。加大力度支持革命老区、民族地区、边疆地区、贫困地区加快发展,强化举措推进西部大开发形成新格局,……加快边疆发展,确保边疆巩固、边境安全

资料来源:作者根据中国共产党新闻网(http://cpc.people.com.cn/)整理。

由此可见,中国共产党高度重视民族地区的发展,把支持民族地区的发展作为全国总体发展战略的重要部分,这也是近几十年来民族地区与全国能够实现同步发展的基本保证。同时,从历次中国共产党全国代表大会报告的具体表述看,十九大报告把“加大力度支持革命老区、民族地区、边疆地区、贫困地区加快发展”放在了最优先的地位,并提出这些地区要“加快发展”,并要“加大支持力度”。因此,在新时代,民族地区的发展在全国发展大格局中的战略地位更加重要,加大力度支持民族地区加快发展是习近平新时代中国特色社会主义思想的重要组成部分。

1.2.2 国民经济和社会发展五年规划(计划)与民族地区的经济发展

发展规划是一种战略性、前瞻性、导向性的公共政策,在我国政府管理中具有十分重要的引领地位。自新中国成立以来,我国以五年为一个周期,编制国民经济和社会发展计划(规划)。五年规划(The Five - Year Plan,原称五年计划),全称为“中华人民共和国国民经济和社会发展五年规划纲要”,是中国国民经济计划的重要部分,属长期计划,主要是对国家重大建设项目、生产力分布和国民经济重要比例关系等作出规划,为国民经济发展远景规定目标和方向。中国于 1953 年制定第一个“五年计划”。从“十一五”起,“五年计划”改为五年规划(除 1949 年 10 月到 1952 年底为中国国民经济恢复时期和 1963—1965 年为国民经济调整时期外)。

回顾五年规划(计划)的历史,其不仅能描绘新中国成立以来经济发展的大体脉络,也能从中探索中国经济发展的规律,通过对历史的对比与检视,可以从中获得宝贵的经验,从而指导未来的经济发展。

截至目前,中国已发布十三个五年计划(规划),其中第一至第十个五年计划以计划命名,第十一个五年规划开始以规划命名。改革开放以来,我国先后发布了国民经济和社会发展第六个五年计划(1981—1985 年)、第七个五年计划(1986—1990 年)、第八个五年计划(1991—1995 年)、第九个五年计划(1996—2000 年)、第十个五年计划(2001—2005 年)、第十一个五年规划(2006—2010 年)、第十二个五年规划(2011—2015 年)、第十三个五年规划(2016—2020 年)等八个国民经济和社会发展规划。这些计划(规划)中,均用一定的篇幅对少数民族地区的财政安排、制度设计、经济发展、教育提升、文化培育等诸多方面进行了规划与安排,为我国少数民族地区的发展提供了科学、有效的发展路径与规划指导(见表 1 -2)。

表1-2 改革开放以来我国历次国民经济和社会发展五年规划关于少数民族地区的内容汇总

规划年份	财政	产业	教育	文化	制度
国民经济和社会发展第六个五年计划（1981—1985年）	帮助少数民族地区和经济不发达地区发展经济文化事业。支援少数民族地区和经济不发达地区资金25亿元，比“五五”计划时期的3亿元增加22亿元。国家定额财政补助每年递增10%；同时，对少数民族地区和经济不发达地区每年拨专款5亿元，作为支援经济发展的资金	继续积极支持和切实帮助少数民族地区发展生产，繁荣经济。发挥农牧业优势，努力增产农畜产品。根据资源的特点，有计划地加强工业建设。发展民族特需用品生产，改善民族贸易。继续从财力、物力和技术力量等方面给少数民族地区以扶持	教育方面，各省、市、自治区要采取有效措施，努力提高广大农村、边远地区和少数民族聚居地区学龄儿童的入学率，特别要提高入学巩固率	积极发展少数民族地区特别是边境地区的文化事业，建设和扩充图书馆、文化馆、博物馆、影剧院等文化设施。在没有剧团的县、旗，要建立乌兰牧骑式的演出队。搞好影片的民族语言翻译和磁带录音工作。做好对少数民族的书刊出版工作，编纂出版少数民族语文工具书，整理出版少数民族的文化遗产。积极开展群众文化活动，加强群众性文化设施的建设	人口方面，提出少数民族聚居的地区也要实行计划生育，并根据各个地区的经济、自然条件和人口状况，制定计划生育工作规划
国民经济和社会发展第七个五年计划（1986—1990年）	为了扶持老革命根据地、少数民族地区、边境地区和贫穷地区经济文化的发展，“七五”计划草案对这些地区增加了资金、物资和技术的支援，提出在计划执行中还可以根据国力增强的情况适当予以增加	要采取正确的政策和措施，着重增强少数民族地区自身的活力，同时促进经济比较发达地区同它们之间的协作与联合，使它们能够主要依靠自力更生，较快地摆脱经济文化的落后状态			

续表

规划年份	财政	产业	教育	文化	制度
国民经济和社会发展第八个五年计划（1991—1995年）		要继续贯彻执行扶持民族地区、贫困地区、老根据地和边疆地区发展的各项现行政策，争取在今后十年从根本上解决这些地区贫困群众的温饱问题，使经济面貌和人民生活都有显著改善。国家要继续对这些地区给予财力、物力和技术力量的支持，并安排一批矿山、水利、交通和工业项目，以带动这些地区的经济发展			建立和发展平等互助、团结合作、共同繁荣的社会主义民族关系，坚持和完善民族区域自治制度，反对民族歧视和民族分裂。巩固和发展全国各民族的大团结。积极扶持民族地区的经济文化发展。现在我国各民族之间相互团结，关系是好的。某些地区存在的一些具体问题，基本上属于根本利益一致基础上的人民内部矛盾，应当通过民主协商、贯彻民族政策和进行民族政策的教育，妥善解决。要坚定不移地执行民族区域自治法，充分保障自治地方的自治权利和少数民族的平等权利，尊重少数民族的风俗习惯。认真贯彻宗教信仰自由政策。要继续加强民族团结的教育，注意防止和克服大民族主义和地方民族主义倾向，反对民族分裂，维护祖国统一。今后十年，在各族人民共同努力和全国的大力支持下，西藏的经济文化建设必将取得更大的成就

续表

规划年份	财政	产业	教育	文化	制度
国民经济和社会发展第九个五年计划（1996—2000年）	要继续从资金、技术、人才、教育等方面加大扶持力度，促进民族地区改革开放和社会经济发展。经济发展和人民生活的改善，将为进一步巩固民族团结奠定更加牢固的基础	改革开放以来，民族地区社会经济发展加快		大力培养民族干部和各类人才。要始终不渝地维护祖国统一和民族团结，坚决反对一切分裂祖国和破坏民族团结的行为。全面贯彻宗教政策，保障公民宗教信仰自由，教育信教群众爱国爱教。依法加强对宗教事务的管理，积极引导宗教与社会主义社会相适应	紧紧抓住经济建设这个中心不放，坚持四项基本原则，坚持改革开放，实现了经济发展、政治稳定、民族团结、社会进步。社会稳定和民族团结，为现代化建设提供基本保证。巩固和发展民族团结是全国人民的根本利益所在。我国是统一的多民族国家，要维护和发展平等、团结、互助的民族关系，实现各民族共同繁荣和进步。要坚持和完善民族区域自治制度，充分保障自治地方的自治权利和民族平等权利
国民经济和社会发展第十个五年计划（2001—2005年）		扶持贫困地区发展，巩固“八七”扶贫攻坚成果，从根本上改变贫困地区面貌，是一项长期而艰巨的任务。要重点做好中西部的少数民族地区、革命老区、边疆地区和特困地区的扶贫工作，尽快使剩余贫困人口实现脱贫。推进西部大开发，依据民族区域自治法，支持民族自治地区落实自	发展各级各类教育，重点推进西部贫困地区和少数民族地区的义务教育，实施贫困地区义务教育二期工程		注意支持人口较少的少数民族的发展

续表

规划年份	财政	产业	教育	文化	制度
		治权。加大支持力度,加快少数民族和民族地区经济与社会全面发展,重点支持少数民族地区的扶贫开发、牧区建设、民族特需用品生产、民族教育和民族文化事业发展			
国民经济和社会发展第十一个五年规划(2006—2010年)		支持发展民族特色产业、民族特需商品、民族医药产业和其他有优势的产业。优先解决特困少数民族贫困问题,扶持人口较少民族的经济社会发展,推进兴边富民行动	加强少数民族人才队伍建设,稳定民族地区人才队伍。普及和巩固义务教育,重点加强农村义务教育,努力降低义务教育阶段农村学生特别是女性学生、少数民族学生和贫困家庭学生的辍学率,全国初中三年保留率达到95%	建设少数民族民间传统文化社区,扶持少数民族出版事业,建立双语教学示范区	支持革命老区、民族地区和边疆地区发展
国民经济和社会发展第十二个五年规划(2011—2015年)				大力发展文化事业。鼓励扶持少数民族文化产品创作生产	发展社会主义民主政治,贯彻落实党和国家的民族政策,保障少数民族合法权益,开展民族团结宣传教育和创建活动,巩固和发展平等团结互助和谐的社会主义民族关系

续表

规划年份	财政	产业	教育	文化	制度
国民经济和社会发展第十三个五年规划(2016—2020年)	把加快少数民族和民族地区发展摆到更加突出的战略位置,加大财政投入和金融支持,改善基础设施条件,提高基本公共服务能力。把革命老区、民族地区、边疆地区、集中连片贫困地区作为脱贫攻坚重点,持续加大对集中连片特殊困难地区的扶贫投入力度,增强造血能力,实现贫困地区农民人均可支配收入增长幅度高于全国平均水平,基本公共服务主要领域指标接近全国平均水平。推动民族地区健康发展。支持民族地区发展优势产业和特色经济。加强跨省区对口支援和对口帮扶工作。加大对西藏和四省藏区支持力度。支持新疆南疆四地州加快发展。促进少数民族事业发展,大力扶持人口较少民族发展,支持民族特需商品生产发展,保护和传承	支持民族地区发展优势产业和特色经济。促进少数民族事业发展,大力扶持人口较少民族发展,支持民族特需商品生产发展	加快基本公共教育均衡发展。建立城乡统一、重在农村的义务教育经费保障机制,加大公共教育投入向中西部和民族边远贫困地区的倾斜力度。积极推进民族教育发展,科学稳妥推行双语教育,加大双语教师培训力度	保护和传承少数民族传统文化	推动民族地区健康发展。加强跨省区对口支援和对口帮扶工作。加大对西藏和四省藏区支持力度。支持新疆南疆四地州加快发展。深入开展民族团结进步示范区创建活动,促进各民族交往交流交融。保障国家政权主权安全,建立健全跨部门跨地区联合工作机制,依法严密防范和严厉打击敌对势力渗透颠覆破坏活动、暴力恐怖活动、民族分裂活动、宗教极端活动。发展社会主义民主政治,坚持和完善人民代表大会制度、中国共产党领导的多党合作和政治协商制度、民族区域自治制度以及基层群众自治制度,扩大公民有序政治参与,充分发挥我国社会主义政治制度优越性

续表

规划年份	财政	产业	教育	文化	制度
	少数民族传统文化。深入开展民族团结进步示范区创建活动 促进各民族交往交流交融				

资料来源:根据历次五年计(规)划整理。

1.2.3 中央民族工作会议与民族地区经济发展

中央民族工作会议是改革开放以来我国创造的具有中国特色的解决民族问题的新模式。1992年、1999年和2005年,中国共产党先后召开了三次中央民族工作会议(见表1-3)。这三次会议都是基于民族事业发展的不同阶段、民族问题和民族工作出现新挑战,需要作出新判断、提出新举措的局面召开的。事实证明,中央民族工作会议在推动中国少数民族经济社会事业的进步上,具有难以替代的、巨大的推动作用,确保了我国民族事业的有序进行和良性发展。2014年9月召开了中央民族工作会议暨国务院第六次全国民族团结进步表彰大会。此外,1988年,国务院召开了第一次全国民族团结进步表彰大会;1994年,国务院又召开了第二次全国民族团结进步表彰大会。

表1-3 历次中央民族工作会议

会议(次数)	时间	主题	内容	意义
第一次	1992年1月14—18日	加强各民族大团结,为建设有中国特色的社会主义携手并进	会议分析了民族工作的长期性、复杂性和重要性,确定了20世纪90年代我国民族工作的大政方针和主要任务	开创了以"中央民族工作会议"的方式,来确立改革开放各个阶段民族工作最重要的指导性原则和最重大的战略主张的先例
第二次	1999年9月29日—10月3日	加快少数民族和民族地区经济发展和社会进步	会议报告认为,加快少数民族和民族地区的发展,不仅是一个重大的经济问题,也是一个重大的政治问题。没有少数民族和民族地区的现代化,就没有全中国的现代化	充分展示中华民族团结一心跨越新世纪的精神风貌
第三次	2005年5月27—28日	以科学发展观统领民族工作,促进民族地区和谐发展	会议重点研究加快少数民族和民族地区经济社会发展,实现全面建设小康社会的宏伟目标	社会主义民族关系在"平等、团结、互助"之外,加上"和谐"二字,表明中国共产党在新的历史时期,对于民族关系与时俱进的深刻把握

资料来源:人民网,http://politics.people.com.cn/n/2014/0927/c1001-25746644.html.

中央民族工作会议暨国务院第六次全国民族团结进步表彰大会于2014年9月28—29日在北京举行。会议的主要任务是:准确把握新形势下民族问题、民族工作的特点和规律,统一思想认识,明确目标任务,坚定信心决心,提高做好民族工作的能力和水平。习近平在会上发表重要讲话,全面分析我国民族工作面临的国内外形势,深刻阐述当前和今后一个时期我国民族工作的大政方针。

关于民族地区的经济发展,会议强调,新中国成立以来,少数民族和民族地区得到了很大发展,但一些民族地区群众困难多,困难群众多,同全国一道实现全面建设小康社会目标难度较大,必须加快发展,实现跨越式发展。要发挥好中央、发达地区、民族地区三个积极性,对边疆地区、贫困地区、生态保护区实行差别化的区域政策,优化转移支付和对口支援体制机制,把政策动力和内生潜力有机结合起来。要紧扣民生抓发展,重点抓好就业和教育;发挥资源优势,重点抓好惠及当地和保护生态;搞好扶贫开发,重点抓好特困地区和特困群体脱贫;加强边疆建设,重点抓好基础设施和对外开放。

会议指出,支持民族地区加快经济社会发展是中央的一项基本方针。要紧紧围绕全面建成小康社会目标,顺应各族群众新期盼,深化改革开放,调动广大干部群众的积极性,激发市场活力和全社会创新创造热情;发挥民族地区特殊优势,加大各方面支持力度,提高自我发展能力,释放发展潜力;发展社会事业,更加注重改善民生,促进公平正义;大力传承和弘扬民族文化,为民族地区发展提供强大精神动力;加强生态环境保护,提高持续发展能力。

会议强调,要加强基础设施、扶贫开发、城镇化和生态建设,不断释放民族地区发展潜力。基础设施建设要重点解决路和水的问题。民族地区交通建设,既要打通对内对外联系的“大通道”,也要畅通与“大通道”联系的“静脉”“毛细血管”。建设一批重大引水调水工程、大型水库和骨干渠网,同时支持地方搞好水利设施建设,全部解决农村人口饮水安全问题。打好扶贫攻坚战,民族地区是主战场。要创新思路和机制,把整体推进与精准到户结合起来,加快推进集中连片特殊困难地区区域发展与扶贫攻坚,提高扶贫效能。民族地区推进城镇化,要与我国经济支撑带、重要交通干线规划建设紧密结合,与推进农业现代化紧密结合。还要重视利用独特地理风貌和文化特点,规划建设一批具有民族风情的特色村镇。把生态保护放在重要位置,继续在民族地区实施重大生态保护工程,中央和地方都要加大投入,落实好生态补偿机制。

会议指出,要大力发展特色优势产业,增强民族地区自我发展能力。把优势资源开发好、利用好,推动产业结构上水平,加快发展服务业,逐步把旅游业做成民族地区的支柱产业。充分考虑民族地区的特殊性,在土地使用、金融服务、资本市场建设等方面给予差别化支持。民族地区加快发展,最终还是要向改革要动力、要活力。民族地区与全国一样,都要深化投资体制改革,搞好和周边地区的互联互通,通过市场机制与沿海地区连接起来,实现优势互补、合作共赢、共同发展。

会议指出,要以推进基本公共服务均等化为重点,着力改善民生。发展经济的根本目的就是要让各族群众过上好日子。既要坚持不懈抓发展,不断扩大经济总量,为民生改善提供坚实基础,也要大力推进基本公共服务均等化,促进社会公平。教育投入要向民族地区、边疆地区倾斜,加快民族地区义务教育学校标准化和寄宿制学校建设,实行免费中等职业教育,办好民族地区高等教育,搞好双语教育。加快改善医疗卫生条件,加强基层医疗卫生人才队伍建设。进一步加强对口支援和帮扶,把改善民生放在首位,帮扶资金主要用于民生、用于基层。①

会议后印发了中共中央、国务院《关于加强和改进新形势下民族工作的意见》(中发〔2014〕9号)(以下简称《意见》),《意见》从坚定不移走中国特色解决民族问题的正确道路、围绕改善民生推进民族地区经济社会发展、促进各民族交往交流交融、构筑各民族共有精神家园、提高依法管理民族事务能力、加强党对民族工作的领导六个方面提出25条意见,旨在切实加强和改进新形势下的民族工作,团结带领全国各族人民共同推进全面建成小康社会、努力实现中华民族伟大复兴的中国梦。关于民族地区经济发展,《意见》指出,要明确民族地区经济社会发展基本思路,紧紧围绕全面建成小康社会目标,深入实施西部大开发战略,以提高基本公共服务水平、改善民生为首要任务,以扶贫攻坚为重点,以教育、就业、产业结构调整、基础设施建设和生态

① 新华网. 中央民族工作会议暨国务院第六次全国民族团结进步表彰大会在北京举行[EB/OL]. (2014-09-29). http://www.xinhuanet.com//politics/2014-09/29/c_1112682650.htm.

环境保护为着力点,以促进市场要素流动与加强各民族交往交流交融相贯通为途径,把发展落实到解决区域性共同问题、增进群众福祉、促进民族团结上,推动各民族和睦相处、和衷共济、和谐发展,走出一条具有中国特色、民族地区特点的科学发展路子。要完善差别化支持政策,进一步完善一般性财政转移支付增长机制,率先在民族地区实行资源有偿使用制度和生态补偿制度,充分发挥政策性金融作用,加大银行、证券、保险对民族地区的支持力度,支持民族地区以建设丝绸之路经济带和21世纪海上丝绸之路为契机,在口岸建设、基础设施互联互通等方面给予扶持,完善对口支援工作机制,重点向基层特别是农牧区倾斜,结合"十三五"规划的制定,继续编制并实施国家扶持人口较少民族发展规划、兴边富民行动规划、少数民族事业规划。要支持教育事业优先发展,把义务教育和职业教育作为重中之重。要多措并举扩大就业,支持发展农牧业、农畜产品加工业,鼓励发展农牧民专业合作组织,促进农牧民就业和稳定持续增收。要加快产业结构调整,大力发展现代农牧业、民族手工业、旅游业等特色产业,努力提升民族品牌培育和企业质量管理水平。要推进基础设施建设和城镇化进程,加快建设交通、水利、信息、能源、科技、环保、防灾减灾等项目。要集中力量扶贫攻坚,坚持民族和区域相统筹,建立精准扶贫工作机制,积极发展特色优势产业,增强自我发展的"造血"能力。

1.2.4 西部大开发与民族地区经济发展

20世纪末启动的新一轮西部大开发战略,是中共中央贯彻邓小平关于中国现代化建设"两个大局"战略思想,面向21世纪作出的重大战略决策,是全面推进社会主义现代化建设的一个重大战略部署。我国的少数民族地区主要分布在西部,西部大开发战略的实施,为民族地区的经济发展带来了新的重大的发展机遇。为了实施西部大开发战略,国家计委和国务院西部地区开发领导小组办公室颁布了《"十五"西部开发总体规划》,国家发展和改革委员会经国务院批复同意先后印发了《西部大开发"十一五"规划》《西部大开发"十二五"规划》和《西部大开发"十三五"规划》,都把扶持少数民族地区加快发展作为重点内容之一,布局了一大批项目(见表1-4),对民族地区的基础设施建设、生态环境建设、产业结构调整、对内对外开放及科教和社会发展具有重要的推动作用。

表1-4　西部大开发以来布局在民族地区的重点工程

年份	重点工程个数	总投资（亿元）	布局在民族地区的重点工程	
			个数	重点工程项目
2000	10	1085	8	重庆—怀化铁路、西部公路建设、西部地区机场建设、柴达木盆地涩北—西宁—兰州天然气输气管道、四川紫坪铺和宁夏沙坡头水利枢纽、中西部退耕还林（草）及种苗工程、青海钾肥工程、西部高校基础设施建设
2001	12	2026	11	青藏铁路、广西百色和内蒙古尼尔基水利枢纽、西电东送工程、青海公伯峡水电站、公路建设、退耕还林、农业和特色经济、西部教育、高技术产业化、西部血站建设、城市基础设施
2002	14	3324	13	西气东输、西昌至攀枝花高速公路、西部机场、塔里木河综合治理、黑河综合治理、小湾水电站、西电东送北通道、涩北气田开发、三峡库区水污染治理、通地（州）县沥青道路、乡镇通电、行政村通广播电视、退耕还林
2003	14	1308	10	四川大渡河瀑布沟水电站、内蒙古包头至磴口公路、西藏和新疆城市基础设施、中西部农村中心学校计算机网络信息站及远程教育、县际公路、退耕还林、退牧还草、农村饮水、农村能源、生态移民和易地扶贫
2004	10	769	9	西部干线公路、大理至丽江铁路、西部支线机场建设工程、贵州盘南电厂西电东送工程、西部重点煤矿工程、西部地区农村基础设施建设、西部特色产业发展项目、西部地区“两基”攻坚、西部地区农村卫生设施
2005	10	1360	7	雅安至泸沽高速公路、西部地区干支线机场、内蒙古伊敏电厂二期工程、西部地区重点煤矿工程、新疆独山子石化改扩建工程、农村饮水安全工程、农村教育卫生事业发展
2006	12	1654	10	太原至中卫（银川）铁路工程；西部公路建设（含贵州都匀至新寨、宁夏中宁至盐池、新疆赛里木湖至果子沟）；西部支线机场建设（榆林、赤峰机场迁建，河池、腾冲、康定机场新建）；西部地区重点煤矿工程（含内蒙古胜利一号露天煤矿和宁夏梅花井煤矿）；西部水电站建设（含向家坝，糯扎渡，景洪水电站建设）；云南青山嘴水库工程；退耕还林配套基本口粮田建设；新疆罗布泊120万吨钾肥工程；内蒙古40万吨氧化铝工程；西部教育、卫生等社会事业项目（含农村寄宿制学校，农村中小学远程教育，县级医疗机构、乡镇卫生院，省级化学中毒、核辐射救治基地建设等）

续表

年份	重点工程个数	总投资(亿元)	布局在民族地区的重点工程	
			个数	重点工程项目
2007	10	1516	9	新建大理至瑞丽、奎屯至北屯铁路;包头至西安、西宁至格尔木铁路扩能改造;天水至定西、都匀至新寨公路建设;昆明机场迁建工程;西部支线机场建设;大岗山和积石峡水电站建设;广西、四川千万吨级炼油项目;内蒙古黄玉川煤矿和酸刺沟煤矿千万吨级重点煤矿工程;西部地区教育、卫生等社会事业项目
2008	10	4361	8	新建贵阳至广州、兰州至重庆、喀什至和田铁路;四川万源至达州、贵州水口至都匀等高速公路建设工程;通乡油路改造工程;西部支线机场建设;云南阿海、四川长河坝水电站建设;内蒙古布尔台、陕西凉水井煤矿工程;西气东输二线工程;西部地区社会事业建设项目
2009	18	4689	11	成都至兰州铁路;重庆至贵阳铁路;昆明至南宁铁路;广通至大理铁路;丽江至香格里拉铁路;兰州至乌鲁木齐铁路增建第二线;四川大渡河泸定、云南澜沧江功果桥水电站;广西鱼梁、老口航运枢纽;西部支线机场;无电地区电力建设
2010	23	6822	20	沪昆客运专线长沙至昆明段;成都至贵阳铁路乐山至贵阳段;云南大理至丽江公路;新疆库车至阿克苏公路;甘肃雷家角(陕甘界)至西峰公路;贵州贵阳机场改扩建;西部支线机场建设;广西防城港核电一期工程;四川大渡河猴子岩和雅砻江桐子林水电站;西部光伏电站建设;西部风电基地建设;西部农网改造升级工程;内蒙古胜利东二号露天煤矿二期工程;新疆大井矿区南露天煤矿一期工程;青藏直流联网工程;新疆电网与西北电网联网工程;贵州黔中水利枢纽一期工程;西藏旁多水利枢纽;内蒙古海勃湾水利枢纽;新疆兵团肯斯瓦特水利枢纽

续表

年份	重点工程个数	总投资（亿元）	布局在民族地区的重点工程	
			个数	重点工程项目
2011	22	2079	17	贵州毕节至都格（黔滇界）高速公路；云南龙陵至瑞丽高速公路；内蒙古韩家营（晋蒙界）至呼和浩特高速公路；宁夏东山坡至毛家沟（宁甘界）高速公路；新疆克拉玛依至塔城高速公路；广西南宁轨道交通1号线一期工程；拉萨贡嘎机场飞行区改造及配套工程；西部支线机场建设；青海柴达木盆地百万千瓦太阳能示范基地；内蒙古高头窑矿区高头窑煤矿；溪洛渡右岸电站送电广东双回±500千伏直流输电工程；云南普洱至广东江门±800千伏直流输电工程；西藏藏中电网建设工程；云南小中甸水利枢纽工程；宁夏沙坡头水利枢纽南北干渠及灌区节水改造工程；攀钢钒钛资源综合利用及产业结构调整；宝钢集团新疆八一钢铁有限公司南疆钢铁项目
2012	22	5778	17	敦煌至格尔木铁路；张家口至呼和浩特铁路；云南麻柳湾至昭通公路；青海茶卡至格尔木公路改扩建；新疆阿克苏至喀什公路；内蒙古乌兰浩特至扎兰屯公路；国道318线川藏公路（西藏段）整治改建；南宁吴圩机场新航站区及配套设施建设；西部支线机场建设；哈密至郑州±800千伏特高压直流工程；溪洛渡左岸至浙西±800千伏特高压直流工程；农网改造升级；无电地区电力建设；西气东输三线；中卫—贵阳输气管线；金沙江中游观音岩、鲁地拉、龙开口水电站；广西防城港钢铁基地
2013	20	3265	13	国道317线四川马尔康至俄尔雅塘段改建、西藏类乌齐至丁青段公路整治改建工程；云南嵩明（小铺）至昆明公路；新疆乌鲁木齐绕城公路东段；宁夏银川机场三期扩建工程；西部支线机场建设；贵阳城市轨道交通1号线；南宁城市轨道交通2号线；中国石油云南1000万吨/年炼油项目；鄂尔多斯盆地东缘保德区块北区煤层气开发项目；西藏藏木、旁多水电站送出工程；哈密风电基地二期工程；新疆750千伏输变电工程；青海盐湖工业股份有限公司年产100万吨氯化钾项目

续表

年份	重点工程个数	总投资（亿元）	布局在民族地区的重点工程	
			个数	重点工程项目
2014	33	8353	32	川藏铁路拉萨至林芝段、成都至雅安段；格尔木至库尔勒铁路；成昆铁路峨眉至米易段扩能工程；蒙西至华中地区铁路煤运通道；兰州至合作铁路；红柳河至淖毛湖铁路；渝怀铁路涪陵至梅江段增建第二线工程；黔江至张家界至常德铁路；内蒙古临河至白疙瘩（蒙甘界）公路；广西河池至百色公路；云南蒙自至砚山公路；四川雅安至康定公路；新疆明水（甘新界）至哈密公路；西部支线机场建设；西江航运干线贵港航运枢纽二线船闸工程；广西大藤峡水利枢纽工程；新疆阿尔塔什水利枢纽工程；尼尔基水利枢纽下游内蒙古灌区；绰勒水利枢纽下游内蒙古灌区；西藏拉洛水利枢纽及配套灌区工程；贵州夹岩水利枢纽及黔西北供水工程；云南澜沧江黄登、乌弄龙水电站；四川雅砻江两河口水电站；新疆哈密风电基地二期项目；青海龙羊峡水光互补基地二期项目；宁东至浙江特高压直流工程；内蒙古锡盟至山东特高压交流工程；云南金沙江中游电站送电广西直流输电工程；新疆伊犁—库车、三塘湖—哈密750千伏输变电工程；“宽带乡村”试点工程；重点流域水污染防治工程；新一轮退耕还林还草工程
2015	30	7686.52	25	玉溪至磨憨铁路；大理至临沧铁路；弥勒至蒙自铁路；渝怀铁路梅江至怀化段新增二线；阿勒泰至富蕴至准东铁路；内蒙古大板至经棚公路；宁夏石嘴山（蒙宁界）至中宁公路改扩建工程；青海扎麻隆至倒淌河公路改扩建工程；国道317线（西藏境）丁青至斜拉山公路整治改建工程；贵州六盘水至威宁（黔滇界）公路；云南小勐养至磨憨公路改扩建工程；新疆吐鲁番至小草湖公路；桂林机场航站楼及站坪配楼设施扩建工程；西部支线机场建设；广西落久水利枢纽；新疆大石门水库工程；金沙江乌东德水电站；大渡河双江口水电站；新疆百里风区风电基地；四川凉山州风电基地；新疆准东煤电基地准东至华东特高压直流输电工程配套煤电项目；宁夏宁东煤电基地宁东至浙江特高压直流输电配套煤电项目；内蒙古锡盟煤电基地锡盟至山东特高压交流输电工程配套煤电项目；蒙西—天津南1000千伏特高压交流输变电工程；内蒙古锡盟—江苏泰州±800千伏特高压直流输变电工程

续表

年份	重点工程个数	总投资（亿元）	布局在民族地区的重点工程	
			个数	重点工程项目
2016	30	7438	21	贵阳至南宁铁路;四川九寨沟至绵阳、仁寿至屏山新市公路;云南昌宁至保山、景洪至打洛公路;京藏高速石嘴山至中宁段改扩建工程;包头至茂名高速公路包头至东胜段改扩建工程;新疆G7乌鲁木齐至大黄山、G30乌鲁木齐至奎屯改扩建工程;广西南宁经钦州至防城港高速公路改扩建工程;广西西津枢纽二线船闸工程;贵阳机场三期扩建工程;西部支线机场建设;贵州黄家湾水利枢纽;云南柴石滩水库灌区;广西左江治旱驮英水库及灌区;四川、西藏叶巴滩水电站;西部农村电网改造升级工程;青海玛尔挡水电站;四川硬梁包、金沙水电站;新疆准东新能源基地;内蒙古包头、乌海采煤沉陷区光伏领跑技术基地;西三线中卫—靖边支干线;准东—华东(皖南)±1100千伏特高压直流工程
2017	17	4941	15	宁夏中卫至甘肃兰州铁路;贵州都匀至安顺公路;G341线胶南至海晏公路加定(青甘界)至海晏(西海)段;黔渝高速公路扩能项目;西部支线机场建设;广西钦州港东航道扩建10万吨级双向航道一期工程;云南滇中引水工程;内蒙古引绰济辽工程;四川白鹤滩水电站;西部农村电网改造升级工程;西藏藏中与昌都电网联网工程;渝鄂背靠背工程;西藏川藏铁路拉萨至林芝段供电工程;南疆天然气利民工程;西部地区重点流域水资源综合治理项目
合计	317	68454.52	256	

资料来源:作者整理。

1.2.5 少数民族事业发展规划

为更加有效地促进我国少数民族地区社会经济发展,我国自2007年开始编制少数民族事业发展规划。2007年2月27日,国务院办公厅下发《关于印发少数民族事业“十一五”规划的通知》①,我国开始形成独立的少数民族发展规划。少数民族事业发展规划在国民经济和社会发展五年规划的基础

① 国务院办公厅.国务院办公厅关于印发少数民族事业“十一五”规划的通知[EB/OL].(2007-03-08).http://www.gov.cn/zwgk/2007-03/08/content_545955.htm.

上,针对少数民族地区独特的地理、文化、经济、宗教等特点,提出全面具体的规划方案,其目的在于促进少数民族和民族自治地方公共基础设施和生态环境明显改善,自我发展能力不断增强,优势产业和特色经济不断发展,贫困问题得到有效缓解,群众生活水平有较大提高。对外交流与合作不断加强,对外开放水平有较大提高。教育、科技、文化、卫生、体育等社会事业加快发展,群众思想道德素质、科学文化素质和健康素质进一步提高。民族区域自治制度和民族理论政策体系进一步完善,民族法制建设取得较大进展,少数民族合法权益得到切实保障。民族关系更加和谐,民族团结更加紧密,实现少数民族事业又好又快的发展。

2012 年 7 月 12 日,国务院办公厅下发《关于印发少数民族事业“十二五”规划的通知》。通知中明确少数民族事业是党和国家坚持与完善民族区域自治制度,加快少数民族和民族地区发展,保障少数民族合法权益,巩固和发展平等、团结、互助、和谐的社会主义民族关系,促进各民族共同团结奋斗、共同繁荣发展的一项综合事业。①

大力发展少数民族事业,是适应我国多民族基本国情的客观需要,是增进民族团结和维护社会稳定的重要保障,是实现全面建设小康社会战略任务的重要内容。少数民族事业的发展,事关各族群众的福祉,事关社会主义现代化建设的全局,事关国家团结统一和长治久安,具有重大的现实意义和深远的历史意义。

《关于印发少数民族事业“十二五”规划的通知》提出了少数民族地区发展目标,民族地区经济发展主要指标增速高于全国平均水平,人均地区生产总值与全国平均水平的差距明显缩小,基础设施更加完善,特色优势产业体系初步形成,城镇化率增速高于全国平均水平,生态环境持续改善,对外开放水平显著提升。

民族地区人民生活水平大幅提高,城乡居民收入与全国平均水平差距明显缩小。城镇登记失业率控制在5%以内。牧区、边境地区、人口较少民族聚居地区和少数民族贫困地区群众生产生活条件明显改善。民族地区基本公

① 国务院办公厅. 国务院办公厅关于印发少数民族事业“十二五”规划的通知[EB/OL].(2012-07-20). http://www.gov.cn/zwgk/2012-07/20/content_2187830.htm.

共服务能力显著增强，教育、文化服务、医疗卫生、社会保障等与全国的差距明显缩小。九年义务教育巩固率达到90%以上，城乡三项基本医疗保险参保率提高3个百分点，新型农村养老保险和城镇居民养老保险实现全覆盖。

少数民族优秀传统文化得到有效保护、传承和弘扬，适应各族群众需求的优秀文化产品更加丰富，少数民族基本文化权益得到切实保障，少数民族文化产业发展迈出较大步伐，在对外文化交流中发挥更大作用。

民族理论政策体系和民族法律法规体系更加完备，民族事务服务体系更加完善，少数民族权益保障得到进一步加强，民族团结进步创建活动不断深入，民族关系更加和谐。

在少数民族事业“十一五”“十二五”规划的基础之上，2016年12月24日，国务院下发《关于印发“十三五”促进民族地区和人口较少民族发展规划的通知》，该规划根据《中华人民共和国民族区域自治法》《中共中央 国务院关于加强和改进新形势下民族工作的意见》《中华人民共和国国民经济和社会发展第十三个五年规划纲要》等编制，把加快少数民族和民族地区发展摆到更加突出的战略位置，对于补齐少数民族和民族地区发展短板，保障少数民族合法权益，提升各族人民福祉，增进民族团结进步，促进各民族交流交往交融，维护社会和谐稳定，确保国家长治久安，实现全面建成小康社会和中华民族伟大复兴中国梦，具有重要意义。《“十三五”促进民族地区和人口较少民族发展规划》主要阐明国家支持少数民族和民族地区发展、加强民族工作的总体目标、主要任务和重大举措，是“十三五”时期促进少数民族和民族地区全面建成小康社会的行动纲领。这一规划分为十三章五十小节，从面临的发展环境、总体要求、全力打赢脱贫攻坚战、促进经济跨越发展、优先保障和改善民生、推进生态文明建设、推进全方位开放合作、促进人口较少民族加快发展、加快少数民族特色村镇保护发展、深入开展民族团结进步创建活动、创新民族事务治理体系、发挥政策支撑作用、强化规划组织实施等方面进行了全面的规划。①

纵观我国改革开放以来的少数民族发展规划，总体呈现从框架式描述到

① 国务院．“十三五”促进民族地区和人口较少民族发展规划[EB/OL]．(2017－01－24)．http://www.gov.cn/xinwen/2017－01/24/content_5163017.htm.

具体细化的规划的特点,体现了我国对少数民族地区经济社会发展的高度关注以及对少数民族地区治理的科学细化和水平的提高。

1.2.6 兴边富民规划

兴边富民行动是1999年由国家民委联合国家发展改革委、财政部等部门倡议发起的一项边境建设工程。宗旨就是振兴边境、富裕边民。通过强化政府组织领导,广泛动员全社会参与,加大对边境地区的投入和对广大边民的帮扶,使边境地区尽快发展起来,边民尽早富裕起来,在发展中进一步增强爱国主义感情和加强各民族大团结,最终达到富民、兴边、强国、睦邻的目的。

我国陆地与14个国家接壤,陆地边境线长2.2万公里,其中1.9万公里在民族地区。边境地区国土面积197万平方公里,人口2300多万人,其中少数民族人口近一半,有30多个民族与周边国家同一民族毗邻而居。边境地区地处我国对外开放的前沿,是确保国土安全和生态安全的重要屏障,在全国改革发展稳定大局中具有重要战略地位。为推动边境地区加快发展,扶持边境各族人民尽快致富奔小康,党中央、国务院作出了实施兴边富民行动的战略决策。在各有关地方和部门的共同努力下,兴边富民行动持续推进,取得显著成效,特别是通过实施兴边富民行动"十一五""十二五"规划,边境地区综合经济实力明显增强,基础设施和基本公共服务体系不断健全,边民生产生活条件大幅改善,对外开放水平持续提高,民族团结和边防巩固效果突出,各族群众凝聚力和向心力显著增强,为边境地区全面建成小康社会奠定了坚实基础。

自2007年6月9日国务院办公厅印发兴边富民行动"十一五"规划以来,我国已经发布了兴边富民行动"十二五"规划、兴边富民行动"十三五"规划等规划。

我国少数民族地区依托兴边富民行动契机,充分利用国家产业、政策、金融等多方面优势,借助"一带一路"规划,实现跨越式发展。落实促进民族地区发展的差别化支持政策,保护和发展少数民族优秀传统文化及特色村镇,加大扶持人口较少民族的发展力度,大力实施兴边富民行动,让全国各民族人民共同迈向全面小康社会。

对于边境少数民族地区,要加强少数民族特色村镇保护与发展,建设边境少数民族特色村镇廊带。尊重和保障少数民族使用本民族语言文字接受教育的权利,加强双语科普资源开发。加强少数民族广播影视节目译制和制作,加快推进广播电视村村通向户户通升级。鼓励少数民族特需商品生产企业技术改造和大型商品市场转型升级,扶持民族特色手工艺品开发和生产,民贸民品和少数民族特色手工艺品发展工程。给予边境地区民贸企业、民族特需商品定点生产企业、民族特色传统手工业和龙头企业特殊扶持,帮助各族群众就地就业、增收致富。

加快推进广西东兴、凭祥,云南瑞丽、勐腊(磨憨),内蒙古满洲里、二连浩特,黑龙江绥芬河—东宁等重点开发开放试验区建设,改革创新试验区体制机制,优化区内产业结构,加快建设国际贸易基地、国际物流中心、进出口加工基地、国际人文交流中心等,打造网络化连接、立体式交通、生态型发展的现代化国际口岸城市。

1.2.7 扶持人口较少民族规划

2001年8月10日,《国务院办公厅关于扶持人口较少民族发展问题的复函》同意了国家民委提出的《关于建议把22个人口较少民族发展问题列入国家“十五”计划的意见》,指出:“由于历史、自然条件等多方面原因,我国部分人口较少民族的经济和社会发展水平还比较落后,进一步采取措施帮助他们彻底摆脱贫困、走上富裕的道路,对于增进民族团结,维护边疆稳定,充分体现社会主义制度的优越性,都有着十分重要的意义。鉴于国家对支持民族地区经济和社会发展已有统一政策,因此,扶持人口较少民族的发展,可以在执行统一政策的前提下,在实际工作中给予更多的支持和照顾。”

为了深入贯彻落实党中央、国务院关于扶持人口较少民族加快发展的重大决策部署,2005年3月,国家民委、国家发展改革委、财政部、中国人民银行、国务院扶贫办联合印发了《扶持人口较少民族发展规划(2005—2010年)》,该规划所指的人口较少民族是根据2000年第五次全国人口普查,人口在10万人以下,总人口63万人的民族,包括:毛南族、撒拉族、布朗族、塔吉克族、阿昌族、普米族、鄂温克族、怒族、京族、基诺族、德昂族、保安族、俄罗斯族、裕固族、乌孜别克族、门巴族、鄂伦春族、独龙族、塔塔尔族、赫哲族、高山族、珞巴族。该规划全面分析了人口较少民族的发展现状与面临的主要问题,提出了指导思想、发展目标与主要任务,提出了六大政策措施。

《扶持人口较少民族发展规划(2005—2010 年)》得到有效实施。国务院近 20 个部门充分发挥职能,加大对人口较少民族的扶持力度,采取制定规划、纳入计划、安排专项资金、优惠贷款、出台特殊政策措施等方式,对人口较少民族的发展给予了大力支持。人口较少民族聚居地区呈现出生产发展、生活改善、民族团结、社会和谐的良好局面。

2011 年 6 月,国家民委、国家发展改革委、财政部、中国人民银行、国务院扶贫办联合印发了《扶持人口较少民族发展规划(2011—2015 年)》,该规划指出:"'十二五'时期是民族地区全面建设小康社会、推进跨越式发展和长治久安的关键时期。制定《扶持人口较少民族发展规划(2011—2015 年)》,采取特殊政策措施,集中力量帮助这些民族加快发展步伐,走上共同富裕道路,对于全面建成小康社会和促进各民族共同繁荣发展,维护边疆稳定和构建和谐社会具有特殊重要意义。"这次规划所称的人口较少民族是指全国总人口在 30 万人以下的 28 个民族。这些民族是:珞巴族、高山族、赫哲族、塔塔尔族、独龙族、鄂伦春族、门巴族、乌孜别克族、裕固族、俄罗斯族、保安族、德昂族、基诺族、京族、怒族、鄂温克族、普米族、阿昌族、塔吉克族、布朗族、撒拉族、毛南族、景颇族、达斡尔族、柯尔克孜族、锡伯族、仫佬族、土族。根据全国第五次人口普查,28 个人口较少民族总人口为 169.5 万人。规划范围是内蒙古、辽宁、吉林、黑龙江、福建、江西、广西、贵州、云南、西藏、甘肃、青海、新疆等 13 个省(自治区)和新疆生产建设兵团的人口较少民族聚居区,包括 2119 个人口较少民族聚居的行政村、71 个人口较少民族的民族乡、16 个人口较少民族的自治县、2 个人口较少民族的自治州。该规划全面分析了人口较少民族的分布情况、发展成效、面临的主要困难和问题,提出了扶持人口较少民族发展的指导思想、基本原则和主要目标,及主要任务和重点工程。

2016 年 12 月,国务院印发了《"十三五"促进民族地区和人口较少民族发展规划》,该规划第八章提出"促进人口较少民族加快发展",从同步迈入全面小康、提升发展基础条件、增强发展内生动力、传承弘扬民族文化、加强人力资源开发等 5 个方面,对促进人口较少民族加快发展进行了部署。《"十三五"促进民族地区和人口较少民族发展规划》虽然是把人口较少民族发展规划与促进民族地区发展规划合二为一,但与前两次规划不同的是,《"十三五"促进民族地区和人口较少民族发展规划》由国务院印发,将每项任务都落实到了具体的部委。

1.2.8 西藏、新疆工作座谈会

1.2.8.1 西藏工作座谈会

自1980年至今,先后召开了六次西藏工作座谈会。中共中央从党和国家工作大局的战略高度专题研究西藏工作。

(1)第一次西藏工作座谈会

1980年3月14—15日,中央书记处在北京召开西藏工作座谈会。会议形成《西藏工作座谈会纪要》,明确了在新的历史条件下,西藏自治区的中心任务和奋斗目标是:以藏族干部和藏族人民为主,加强各族干部和各族人民的团结,调动一切积极因素,从西藏实际情况出发,千方百计地医治林彪、"四人帮"造成的创伤,发展国民经济,提高各族人民的物质生活水平和文化科学水平,建设边疆,巩固边防,有计划、有步骤地使西藏兴旺发达、繁荣富裕起来。考虑到西藏的特殊情况,中央提出西藏工作的"八项方针"。

(2)第二次西藏工作座谈会

1984年2—3月,中央书记处召开西藏工作座谈会。会议最后形成《西藏工作座谈会纪要》。中共中央批准了《纪要》并于1984年4月1日印发。会议根据几年的实践,对西藏的基本情况进行了一次"再认识",对当时执行的方针政策作了一次再研究,力求把问题看得更全面、更准确,提出更切实、更有力的措施,争取较迅速地、大步地把西藏工作推向前进,中心是把经济搞上去,使人民尽快地富裕起来。中央第二次西藏工作座谈会的召开,标志着全国性的援藏工程的开始。会上,党中央、国务院决定由北京、上海、天津、江苏、浙江、四川、广东、山东、福建等九省市和水电部、农牧渔业部、国家建材局等有关部门帮助西藏建设43个近期迫切需要的中小型工程项目。

(3)第三次西藏工作座谈会

中共中央、国务院于1994年7月20—23日,在京召开第三次西藏工作座谈会。会议的主要任务是:以邓小平建设有中国特色社会主义理论和党的基本路线为指导,围绕西藏的发展和稳定两件大事,研究新情况,解决新问

题,进一步明确加强西藏工作的指导思想,落实加快发展和维护稳定的各项措施,努力开创西藏工作的新局面。会议认为,加快西藏经济社会发展,关键是把中央的大政方针同西藏具体实际结合起来。无论是经济社会发展,还是改革开放,都要从国家的大局和西藏的实际出发,实事求是,这是做好西藏工作的一条基本原则。会议讨论并一致同意《中共中央、国务院关于加快西藏发展、维护社会稳定的意见》。第三次西藏工作座谈会作出了中央各部门和15个省市“对口援藏、分片负责、定期轮换”的重大决策,并动员各省(区、市)和中央、国家机关援助西藏建设了62个项目,开创了全国支援西藏的新局面。

(4)第四次西藏工作座谈会

2001年6月25—27日,中共中央、国务院在北京召开了第四次西藏工作座谈会。会议的主要任务是:以邓小平理论和党的基本路线为指导,总结第三次西藏工作座谈会以来西藏工作的成绩和经验,分析21世纪初西藏工作面临的形势和任务,研究进一步做好西藏工作的一些重大问题,促进西藏实现跨越式发展和长治久安。会议指出,中央对加强西藏工作的指导思想是:以邓小平理论和党的基本路线为指导,继续坚持以经济建设为中心,紧紧抓住发展经济和稳定局势两件大事,确保西藏经济加快发展和社会全面进步,确保国家安全和西藏长治久安,确保各族人民生活水平不断提高。要紧紧抓住实施西部大开发战略和西藏社会局势基本稳定的良好机遇,着眼于西藏的繁荣进步和长治久安,集中力量解决事关西藏发展稳定全局的重大问题,促进西藏经济从加快发展到跨越式发展,促进西藏社会局势从基本稳定到长治久安。这就是我们在21世纪全面推进西藏工作的主要任务。会议强调要进一步加大对西藏的建设资金投入和实行优惠政策的力度,继续加强对口支援。在“十五”计划期间由国家直接投资312亿元,建设117个项目。确定各省市对口支援建设项目70个,总投资约10.6亿元。

(5)第五次西藏工作座谈会

2010年1月18—20日,中共中央、国务院在北京召开第五次西藏工作座谈会。此次会议是在我国全面建设小康社会进入关键时期、西藏跨越式发展进入关键阶段召开的。会议全面总结西藏发展稳定取得的成绩和经验,深刻分析西藏工作面临的形势和任务,明确当前和今后一个时期做好西藏工作的指导思想、主要任务、工作要求，对推进西藏实现跨越式发展和长治久安作出了战略部署。会议还对加快四川、云南、甘肃、青海省藏区经济社会发展作出全面部署。

会议认为，当前和今后一个时期西藏工作的指导思想是：高举中国特色社会主义伟大旗帜，以邓小平理论和“三个代表”重要思想为指导，深入贯彻落实科学发展观，坚持中国共产党领导，坚持社会主义制度，坚持民族区域自治制度，坚持走有中国特色、西藏特点的发展路子，以经济建设为中心，以民族团结为保障，以改善民生为出发点和落脚点，紧紧抓住发展和稳定两件大事，确保经济社会跨越式发展，确保国家安全和西藏长治久安，确保各族人民物质文化生活水平不断提高，确保生态环境良好，努力建设团结、民主、富裕、文明、和谐的社会主义新西藏。

会议认为，新形势下做好西藏工作，要做到“七个必须”；西藏存在的社会主要矛盾（人民日益增长的物质文化需要同落后的社会生产之间的矛盾）和特殊矛盾（各族人民同以达赖集团为代表的分裂势力之间的矛盾）决定了西藏工作的主题必须是推进跨越式发展和长治久安；使西藏成为重要的国家安全屏障、重要的生态安全屏障、重要的战略资源储备基地、重要的高原特色农产品基地、重要的中华民族特色文化保护地、重要的世界旅游目的地。会议强调要毫不动摇地坚持和完善党的民族理论和民族政策，坚持和完善民族区域自治制度，把有利于民族平等团结进步、有利于各民族共同繁荣发展、有利于民族交往交流交融、有利于国家统一和社会稳定作为衡量民族工作成效的重要标准，推动各民族和睦相处、和衷共济、和谐发展。

（6）第六次西藏工作座谈会

中央第六次西藏工作座谈会于2015年8月24—25日在北京召开。中共中央总书记、国家主席、中央军委主席习近平出席会议并发表重要讲话。

习近平强调，要以邓小平理论、“三个代表”重要思想、科学发展观为指导，坚持“四个全面”战略布局，坚持党的治藏方略，把维护祖国统一、加强民族团结作为工作的着眼点和着力点，坚定不移开展反分裂斗争，坚定不移促进经济社会发展，坚定不移保障和改善民生，坚定不移促进各民族交往交流交融，确保国家安全和长治久安，确保经济社会持续健康发展，确保各族人民物质文化生活水平不断提高,确保生态环境良好。

会议全面回顾了新中国成立以来特别是中央第五次西藏工作座谈会以来的西藏工作,明确了当前和今后一个时期西藏工作的指导思想、目标要求、重大举措,对进一步推进西藏经济社会发展和长治久安工作作了战略部署。会议还对四川、云南、甘肃、青海省藏区发展稳定工作作出全面部署。

习近平在讲话中指出,西藏工作关系党和国家工作大局。党中央历来高度重视西藏工作。在60多年的实践过程中,我们形成了党的治藏方略,这就是:必须坚持中国共产党领导,坚持社会主义制度,坚持民族区域自治制度;必须坚持治国必治边、治边先稳藏的战略思想,坚持依法治藏、富民兴藏、长期建藏、凝聚人心、夯实基础的重要原则;必须牢牢把握西藏社会的主要矛盾和特殊矛盾,把改善民生、凝聚人心作为经济社会发展的出发点和落脚点,坚持对达赖集团斗争的方针政策不动摇;必须全面正确贯彻党的民族政策和宗教政策,加强民族团结,不断增进各族群众对伟大祖国、中华民族、中华文化、中国共产党、中国特色社会主义的认同;必须把中央关心、全国支援同西藏各族干部群众艰苦奋斗紧密结合起来,在统筹国内国际两个大局中做好西藏工作;必须加强各级党组织和干部人才队伍建设,巩固党在西藏的执政基础。

习近平强调,依法治藏、富民兴藏、长期建藏、凝聚人心、夯实基础,是党的十八大以后党中央提出的西藏工作重要原则。依法治藏,就是要维护宪法法律权威,坚持法律面前人人平等。富民兴藏,就是要把增进各族群众福祉作为兴藏的基本出发点和落脚点,紧紧围绕民族团结和民生改善推动经济发展、促进社会全面进步,让各族群众更好共享改革发展成果。长期建藏,就是要坚持慎重稳进方针,一切工作从长计议,一切措施具有可持续性。凝聚人心,就是要把物质力量和精神力量结合起来,把人心和力量凝聚到实现“两个一百年”奋斗目标、实现中华民族伟大复兴的中国梦上来。夯实基础,就是要标本兼治、重在治本,多做打基础、利长远的工作,把基层组织搞强,把基础工作做实。

习近平指出,西藏工作的着眼点和着力点必须放到维护祖国统一、加强民族团结上来,把实现社会局势的持续稳定、长期稳定、全面稳定作为硬任务,各方面工作统筹谋划、综合发力,牢牢掌握反分裂斗争主动权。

习近平强调,同全国其他地区一样,西藏和四省藏区已经进入全面建成小康社会决定性阶段。要牢牢把握改善民生、凝聚人心这个出发点和落脚点,大力推动西藏和四省藏区经济社会发展。要大力推进基本公共服务,突出精准扶贫、精准脱贫,扎实解决导致贫困发生的关键问题,尽快改善特困人群生活状况。要把社会主义核心价值观教育融入各级各类学校课程,推广国家通用语言文字,努力培养爱党爱国的社会主义事业建设者和接班人。要实施更加积极的就业政策,为各族群众走出农牧区到城镇和企业就业、经商创业提供更多帮助。要坚持生态保护第一,采取综合举措,加大对青藏高原空气污染源、土地荒漠化的控制和治理,加大草地、湿地、天然林保护力度。今后一个时期,要在西藏和四省藏区继续实施特殊的财政、税收、投资、金融等政策。西藏和四省藏区要坚持自力更生、艰苦奋斗,全面深化改革,不断增强各族群众的发展参与度和获得感。

1.2.8.2 新疆工作座谈会

(1)第一次新疆工作座谈会

中共中央、国务院召开的第一次新疆工作座谈会工作座谈会于2010年5月17—19日在北京举行。这次会议是在我国全面建设小康社会进入关键时期、新疆发展和稳定面临重大机遇和挑战的新形势下召开的。会议全面总结新中国成立以来特别是改革开放以来新疆发展和稳定工作取得的成绩和经验,深刻分析新疆工作面临的形势和任务,进一步明确当前和今后一个时期做好新疆工作的指导思想、主要任务、工作要求,对推进新疆跨越式发展和长治久安作出了战略部署。

(2)第二次新疆工作会议

第二次中央新疆工作座谈会于2014年5月28—29日在北京举行。中共中央总书记、国家主席、中央军委主席习近平在会上发表重要讲话强调,以邓小平理论、“三个代表”重要思想、科学发展观为指导,坚决贯彻党中央关于新疆工作的大政方针,围绕社会稳定和长治久安这个总目标,以推进新疆治理体系和治理能力现代化为引领,以经济发展和民生改善为基础,以促进民族团结、遏制宗教极端思想蔓延等为重点,坚持依法治疆、团结稳疆、长期建疆,努力建设团结和谐、繁荣富裕、文明进步、安居乐业的社会主义新疆。

这次会议全面总结了2010年中央新疆工作座谈会以来的工作,科学分析了新疆形势,明确了新疆工作的指导思想、基本要求、主攻方向,对当前和今后一个时期新疆工作作了全面部署。

1.2.9 支持各民族地区省区经济社会发展的政策

改革开放以来,对于民族地区的经济社会发展,国家给予了特殊的关怀和最大限度的支持。考虑到民族地区的异质性,为各民族省区分别制订了加快当地经济社会发展的指导意见,如《国务院关于进一步促进贵州经济社会又好又快发展的若干意见》《关于支持云南省加快建设面向西南开放重要桥头堡的意见》等(见表1-5),这些意见的实施,极大地促进了这些地区的发展,推进了建成全面小康社会的进程。

表1-5 国家出台的关于支持民族省区加快发展的政策

时间	文件名称	文号
2005	中共中央国务院关于进一步做好西藏发展稳定工作的意见	中发〔2005〕12号
2007	国务院关于进一步促进新疆经济社会发展的若干意见	国发〔2007〕32号
2008	国务院关于进一步促进宁夏经济社会发展的若干意见	国发〔2008〕29号
2008	国务院关于支持青海等省藏区经济社会发展的若干意见	国发〔2008〕34号
2009	国务院关于进一步促进广西经济社会发展的若干意见	国发〔2009〕42号
2010	国务院关于进一步支持甘肃经济社会发展的若干意见	国办发〔2010〕29号
2010	中共中央、国务院关于加快四川云南甘肃青海四省藏区经济社会发展的若干意见	中发〔2010〕5号
2010	中共中央、国务院关于推进西藏跨越式发展和长治久安的意见	中发〔2010〕4号
2011	国务院关于支持云南省加快建设面向西南开放重要桥头堡的意见	国发〔2011〕11号
2011	国务院关于促进牧区又好又快发展的若干意见	国发〔2011〕17号
2011	国务院关于进一步促进内蒙古经济社会又好又快发展的若干意见	国发〔2011〕21号
2012	国务院关于进一步促进贵州经济社会又好又快发展的若干意见	国发〔2012〕2号

资料来源:作者整理。

1.3 改革开放以来民族地区的经济发展

改革开放以来,中央政府的一系列支持民族地区发展的政策,极大地促进了民族地区的经济发展,不仅经济总量快速增长,经济实力显著提高,而且产业结构不断优化,居民收入稳步增长,经济呈现出历史最好的状态。

1.3.1 固定资产投资

中央政府对民族地区的一系列支持政策,主要是通过对民族地区的投资实现的。据统计1978年民族八省区全社会固定资产投资总额为76.7亿元,到2017年达到89659.6亿元,年均增长率达到19.85%。1981—2017年,民族八省区全社会固定资产投资年均增长率为21.20%,超过同期全国19.80%的水平。民族八省区全社会固定资产投资占全国比例在1981年为9.19%,到2017年提高到13.98%(见图1-1)。民族八省区各省区全社会固定资产投资的增长率如图1-2所示,人均投资情况如表1-6所示。因此,改革开放以来,民族地区投资增速快,到2017年民族八省区全社会固定资产投资总额占全国比重基本与人口占全国比重持平,多个地区人均投资高于全国平均水平。

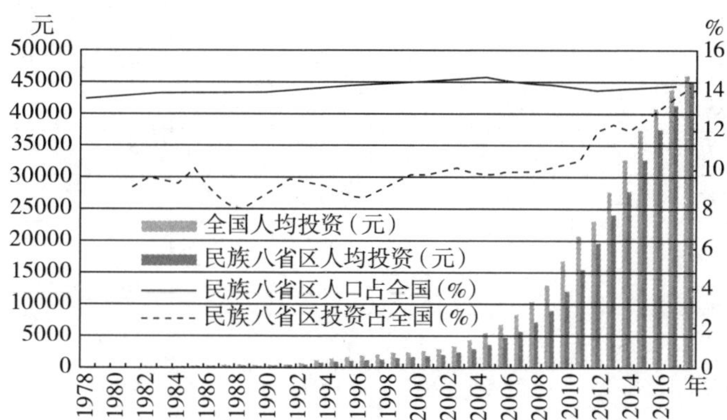

图1-1 改革开放以来民族八省区全社会固定资产投资的变化

资料来源:《新中国六十年统计资料汇编》《中国统计年鉴》。

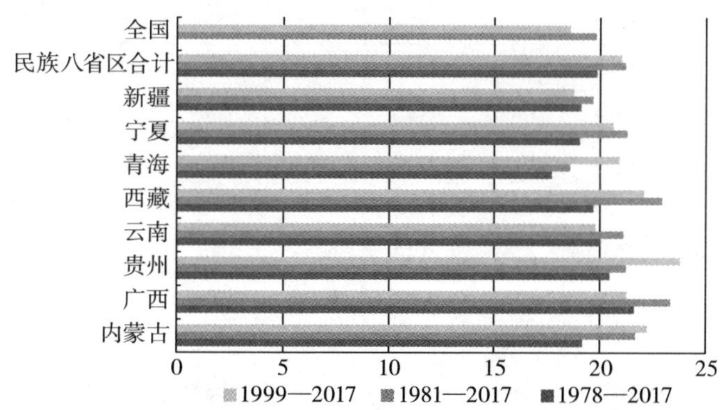

图1-2 民族八省区全社会固定资产投资的增长率(%)

资料来源:《新中国六十年统计资料汇编》《中国统计年鉴》。

表1-6 改革开放以来民族八省区人均全社会固定资产投资的增长 单位:元

年份	内蒙古	广西	贵州	云南	西藏	青海	宁夏	新疆	全国
1978	83	29	41	49	103	185	120	105	
1979	89	29	44	53	114	268	115	110	
1980	80	36	50	66	98	196	106	160	
1981	64	29	54	58	65	222	96	141	96
1982	90	51	54	75	82	268	122	188	121
1983	119	57	59	74	103	323	141	208	139
1984	137	72	79	98	243	337	205	251	176
1985	260	109	112	135	376	421	329	327	240
1986	233	140	119	143	264	432	409	350	290
1987	258	158	140	154	255	514	445	364	347
1988	344	185	145	189	274	591	423	480	428
1989	333	173	139	186	310	489	386	516	391
1990	327	162	158	203	344	497	472	581	395
1991	461	207	176	260	470	527	608	804	483
1992	676	322	235	367	583	657	790	1076	690
1993	974	627	312	647	781	958	1073	1548	1103
1994	1110	852	408	817	897	954	1210	1749	1422
1995	1195	932	495	954	1541	1155	1369	2006	1653
1996	1195	1038	582	1109	1246	1590	1483	2296	1872
1997	1365	1036	686	1320	1395	1971	1666	2601	2017
1998	1493	1223	834	1623	1699	2315	2025	2975	2277
1999	1623	1316	900	1711	2215	2513	2404	3012	2373
2000	1814	1389	1072	1646	2560	2998	2901	3300	2597
2001	2085	1527	1405	1714	3262	3854	3477	3763	2916
2002	2882	1732	1648	1912	4084	4635	4039	4267	3386
2003	4093	2033	1949	2334	5131	5341	5485	5182	4300
2004	5574	2585	2227	3014	6154	5905	6480	5917	5422
2005	7525	3796	2730	3944	6999	6759	7461	6727	6789
2006	9489	4761	3246	4953	8150	7661	8535	7644	8368
2007	12201	6229	4099	6200	9389	8837	10189	8834	10393
2008	15426	7855	5185	7763	10602	10515	13904	10606	13014

续表

年份	内蒙古	广西	贵州	云南	西藏	青海	宁夏	新疆	全国
2009	20622	11752	6930	9904	12825	14364	17900	13097	16830
2010	24414	17048	9159	12015	15431	18967	23140	16200	20743
2011	29548	21874	14706	13356	18110	25245	25868	21337	23118
2012	35428	26987	16411	16809	23080	33498	32595	28030	27672
2013	41806	25233	21054	21270	29435	41605	40984	34392	32798
2014	48204	29119	25729	24393	35262	49856	48387	42397	37433
2015	55056	33836	31012	28472	41429	55514	52898	45468	40884
2016	61387	37695	37142	32829	50015	59582	56822	41634	43861
2017	56225	40754	43296	38481	60862	65170	55915	48244	46130

资料来源:《新中国六十年统计资料汇编》《中国统计年鉴》。

表1－7显示了民族八省区和全国的全社会固定资产投资规模在近十年来的变化情况,可以清楚地看到,在2007—2017年,除了内蒙古在2015年和2017年的固定资产投资低于前一年,其他地区和全国的固定资产投资都呈现出稳步上涨的趋势,但是平均的增长速度不同,在2008—2017年全国的固定资产投资的平均增长率为6.88%,民族八省区中除云南、贵州和西藏的平均增长速度慢于全国平均水平,分别为5.34%、5.93%和4.36%,其余地区均超过全国水平。

表1－7　2007—2017年民族八省区和全国的固定资产投资情况统计

单位:亿元

年份	内蒙古	广西	贵州	云南	西藏	青海	宁夏	新疆	全国
2007	4373	2940	1489	2759	270	483	600	1851	137324
2008	5275	3756	1864	3436	310	583	829	2260	172828
2009	7337	5237	2412	4526	378	798	1076	2725	224599
2010	8926	7058	3105	5529	463	1017	1444	3423	251684
2011	10365	7991	4236	6191	516	1436	1645	4623	311485
2012	11876	9809	5718	7831	671	1883	2097	6159	374695
2013	14217	11908	7374	9968	876	2361	2651	7732	446294
2014	17592	13843	9026	11499	1069	2861	3174	9448	512021
2015	13702	16228	10946	13501	1296	3211	3505	10813	562000

续表

年份	内蒙古	广西	贵州	云南	西藏	青海	宁夏	新疆	全国
2016	15080	18237	13204	16119	1596	3528	3794	10288	606466
2017	14405	20449	19359	18475	2051	3897	3813	11796	641238
平均增长率	11.65%	7.56%	5.93%	5.34%	4.36%	8.75%	10.33%	7.72%	6.88%

数据来源:《中国统计年鉴(2007—2016年)》和2017年各省区的国民经济和社会发展统计公告。

从投资结构上看,图1-3和图1-4显示了2016年民族八省区和全国按行业分社会固定资产的投资情况统计。民族八省区的平均固定资产投资主要分布在房地产,制造业,水利、环境和公共设施管理业,交通运输、仓储和邮政业,电力、燃气及水生产供应业和农林牧渔业,它们的占比分别为22.05%、19.03%、14.80%、12.18%、8.26%和5.46%。全国的固定资产的投资主要分布在制造业,房地产,水利、环境和公共设施管理业,交通运输、仓储和邮政业,电力、燃气及水生产供应业和农林牧渔业,占比分别为30.99%、23.47%、11.32%、8.89%、4.91%和4.10%。通过对比分析,民族八省区在农林牧渔业的投资高于全国平均水平1.36%,采矿业投资高于全国平均水平1.79%,交通运输、仓储、邮政业投资比全国固定资产的投资高出3.48%,制造业的固定资产投资比率低于全国固定资产的投资水平,为11.97%。

表1-8显示了2017年按三大产业划分的固定资产投资情况,全国三大产业的占比分别为3.31%、37.32%和59.37%。民族八省区中西藏、青海和全国在第一产业的固定资产的投资占比非常接近,分别为3.81%和3.53%,而云南、内蒙古、广西、新疆和宁夏的第一产业的固定资产的投资均高于全国平均水平,分别为13.60%、6.19%、6.09%、4.68%和5.76%。第二产业的固定资产投资,除了内蒙古和云南的投资高于全国第二产业固定资产投资水平,其他地区均低于全国平均水平。第三产业投资除了内蒙古、云南、宁夏和广西以外,其他地区的第三产业固定资产的投资比例均高于全国平均水平。

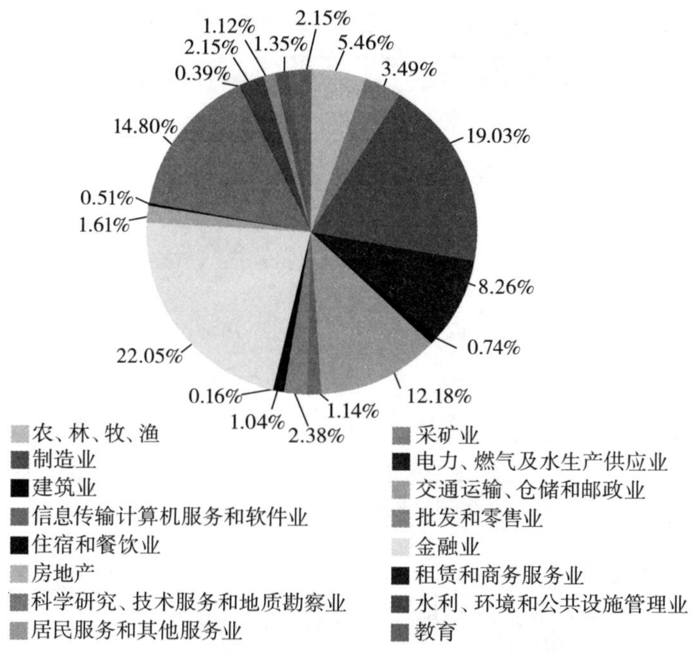

图1－3　2016年民族地区固定资产投资平均情况统计

数据来源:《中国统计年鉴—2016》整理所得。

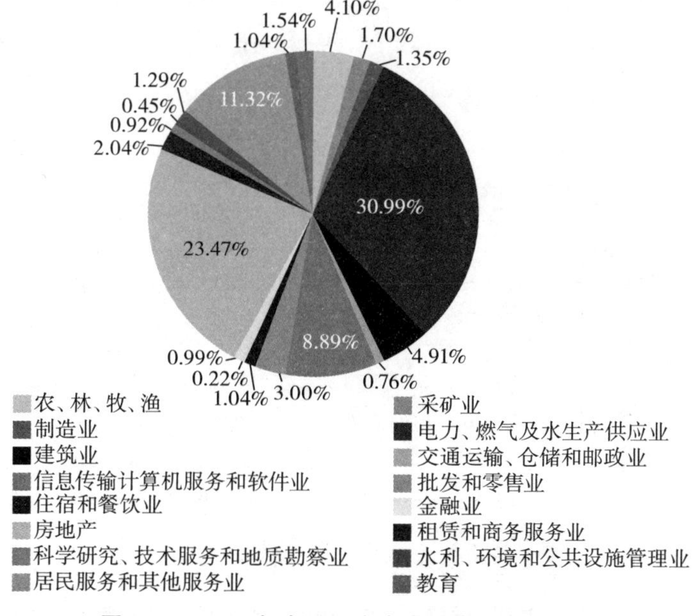

图1－4　2016年全国固定资产投资情况统计

数据来源:《中国统计年鉴—2017》整理所得。

表 1-8 2017 年民族地区和全国按产业划分固定资产投资情况

地区	第一产业投资	第二产业投资	第三产业投资
内蒙古	6.19%	39.00%	54.82%
云南	13.60%	43.20%	43.20%
贵州	2.50%	16.70%	80.80%
广西	6.09%	34.61%	59.29%
新疆	4.68%	27.45%	67.87%
西藏	3.81%	20.16%	76.03%
青海	3.53%	33.58%	62.89%
宁夏	5.76%	36.84%	57.40%
全国	3.31%	37.32%	59.37%

数据来源:2017 年各省区的经济和社会发展统计公告整理所得。

1.3.2 地区生产总值

高速增长的投资带来民族地区经济总量的快速增长。据统计,民族八省区 1978 年的地区生产总值为 323.8 亿元,占全国国内生产总值的比例为 8.8%,到 2017 年,民族八省区地区生产总值达到 84898.9 亿元,占全国国内生产总值的比率提高到 10.26%(见图 1-5)。内蒙古(2010 年)、广西(2011 年)、云南(2012 年)、贵州(2015 年)、新疆(2017 年)等省区地区生产总值均已突破万亿。按名义值计算,2017 年民族八省区地区生产总值是 1978 年的倍数分别为:内蒙古,277 倍;广西,269 倍;贵州,290 倍;云南,239 倍;西藏,197 倍;青海,170 倍;宁夏,266 倍;新疆,279 倍。

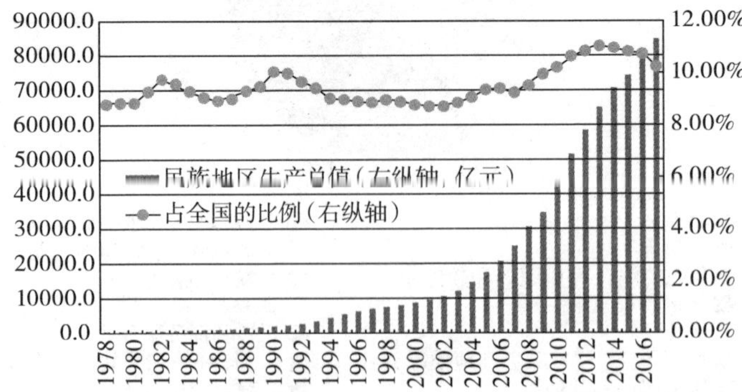

图 1-5 1978—2017 年民族八省区地区生产总值及其占全国比例的变化

数据来源:《新中国六十年统计资料汇编》《中国统计年鉴》《中国统计摘要(2018)》。

从地区生产总值的增长率看,1978—2017年的39年中,年均增长率分别为:内蒙古,11.72%;广西,10.03%;贵州,10.15%;云南,10.00%;西藏,10.78%;青海,9.05%;宁夏,9.78%;新疆,10.27%;全国平均,9.51%。民族八省区中除青海外均高于全国平均水平。分阶段看,如表1-9所示,与1978—1999年比较,西部大开发以来的1999—2017年,民族八省区经济增长呈现出加速的趋势。2010年以来,民族八省区的经济增长均快于全国平均水平。逐年看,如图1-6所示,民族八省区地区生产总值增长率高于或等于全国平均水平的年份数:内蒙古,27年;广西,29年;贵州,27年;云南,15年;西藏,31年;青海,22年;宁夏,24年;新疆,22年。因此,改革开放以来,大多数年份,民族地区的经济增长速度超过全国平均数。

表1-9 民族八省区地区生产总值增长率(%)

时段	内蒙古	广西	贵州	云南	西藏	青海	宁夏	新疆	全国
1978—2017年	11.72	10.03	10.15	10.00	10.78	9.05	9.78	10.27	9.51
1978—1999年	9.67	8.83	8.59	9.32	9.45	6.82	8.53	9.96	9.25
1999—2017年	13.56	10.92	11.49	10.25	11.79	11.31	10.76	10.04	9.26
2010—2017年	8.74	9.27	11.94	10.52	10.83	9.87	9.32	9.84	7.56

资料来源:根据《新中国六十年统计资料汇编》《中国统计年鉴》《中国统计摘要(2018)》计算。

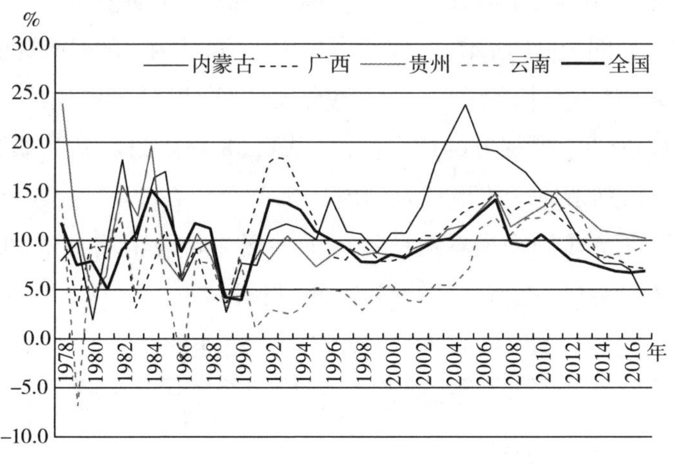

图1-6-1 改革开放以来八省区地区生产总值年增长率

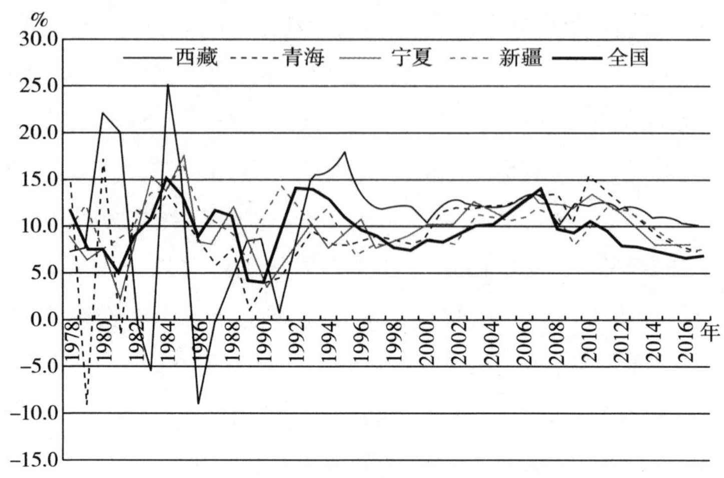

图 1-6-2　改革开放以来八省区地区生产总值年增长率

资料来源:根据《新中国六十年统计资料汇编》《中国统计年鉴》和《中国统计摘要(2018)》计算绘制。

从人均地区生产总值看,改革开放以来民族八省区人均地区生产总值如表 1-10 所示。1978—2017 年按不变价计算,人均地区生产总值年均增长率分别是:内蒙古,10.79%;广西,8.68%;贵州,9.33%;云南,8.74%;西藏,8.91%;青海,8.27%;宁夏,8.03%;新疆,8.38%;同期全国平均为 8.47%。与全国比较,如图 1-7 所示,民族八省区中,内蒙古在 2004 年实现了人均地区生产总值赶超(超过)全国水平。与全国比较,相对人均地区生产总值在 2017 年较 1978 年有所提升的还有广西(从 0.58 提高到 0.70)、贵州(从 0.45 提高到 0.64),其余地区的相对人均地区生产总值在 2017 年与 1978 年比较均有所下降,主要是因为虽然这些地区的地区生产总值增长快,但人口增长较快,导致人均地区生产总值增长幅度相对较低。

表 1-10　民族八省区人均地区生产总值　　单位:元(当年价)

年份	内蒙古	广西	贵州	云南	西藏	青海	宁夏	新疆
1978	317	225	175	226	375	428	370	313
1979	343	246	204	247	404	410	399	359
1980	361	278	219	267	471	473	433	410
1981	407	317	242	294	560	459	460	450

续表

年份	内蒙古	广西	贵州	云南	西藏	青海	宁夏	新疆
1982	480	354	278	339	544	513	469	488
1983	535	363	302	363	538	569	525	583
1984	640	399	371	416	702	662	615	661
1985	809	471	420	486	894	808	737	820
1986	888	525	467	528	842	916	823	924
1987	1025	607	546	653	863	1018	922	1053
1988	1291	770	683	845	964	1260	1143	1347
1989	1377	927	750	1003	1021	1365	1317	1493
1990	1478	1066	810	1224	1276	1558	1393	1713
1991	1642	1211	896	1377	1358	1647	1511	2101
1992	1906	1490	1034	1625	1468	1912	1718	2477
1993	2423	1982	1234	2030	1624	2364	2148	2964
1994	3094	2675	1527	2515	1964	2942	2740	3888
1995	3772	3304	1826	3083	2358	3513	3448	4701
1996	4457	3706	2048	3779	2688	3799	3926	5102
1997	4980	3928	2250	4121	3144	4122	4277	5848
1998	5406	4346	2364	4446	3666	4426	4607	6174
1999	5861	4444	2545	4558	4180	4728	4900	6443
2000	6502	4652	2759	4770	4572	5138	5376	7372
2001	7216	5058	3000	5015	5324	5774	6039	7945
2002	8162	5558	3257	5366	6117	6478	6647	8457
2003	10039	6169	3701	5870	6893	7346	7734	9828
2004	12767	7461	4317	7012	8103	8693	9199	11337
2005	16331	8788	5052	7835	9114	10045	10239	13108
2006	20264	10296	5759	8970	10430	11724	11847	15000
2007	25393	12555	6915	10540	12109	14257	14649	16999
2008	32214	14966	8824	12587	13861	17389	17892	19893
2009	32214	14966	8824	12587	13861	17389	17892	19893
2010	40282	16045	10309	13539	15295	19454	21777	19942
2011	57974	25326	16413	19265	20077	29522	33043	30087
2012	63886	27952	19710	22195	22936	33181	36394	33796

续表

年份	内蒙古	广西	贵州	云南	西藏	青海	宁夏	新疆
2013	67836	30741	23151	25322	26326	36875	39613	37553
2014	71046	33090	26437	27264	29252	39671	41834	40648
2015	71101	35190	29847	28806	31999	41252	43805	40036
2016	72064	38027	33246	31093	35184	43531	47194	40564
2017	63786	41955	37956	34545	39259	44348	50917	45099

资料来源:根据《新中国六十年统计资料汇编》《中国统计年鉴》《中国统计摘要(2018)》。

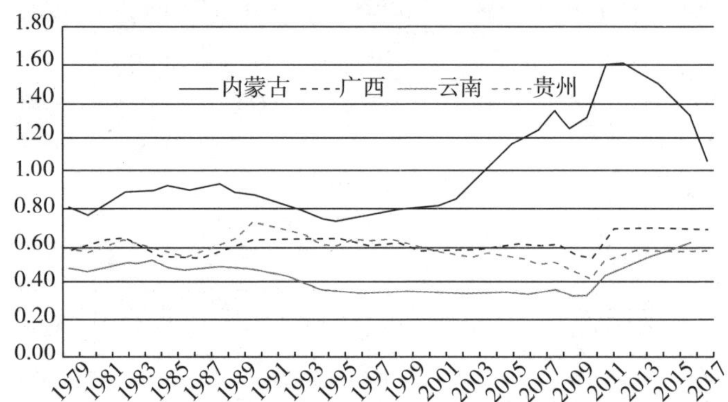

图 1-7-1　民族八省区相对(全国)人均地区生产总值(1978—2017 年)

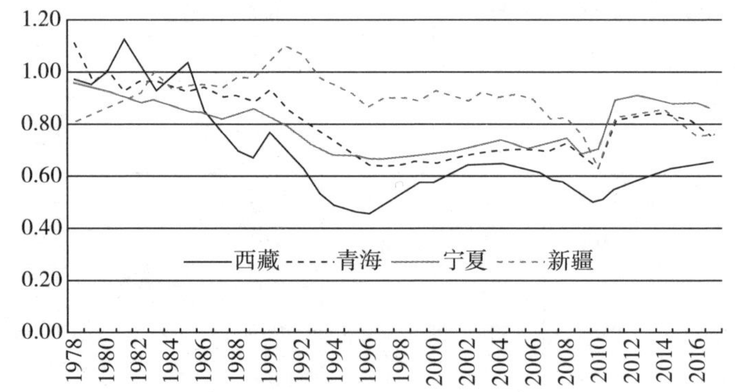

图 1-7-2　民族八省区相对(全国)人均地区生产总值(1978—2017 年)

资料来源:根据《新中国六十年统计资料汇编》《中国统计年鉴》《中国统计摘要(2018)》。

1.3.3　产业结构的变迁

高速的经济增长,必然伴随的是经济结构和社会结构的变迁,而结构变迁又进一步影响经济增长。经济发展过程中,结构变迁的一般表现形式是,生产要素从低边际报酬部门向高边际报酬部门转移,如伴随经济发展,农业份额的下降及人口从农村到城市的迁移，这样的结构变迁会促进经济发展。改革开放以来，民族地区的高速增长所伴随的结构变迁，在宏观层面上主要表现在：

1.3.3.1　地区生产总值的生产结构：工业与服务业的发展

经济结构变化在地区生产总值的生产方面，最重要的表现是工业化与服务业的发展，具体是农业增加值份额下降，工业和服务业增加值份额上升。图1－8和图1－9绘出了民族八省区在1978年以来地区生产总值中工业增加值和第三产业（服务业）增加值份额的变化趋势。可以看出，总体上，民族八省区工业增加值份额的变化呈现出“U”形趋势，大约在1992年前处于下降趋势，之后在波动中上升，而服务业份额在总体上呈现出线性上升的趋势。

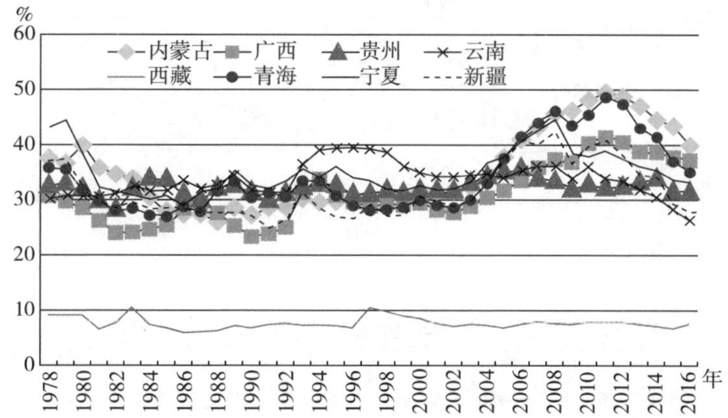

图1－8　1978—2016年民族八省区工业增加值占地区生产总值的比例

资料来源：《新中国六十年统计资料汇编》《中国统计年鉴》。

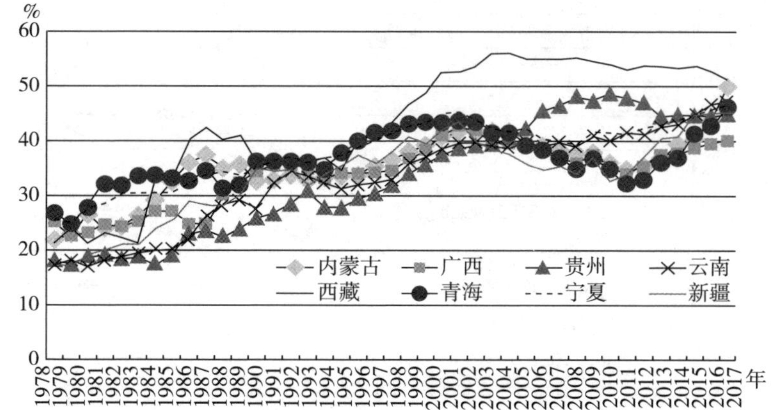

图1－9　1978—2017年民族八省区第三产业（服务业）增加值比例的变化

资料来源：《新中国六十年统计资料汇编》《中国统计年鉴》。

1.3.3.2 从业人员的就业结构:服务业就业份额上升

与地区生产总值生产结构变化的趋势基本相对应的是,劳动力在三次产业间的分配是农业就业份额下降,而服务业就业份额不断上升,如图 1－10 和图 1－11所示。不过,与产值结构变化比较而言,农业就业份额下降速度滞后于产值的变化,现在民族地区的农业就业依然占主体,最低也在40%以上,第二产业的就业份额虽在一些地区有所上升,但总体上变化不大,从农业转移出来的劳动力主要被服务业吸收。这种情况一方面和这些地区农业生产率低有关,另一方面与这些地区的资源密集型和资本密集型工业化路径密切联系。

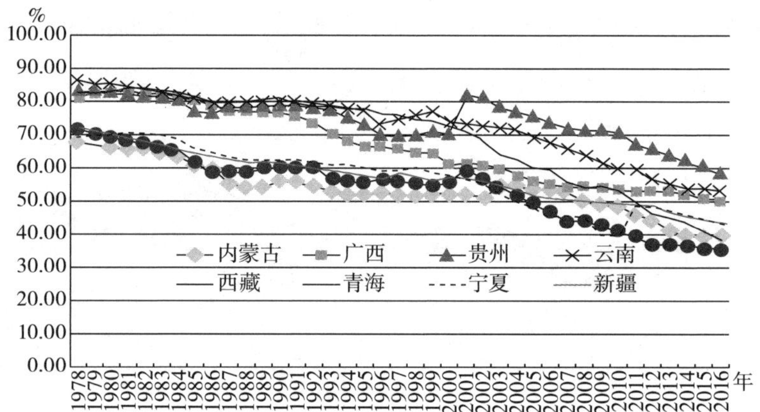

图 1－10　1978—2016 年民族八省区第一产业就业份额的变化

资料来源:《新中国六十年统计资料汇编》《中国统计年鉴》。

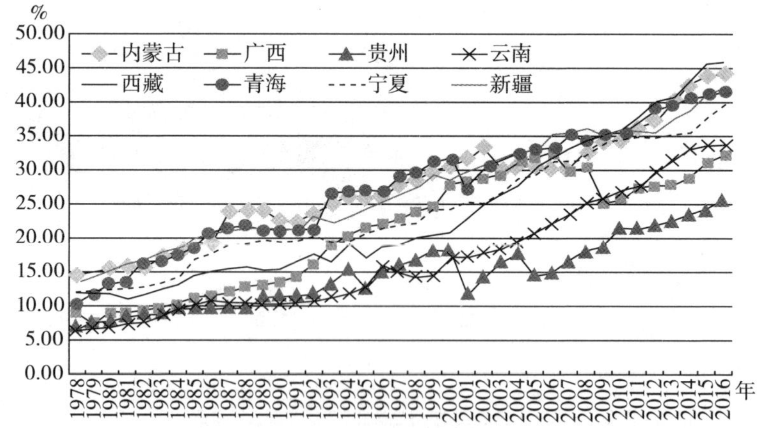

图 1－11　1978—2016 年民族八省区第三产业就业份额的变化

资料来源:《新中国六十年统计资料汇编》《中国统计年鉴》。

1.3.4 人民生活

经济增长,结构变迁,带来了城乡居民收入的持续增长。例如,1978—2013年,内蒙古农牧民人均纯收入从131元增加到8596元,按可比价格计算年均增长率为7.27%;同期城镇居民人均可支配收入从301元增加到26496.7元,按可比价格计算年均增长率为7.76%。表1-11给出了民族八省区主要年份城乡居民收入水平(需要说明的是,从2013年起,国家统计局开展了全国住户收支与生活状况调查,2013年及以后年份的数据源于此调查,与2013年前的分城镇和农村住户调查的调查范围、调查方法、指标口径有所不同)。

从全体居民收入看,2017年内蒙古为26212.2元,高于全国水平(259738元),其余地区均低于全国水平(如表1-12)。从增长率看,2013—2017年年均增长率全国平均为9.13%,内蒙古为8.82%,广西为9.04%,贵州为10.80%,云南为9.90%,西藏为12.24%,青海为10.06%,宁夏为9.00%,新疆为9.95%。

表1-11 改革开放以来民族八省区城乡居民收入的增长

年份	内蒙古	广西	贵州	云南	西藏	青海	宁夏	新疆	全国
农村居民人均纯收入(元)									
1980	192	173.44	161.50	147.7	274	204.31	175.10	200.77	191.3
1985	400	302.96	302.14	325.7	535	342.94	325.88	394.30	397.6
1990	647	639.45	435.14	540.2	582	559.78	594.28	683.47	686.3
1995	1300	1446.14	1086.62	1011.0	878	1029.77	1036.99	1137.00	1577.7
2000	2038	1865.00	1374.16	1478.6	1331	1490.00	1724.30	1618.00	2253.4
2005	2988.87	2494.67	1876.96	2041.79	2077.90	2151.46	2508.89	2482.15	3254.9
2010	5529.59	4543.41	3471.93	3952.03	4138.71	3862.68	4674.89	4642.67	5919.0
农村居民人均可支配收入(元)									
2013	8984.9	7793.1	5897.8	6723.6	6553.4	6461.6	7598.7	7846.6	9429.6
2014	9976.3	8683.2	6671.2	7456.1	7359.2	7282.7	8410.0	8723.8	10488.9
2015	10775.9	9466.6	7386.9	8242.1	8243.7	7933.4	9118.7	9425.1	11421.7
2016	11609.0	10359.5	8090.3	9019.8	9093.8	8664.4	9851.6	10183.2	12363.4
2017	12584.3	11325.5	8869.1	9862.2	10330.2	9462.3	10737.9	11045.3	13432.4
城镇居民人均可支配收入(元)									
1981	418.3	429.00	434.10	446.4	715	418.68	473.51	482.00	500.4

续表

年份	内蒙古	广　西	贵　州	云　南	西　藏	青　海	宁　夏	新　疆	全国
城镇居民人均可支配收入(元)									
1985	666	683.45	682.27	752.3	984	749.37	734.88	735.00	739.1
1990	1155	1448.06	1399.36	1514.8	1613	1119.10	1421.20	1314.00	1510.2
1995	2845.7	4791.87	3931.46	4064.9	4000	3380.00	3382.81	4163.00	4283.0
2000	5129.1	5834.00	5122.00	6324.6	6448	5170.00	4912.40	5645.00	6280.0
2005	9136.79	9286.70	8151.13	9265.90	9431.18	8057.85	8093.64	7990.15	10493.0
2010	17698.15	17063.89	14142.74	16064.54	14980.47	13854.99	15344.49	13643.77	19109.4
2012	23150.26	21242.80	18700.51	21074.50	18028.32	17566.28	19831.41	17920.68	24564.7
2013	26003.6	22689.4	20564.9	22460.0	20394.5	20352.4	21475.7	21091.5	26467.0
2014	28349.6	24669.0	22548.2	24299.0	22015.8	22306.6	23284.6	23214.0	28843.9
2015	30594.1	26415.9	24579.6	26373.2	25456.6	24542.3	25186.0	26274.7	31194.8
2016	32974.9	28324.4	26742.6	28610.6	27802.4	26757.4	27153.0	28463.4	33616.2
2017	35670.0	30502.1	29079.8	30995.9	30671.1	29168.9	29472.3	30774.8	36396.2

资料来源:《新中国六十年统计资料汇编》《中国统计年鉴》《中国统计摘要(2018)》。

表1－12　民族八省区居民收入(2013—2017年)

地区	2013年(元)	2014年(元)	2015年(元)	2016年(元)	2017年(元)	2013—2017年均增长率(%)
全国总计	18310.8	20167.1	21966.2	23821.0	25973.8	9.13
内蒙古	18692.9	20559.3	22310.1	24126.6	26212.2	8.82
广西	14082.3	15557.1	16873.4	18305.1	19904.8	9.04
贵州	11083.1	12371.1	13696.6	15121.1	16703.6	10.80
云南	12577.9	13772.2	15222.6	16719.9	18348.3	9.90
西藏	9740.4	10730.2	12254.3	13639.2	15457.3	12.24
青海	12947.8	14374.0	15812.7	17301.8	19001.0	10.06
宁夏	14565.8	15906.8	17329.1	18832.3	20561.7	9.00
新疆	13669.6	15096.6	16859.1	18354.7	19975.1	9.95

资料来源:《中国统计摘要(2018)》。

1.3.5　贫困减缓

民族地区一直是我国贫困人口最集中分布的地区,改革开放以来民族地区的高速增长和各种专项扶贫行动,带来了民族地区农村贫困人口的大幅度下降。① 特别是《中共中央 国务院关于打赢脱贫攻坚战的决定》颁布实施以来，中央和地方密集出台支持贫困地区特别是深度贫困地区脱贫攻坚的各项过硬政策措施，聚焦短板，精准发力，在民族地区产生了良好效应。“十三五”时期，国家进一步加大对民族地区脱贫攻坚的支持力度，2016—2018 年，中央财政专项扶贫资金在民族八省区安排有 1133.1 亿元，占全国总投入的 43.9%（全国为 2582.85 亿元），2018 年安排有 486.2 亿元，比上年增长 32.4%（见表 1－13）。同时，东西部扶贫协作和对口支援结对关系实现了对 30 个自治州的全覆盖，东部地区经济较发达县（市、区）与西部地区贫困县携手奔小康行动结对帮扶，覆盖了西部地区民族自治地方贫困县。

表 1－13　中央财政专项扶贫资金“十三五”安排民族八省区统计表

		三年合计	2016 年	2017 年	2018 年
中央财政专项扶贫资金	资金额（万元）	25828511	6609487	8609512	10609512
	年增长（%）	—	—	30.3	23.2
安排民族八省区资金	资金额（万元）	11330988	2796035	3673032	4861921
	年增长（%）	—	—	31.4	32.4
	占全国比重（%）	43.9	42.3	42.7	45.8
民族八省区分省资金安排情况（万元）	内蒙古	660942	198435	228399	234108
	广西	1498583	350451	533052	610080
	贵州	2202281	598419	754263	849599
	云南	2270093	622361	717454	930278
	西藏	1371381	269864	432958	668559
	青海	808864	212529	253585	342750
	宁夏	544298	151771	181252	211275
	新疆	1979546	392205	572069	1015272

资料来源：国家民委发布，2017 年民族地区农村贫困监测情况，http://www.gov.cn/xinwen/2018－08/15/content_5313944.htm.

在中央的高度重视和社会各界的大力支持下，经过民族地区广大干部群众的艰苦努力，少数民族贫困地区农村贫困人口大幅减少、经济全面发展、基础设施明显改善、社会事业不断进步、群众收入水平逐年提高，民族地区脱贫

① 本部分材料主要参考和引用：国家民委. 2017 年民族地区农村贫困监测情况［EB/OL］.（2018－08－15）. http://www.gov.cn/xinwen/2018－08/15/content_5313944.htm.

攻坚取得显著成效。据国家统计局对全国31个省(自治区、直辖市)16万户居民家庭的抽样调查,按每人每年2300元(2010年不变价)的国家农村贫困标准测算,2017年,民族八省区农村贫困人口为1032万人,比上年减少379万人;减贫速度为26.9%,比上年加快4.8个百分点;农村贫困人口占乡村人口的比重,即贫困发生率为6.9%,比上年下降2.4个百分点(见图1-12)。从减贫速度看,2011—2014年,民族八省区与全国的减贫速度都在逐年下降,自2014年逐年加快,到2016年,民族八省区减贫速度与全国同步。中央各部门和民族地区各级党委、政府全面贯彻落实中央关于打赢脱贫攻坚战的重大决策部署,形成全党全社会合力推进民族地区脱贫攻坚的良好局面,支持民族地区脱贫攻坚的政策体系不断完善,精准扶贫、精准脱贫方略在民族地区得到全面贯彻实施。2017年与2016年相比,贫困程度较高的贵州、云南、西藏、甘肃、新疆,贫困发生率从10%以上降至10%以下,广西、青海、宁夏贫困发生率从7%以上降至7%以下;内蒙古贫困发生率从3%以上降至3%以下。2017年,西藏脱贫攻坚取得决定性进展,1705个贫困村退出,14万贫困人口实现脱贫,全区贫困人口从2015年底的48万人下降到2017年底的20万人,两年减少贫困人口28万人。少数民族和民族地区脱贫攻坚取得显著成就,为促进少数民族地区经济发展、社会和谐、民族团结、边疆稳固发挥了重要作用。

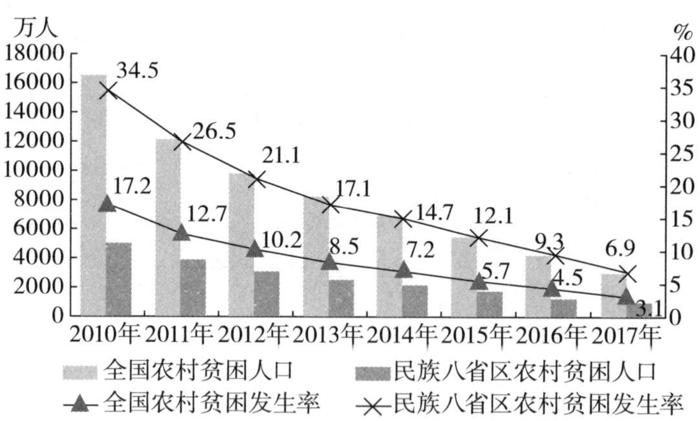

图1-12　2010—2017年民族八省区和全国农村贫困状况

资料来源:国家民委发布,2017年民族地区农村贫困监测情况,http://www.gov.cn/xinwen/2018-08/15/content_5313944.htm.

1.3.6 地方财政收入

改革开放以来，民族地区地方财政收支增速快，自我发展能力增强。1978年八个民族省区地方财政一般预算收入52.28亿元，2017年超过9000亿元，达到9133.17亿元，年均增长率超过15%，大大快于地区生产总值的年均增长率（见图1－13）。财政收入的快速增长，提高了地方政府调控经济的能力，加强了经济和社会发展中的薄弱环节，切实加大了对落后地区和低收入群体的转移支付力度，加快了脱贫致富的步伐，有效地保障了经济社会的稳定协调发展。

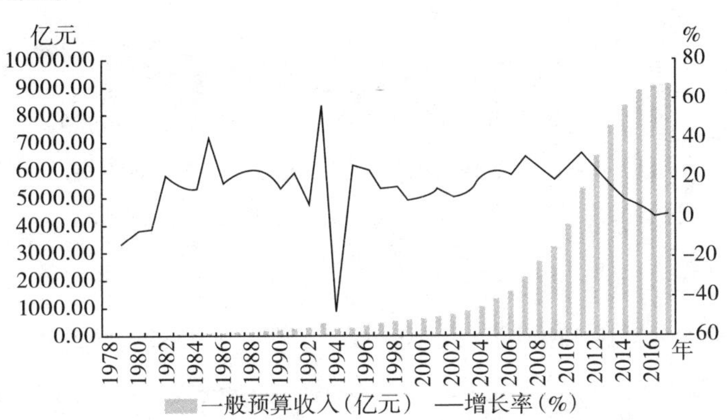

图1－13 1978—2017年民族八省区地方财政一般预算收入的增长

资料来源：《新中国六十年统计资料汇编》《中国统计年鉴》《中国统计摘要（2018）》。

1.3.7 贸易发展

随着经济发展，人民生活水平提高，民族八省区贸易快速发展，贸易的发展又促进了民族地区的经济发展水平的提高和产业结构的升级。一个地区贸易包括两个方面：国内贸易和对外贸易。

1.3.7.1 国内贸易

国内贸易是指本地区与本国范围内的其他省份的贸易。可以用全年本省（自治区）的社会消费品零售总额来表示。如图1－14所示，1978年民族八省区社会消费零售总额合计157.7亿元，占全国的比重为10.12%，国内贸易依存度（社会消费零售总额/地区生产总值）为48.71%；2017年民族八省区社会消费零售总额合计30887.7亿元，占全国的比重为8.43%，国内贸易依存度为36.38%。1978—2017年民族八省区社会消费零售总额年均增长率为14.49%，低于全国15.03%的水平,分地区看,内蒙古为14.47%,广西为15.00%,贵州为14.49%,云南为14.92%,西藏为14.74%,青海为12.56%,宁夏为14.32%,新疆为13.49%。

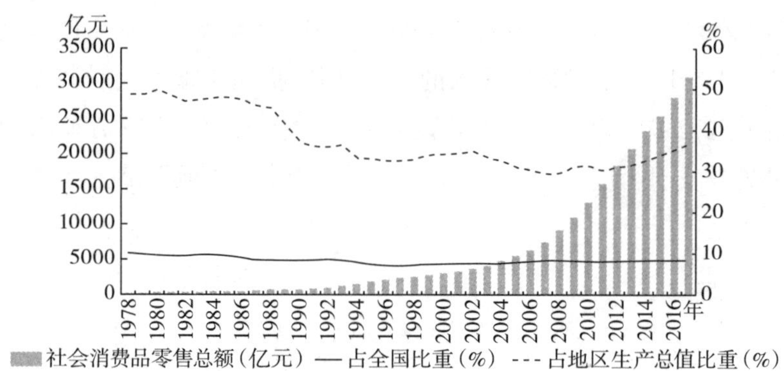

图1-14　改革开放以来民族八省区国内贸易的发展

数据来源:《中国统计年鉴(2009—2017年)》《新中国六十年统计资料汇编》。

1.3.7.2　对外贸易

随着经济全球化和区域化的不断深入,世界各国和地区间的经济联系日益加强,民族地区通过对外贸易越来越广泛地被纳入国际经济发展的轨道。如图1-15所示,1978年民族八省区进出口总额只有83568.72万元人民币,占全国的比例为2.35%,贸易依存度(外贸依存度=进出口贸易总额/国内生产总值)为2.58%;2017年,民族八省区进出口总额达到87892638万元人民币,占全国进出口总额的3.16%,贸易依存度为10.35%。

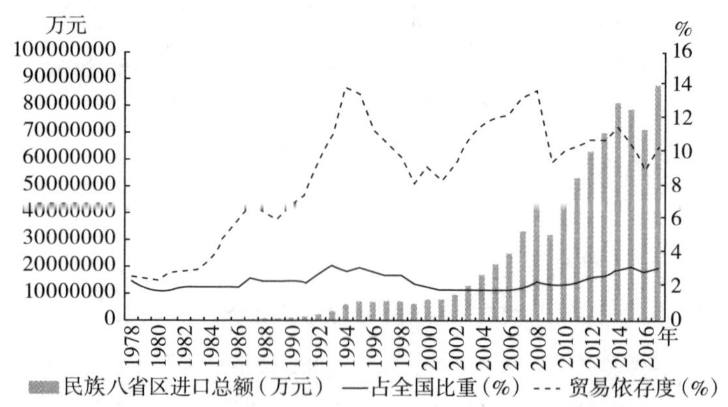

图1-15　改革开放以来民族八省区对外贸易的发展

资料来源:《新中国六十年统计资料汇编》《中国统计年鉴》《中国统计摘要(2018)》。

民族八省区各地区对外贸易如表 1 – 14 所示。自 1978—2000 年,民族八省区和全国的进出口总量呈现出稳步增长的趋势。2000 年进出口总额相当于 1978 年的倍数分别为:内蒙古,131.18 倍;广西,7.57 倍;贵州,40.12 倍;云南,17.40 倍;西藏,7.83 倍;青海,15.01 倍;宁夏,14.95 倍;新疆,96.50 倍;全国,22.98 倍。2001 年中国加入 WTO,民族八省区和全国的进出口总量发生巨大的跳跃,与 2000 年比较,2017 年进出口总量增加的倍数分别为:内蒙古,6.71 倍;广西,27.40 倍;贵州,11.37 倍;云南,11.94 倍;西藏,5.63 倍;青海,3.10 倍;宁夏,10.38 倍;新疆,8.09 倍;全国,7.66 倍。因此,中国加入 WTO 后,随着全国对外开放程度的大幅度提高,民族八省区贸易开放程度迅速提升。

表 1 – 14　1978—2017 年各省区进出口情况和全国进出口变化情况

年份	内蒙古(万美元)	广西(万美元)	贵州(万美元)	云南(万美元)	西藏(万美元)	青海(万美元)	宁夏(万美元)	新疆(万美元)	全国进出口总额(百万美元)
1978	1552	26931	1645	10420	1664	1064	2962	2346	20640
1979	2016	30799	2111	11557	1557	740	4785	2436	29330
1980	4397	37823	2797	11037	1650	887	4674	3160	38140
1981	6008	39849	4782	13474	1907	1249	4767	6256	44030
1982	8173	37611	5455	13614	1107	1479	4665	10626	41610
1983	9001	40048	5238	14724	1633	2279	3739	11744	43620
1984	10912	41387	6997	15076	1466	3134	4141	23713	53550
1985	18448	52310	8720	20953	1844	3411	5426	29197	69600
1986	23937	54528	8605	26537	1195	4320	7465	28412	73850
1987	30398	79151	12488	34217	2473	5142	8710	31535	82650
1988	37968	80807	15527	44388	2219	5384	10724	40775	102790
1989	43312	75435	18681	54768	3910	6488	7848	48426	111680
1990	48430	89797	21802	54842	3022	7027	8491	41025	115440
1991	59964	102351	24614	55051	3470	7791	10286	45933	135700
1992	93555	163850	33907	67056	6434	10399	12894	75039	165530
1993	120283	207760	36470	84008	10265	12442	14350	92210	195700
1994	106128	245983	53595	134406	31288	14331	17823	104053	236620
1995	112310	321111	68144	189609	7052	16226	27810	142798	280860
1996	124981	283132	64240	192220	10471	22497	23438	140367	289880

续表

年份	内蒙古(万美元)	广西(万美元)	贵州(万美元)	云南(万美元)	西藏(万美元)	青海(万美元)	宁夏(万美元)	新疆(万美元)	全国进出口总额(百万美元)
1997	131027	306821	67660	193698	11833	16476	30303	144667	325160
1998	138581	298376	62243	190329	11304	11405	31309	153214	323950
1999	160786	175322	54763	165967	16622	10785	31799	176534	360630
2000	203596	203789	66002	181283	13029	15973	44292	226399	474297
2001	254819	179715	64978	198906	9482	20490	53277	177148	509651
2002	300494	243032	69141	222635	13032	19671	44285	269186	620766
2003	311353	319173	98477	267670	16115	33913	65323	477198	850988
2004	404865	428847	151442	374777	22355	57551	90839	563563	1154554
2005	516190	518289	140425	473822	20539	41338	96672	794189	1421906
2006	594717	667398	161745	623174	32840	65175	143746	910327	1760438
2007	774460	927686	227285	877975	39348	61207	158430	1371623	2176175
2008	893315	1324179	337037	959936	76543	68847	188195	2221680	2563255
2009	676395	1420599	230732	801912	40202	58590	120156	1382771	2207535
2010	871894	1770609	314680	1336795	83594	78906	196049	1712834	2974001
2011	1193910	2333084	488758	1605271	135861	92382	228573	2282225	3641864
2012	1125667	2947369	663156	2100500	342397	116016	221667	2517075	3867119
2013	1199247	3283690	829009	2582900	331939	140256	321791	2756191	4158993
2014	1455400	4055305	1077133	2962200	225494	171896	543558	2766930	4301527
2015	1278391	5126215	1222142	2452700	90799	193447	379062	1967789	3953033
2016	1170100	4789694	569962	1999900	781922	151485	324648	17637744	3685557
2017	1387352	5787866	816231	2345111	86345	65575	503952	2056853	4107164

数据来源:《中国统计年鉴—2018》、各省区 2018 年的统计年鉴。

从外贸依存度看,中国从 1979 年的 9.65% 的外贸依存度上升到 2006 年的 64.24%,这也是改革开放 40 年里所达到的最高峰,2017 年外贸依存度为 33.60%。在 1979—2017 年,中国的外贸依存度虽然存在波动,但在 2007 年以前总体呈上升趋势,在 2008 年金融危机以后中国的外贸依存度呈现下降的趋势。图 1-16 显示了 1978 年以来民族八省区外贸依存度的变化,总体上看,改革开放以来各地区外贸依存度都有不同程度的提升,但与全国比较,民族地区由外贸依存度显示的开发程度还偏低。2017 年民族八省区平均的外贸依存度为10.35%,全国的外贸依存度为33.60%。图1-17显示了民族地区和全国的进口(出口)外贸依存度,青海省的进口和出口贸易依存度最低,分别为0.59%和1.09%,广西的进口贸易依存度最高,为9.86%,新疆的出口贸易依存度最高,为10.96%;西藏的进出口贸依存度差额最小为0.01%,新疆的进出口贸易依存度差额最大为9.15%。因此,除广西以外的民族地区的出口贸易依存度均高于进口贸易依存度,这与全国的平均水平(进口贸易依存度15.06%,出口贸易依存度18.54%)结构相似,说明不仅仅全国存在贸易顺差问题,民族地区也存在贸易顺差问题。

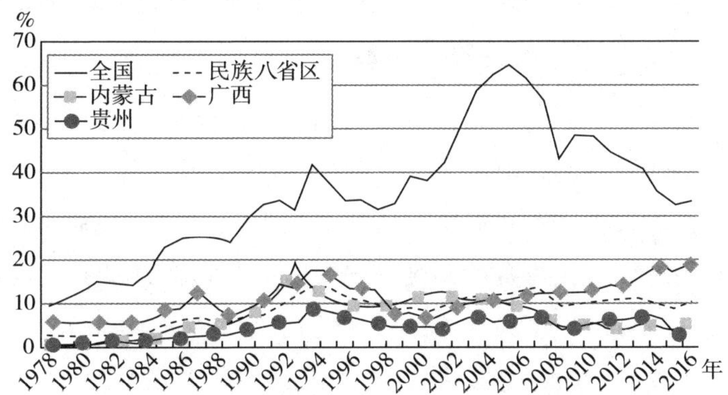

图1-16-1　1978—2017年民族八省区贸易依存度的变化

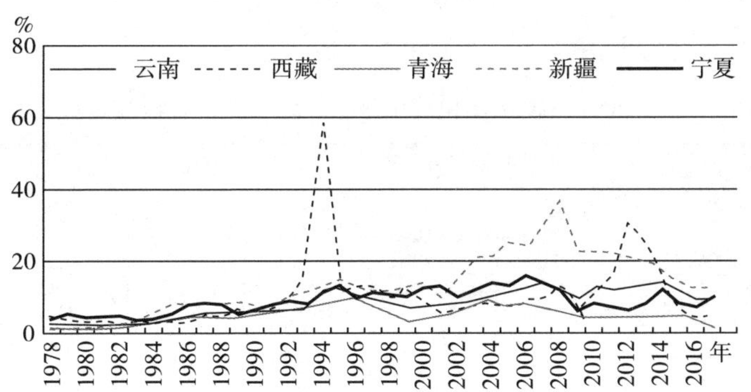

图1-16-2　1978—2017年民族八省区贸易依存度的变化

数据来源:根据《中国统计年鉴》(1978—2017年)整理所得。

1.3.7.3　外资开放度

用一个国家或地区实际利用外商直接投资额与GDP之比来表示外资开

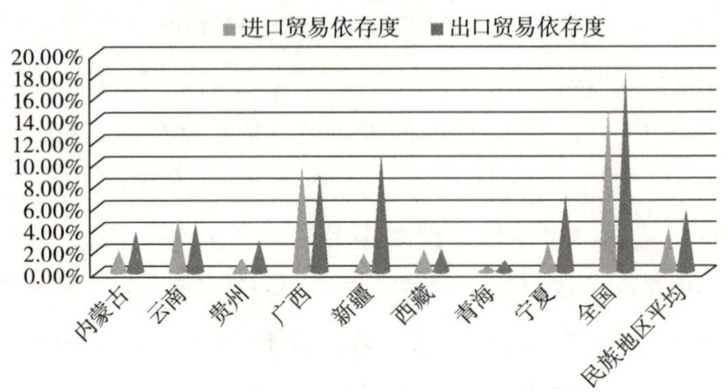

图 1－17　2017 年民族地区和全国的进口、出口外贸依存度情况

数据来源:根据 2017 年各省区统计公告计算而得。

放度。一个国家或地区对外直接投资的利用水平反映一国的投资环境、市场吸引力和对国际资本的开放水平,也反映了该地区或该国对国际直接投资的依赖程度。根据表 1－15 我们可以看出,除青海省以外,民族地区在最近 10 年来实际利用外商直接投资的额度呈现大体上升的趋势,2007 年内蒙古实际利用外商直接投资的额度最大为 21.49 亿元,宁夏最小为 0.5 亿元。2017 年贵州省实际利用外商直接投资的额度最大为 38.91 亿元,青海最小为 0.18 亿元。图 1－18 给出了 2007—2017 年民族八省区和全国外资开放度及其比较情况,首先从整体上看,近 10 年来,民族八省区的外资开放度在 0.4% 以下,低于 10 年来全国平均水平(1.47%)。

表 1－15　2007—2017 年民族地区实际利用外商直接投资情况统计 单位:亿元

年份	内蒙古	广西	贵州	云南	青海	宁夏	新疆
2007	21.49	6.84	1.27	3.95	3.1	0.5	1.25
2008	26.51	9.71	1.49	7.76	2.2	0.62	1.90
2009	29.84	10.35	1.34	9.10	2.15	0.7	2.16
2010	33.85	9.12	2.95	13.30	2.19	0.81	2.37
2011	38.38	10.14	6.73	17.38	1.69	2.02	3.35
2012	39.43	7.49	10.46	21.85	2.06	2.18	4.08
2013	46.45	7.00	15.26	25.10	0.94	1.48	4.81

续表

年份	内蒙古	广西	贵州	云南	青海	宁夏	新疆
2014	39.80	10.01	20.65	27.06	0.5	0.92	4.17
2015	33.70	17.22	25.24	29.90	0.55	1.86	4.53
2016	39.70	8.88	32.16	8.67	0.15	2.54	4.01
2017	31.50	8.23	38.91	9.63	0.18	3.11	1.96

数据来源:根据 2007—2017 年各省区统计公告计算而得。

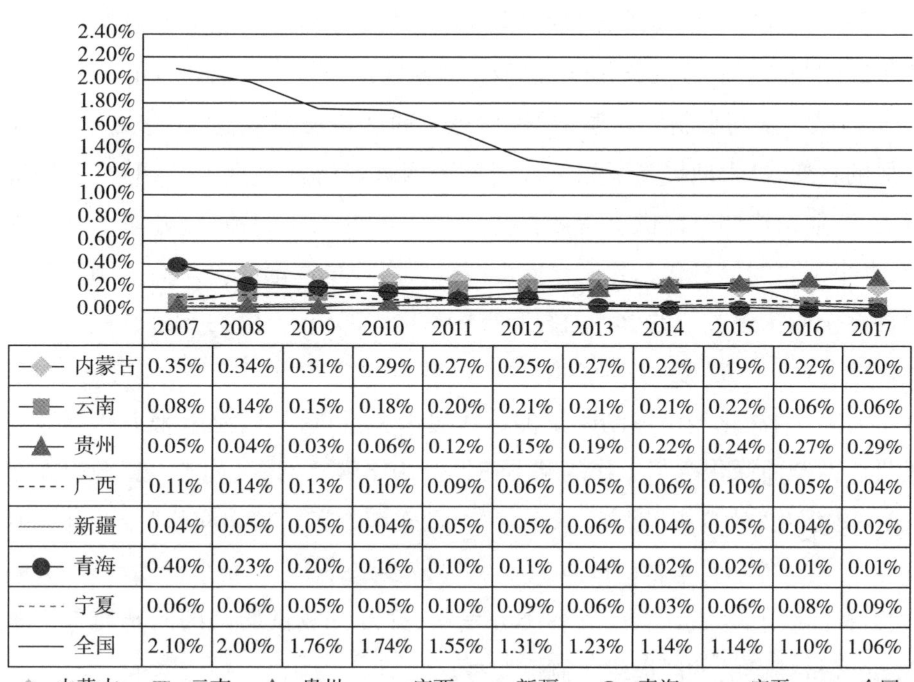

	2007	2008	2009	2010	2011	2012	2013	2014	2015	2016	2017
内蒙古	0.35%	0.34%	0.31%	0.29%	0.27%	0.25%	0.27%	0.22%	0.19%	0.22%	0.20%
云南	0.08%	0.14%	0.15%	0.18%	0.20%	0.21%	0.21%	0.21%	0.22%	0.06%	0.06%
贵州	0.05%	0.04%	0.03%	0.06%	0.12%	0.15%	0.19%	0.22%	0.24%	0.27%	0.29%
广西	0.11%	0.14%	0.13%	0.10%	0.09%	0.06%	0.05%	0.06%	0.10%	0.05%	0.04%
新疆	0.04%	0.05%	0.05%	0.04%	0.05%	0.05%	0.06%	0.04%	0.05%	0.04%	0.02%
青海	0.40%	0.23%	0.20%	0.16%	0.10%	0.11%	0.04%	0.02%	0.02%	0.01%	0.01%
宁夏	0.06%	0.06%	0.05%	0.05%	0.10%	0.09%	0.06%	0.03%	0.06%	0.08%	0.09%
全国	2.10%	2.00%	1.76%	1.74%	1.55%	1.31%	1.23%	1.14%	1.14%	1.10%	1.06%

图 1-18　2007—2017 年民族地区和全国外资开放度及其比较

数据来源:根据 2007—2017 年各省区的经济和社会发展统计公告整理所得。

1.4　改革开放以来推动民族地区发展的经验总结

1.4.1　坚持把改革开放作为民族地区经济发展的重要推动力

40 年的发展历程中,民族地区坚持把改革和开放作为经济发展的重要推手,二者同时推进。

改革方面,长期以来民族地区积极破除不利于经济社会发展的守旧观念,改革制约发展的落后机制和体制,积极完善相关政策体系。特别是党的十八大以来,改革的力度逐渐增强,改革的领域不断扩宽。如,2014 年内蒙古自治区陆续出台《内蒙古自治区党委贯彻落实 < 中共中央关于全面深化改革若干重大问题的决定 > 的意见》《内蒙古自治区全面深化改革重要举措实施规划(2014—2020 年)》等一系列改革方案,确立了改革的目标和工作方案等;2015 年 6 月,又出台了《内蒙古自治区关于重点产业布局调整和产业转移的指导意见》,明确了相关产业的发展方向和布局导向;2016 年,按照国家供给侧结构性改革的要求,内蒙古自治区也制定了配套方案和激励措施来推进供给侧改革等。除内蒙古外,其他民族地区也进行了一系列改革。2014 年 3 月,西藏启动商事制度改革,积极促进工商队伍思想观念、工作方法、工作作风的转变,极大地提高了相关部门服务西藏经济社会发展的能力,为经济发展、产业结构调整提供了有效保障。同时审批程序的精简,方便了群众办事,办事平台的信息化和智能化使得西藏营商环境逐渐改善。商事制度改革是西藏全面深化改革的重点内容和重要举措。2016 年 12 月 6 日,《广西经济体制改革"十三五"规划》经自治区人民政府同意印发实施,规划提出"十三五"时期广西深化经济体制改革的总体要求和重点任务,是未来五年指导和推进广西全面深化改革工作的基本遵循。2018 年 5 月,云南省人民政府发布《云南省深化"放管服"改革"六个一"行动实施方案》,提出实施"企业开办时间再减一半""项目审批时间再砍一半""最多跑一次"等 6 个行动计划,大幅度提高了部门的办事效率,为各类开发区、开发开放试验区的改革奠定了基础,为经济社会的发展提供了制度支撑。

开放方面,民族地区特别是内蒙古、广西、云南、西藏、新疆等边境民族地区与国外接壤,如广西与越南接壤,云南与缅甸、老挝、越南接壤,西藏与缅甸、印度、尼泊尔等国家及地区接壤,新疆与蒙古国、哈萨克斯坦、吉尔吉斯斯坦等 8 个国家接壤,内蒙古与蒙古国、俄罗斯接壤。这些省区靠近国外市场,在国家政策支持下,设立边境经济合作区、开发开放试验区,积极开展边境贸易,以贸易和经济交流合作为抓手,不断拓展开放的领域。近年来,随着"一带一路"建设的推进,民族地区作为通往"一带一路"国家的重要通道,其地位日益凸显。民族地区,一方面不断加强与经济核心区的联系,另一方面积极沟通国外市场,经济腹地不断扩大,要素流动加快。依托国内外市场,民族地区经济得以较快发展。

民族地区的改革开放是推动民族地区经济发展的重要推手。在中央的领导下,民族地区改革开放的步伐不断加快,改革开放的范围不断扩大,民族地区经济实力也因此显著增强,人民生活水平也大幅度提升,随着边疆人民生活的改善和边疆经济的繁荣,边疆地区进一步加强了各民族团结,边疆的稳定程度不断提升,人民的思想和生活风貌、城乡面貌都发生了前所未有的深刻变化。

1.4.2 坚持以人为本,推进民族地区全面、协调、可持续发展

民族地区曾长时间的发展滞后,社会事业发展缓慢,经济和社会问题突出,人民的基本生活难以得到保障,看病难、就业难、住房条件落后等问题严重。2003 年,十六届三中全会提出"坚持以人为本,树立全面、协调、可持续的发展观,促进经济社会和人的全面发展"。民族地区开始注重经济和人的全面发展。在经济发展过程中,不再单纯地强调 GDP 的增长,而是更加注重满足人民的物质文化需要,保证人的全面发展。同时,统筹城乡发展,努力缩小城乡收入差距,积极平衡区域内部发展,促进经济社会、人与自然的和谐。从 2003 年开始,到 2018 年,民族地区在实现经济增长的同时,人民看病难、就业难、入学难、住房得不到保障等问题基本得到解决,相当一部分贫困人口实现了脱贫。城乡之间、区域之间差距大的问题在一定程度上得到缓和。传统的粗放型经济增长方式逐渐向集约型、环境友好型转变。

1.4.3 积极培育少数民族干部

培养少数民族干部,是党和政府解决国内民族问题的一项重要政策。民族地区少数民族众多,培养少数民族干部能有效地贯彻民族区域自治制度,特别是为民族地区经济的发展提供人才保障,为民族地区未来的发展奠定人才基础。人才资本与经济发展有密切关系,人才资本与其他要素相结合就会产生出更大的经济社会效益。1950 年 11 月,中央人民政府政务院颁布《培养少数民族干部试行方案》,明确规定了培养民族干部的指导方针;1993 年 12 月,中央组织部、中央统战部和国家民委联合下发了《关于进一步做好培养选拔少数民族干部工作的意见》,进一步明确了新时期民族干部工作的指

导方针和任务。[①] 据统计,截至 2005 年底,在内蒙古党政机关任职的少数民族干部达到 50061 人,占内蒙古机关干部总数的 30.59%;[②] 至“十五”时期末,广西少数民族干部达到近 40 万人,分布于党政、经济、科技、文化、教育、卫生等各个部门;[③] 截至 2015 年,西藏藏族和其他少数民族干部人数达 10 万余人,占西藏自治区干部队伍总量的 70% 以上,而 1965 年西藏自治区成立时仅有 7608 名以藏族为主的少数民族干部,50 年间总数增长 13 倍。[④] 截至 2008 年 6 月,全国共有少数民族干部 291.5 万人,占全国干部队伍总数的 7.4%。[⑤] 据国家民族事务委员会披露的数据显示,目前,中国各省市和地区的少数民族干部人数呈上升趋势。[⑥] 民族地区少数民族干部队伍的扩大以及素质的提升,一方面推动了民族地区经济社会的可持续发展,另一方面也为民族地区的和谐与稳定提供了强有力的保障。

1.4.4 积极培育和加快发展民族优势特色产业

由于其独特的地理位置,民族地区在坚持因地制宜的基础上,培育和发展了大批具有民族特色、地域特色的产业。如广西为加快县域特色产业发展和品牌建设,自治区发改委印发《广西县域特色优势产业及品牌培育发展规划(2014—2020 年)》,对特色农产品加工业、养生长寿健康产业、特色加工制造、旅游产业等优势产业及品牌建设做了全面部署,培育了一批特色优势产业,促进产业集群,积极发挥规模效应。如以广西巴马丽琅饮料有限公司、广西源安堂药业公司、防城港市金花茶有限公司等龙头企业为核心的养生长寿健康产业集群;围绕靖西喀斯特地貌自然景观、阳朔休闲度假、金秀瑶族生态民俗文化与乡村旅游等打造一批旅游精品产业等等。[⑦] 西藏自治区制定《西

---

① 据中华人民共和国国家民族事务委员会网站,http://www.seac.gov.cn/art/2004/7/13/art_3929_101372.html.

② 据中华人民共和国国家民族事务委员会网站,http://www.seac.gov.cn/art/2004/7/13/art_3929_101372.html.

③ 据中国共产党新闻网,http://theory.people.com.cn/GB/49150/49152/8332463.html.

④ 据中华人民共和国国家民族事务委员会网站,http://www.seac.gov.cn/art/2004/7/13/art_3929_101372.html.

⑤ 据中华人民共和国国家民族事务委员会网站,http://www.seac.gov.cn/art/2004/7/13/art_3929_101372.html.

⑥ 据国家民委政府网,http://www.seac.gov.cn/art/2012/7/19/art_5962_161561.html.

⑦ 据广西自治区发改委。

藏自治区"十二五"时期特色优势产业发展规划》,高度重视民族手工业在带动就业、增收致富中的重要作用,鼓励和推动特色民族手工业发展,培育了一批民族手工业龙头企业。云南省积极打造全国绿色农产品生产基地和特色产业创新发展辐射中心。为加快推进高原特色现代农业,云南省出台《云南省高原特色现代农业产业发展规划(2016—2020年)》,确定了"十三五"时期农业产业发展的线路和目标,将建成10大农产品加工园区,培育出6大花卉产业核心发展区,3个蔬菜优势产区等。①

民族地区特色产业的培育和加快发展,特别是农业产业的发展,有效地提高了农民的收入水平,园区的建设促进了产业集聚,有效地发挥了规模效应和辐射效应,农业的发展也带动了二、三产业的发展,产业间的相互融合,不仅提升了综合经济实力,也为民族地区的居民带来了更多的福利,使人民更好地享受到发展的成果。同时,民族地区生态环境优美,旅游资源得天独厚,特色旅游业的培育和发展,吸引了大批国内外游客,为当地居民增收、经济增长起到了强有力的促进作用。

1.4.5 积极融入"一带一路"建设,推动民族地区对外经贸合作

当今世界经济全球化和区域一体化进程加快,世界朝多极化、信息化、文化多元化发展。共建"一带一路"是顺应世界潮流的伟大倡议,将推动沿线各国开展宽领域、深层次、高水平的合作。民族地区在"一带一路"建设中具有特殊的地位。新疆被定位为"丝绸之路经济带核心区";广西的定位是21世纪海上丝绸之路与丝绸之路经济带有机衔接的重要门户;云南的定位是面向南亚、东南亚的辐射中心;宁夏、青海等地区的定位是形成面向中亚、南亚、西亚国家的通道、商贸物流枢纽、重要产业和人文交流基地;内蒙古定位是建设向北开放的重要窗口。"一带一路"构筑了民族地区开放的新格局,随着"一带一路"建设的推进,民族地区牢牢把握这一历史机遇,加强与周边国家的交流与合作,加强与内地的经济联系,促进其对外经济与贸易的发展,有力地推动了民族地区综合实力的提升。目前,新疆正积极建设二、三产业的聚集区,宁夏正在打造国家重要的能源化工基地,内蒙古正在打造国际大通道和建设

① 据云南人力资源和社会保障网。

能源加工、储备基地,广西正推进跨境经济合作区建设。“一带一路”建设,不仅推进了民族地区基础设施的建设,也带动了民生事业的发展,还促进了民族地区经济社会的发展、边疆的繁荣与稳定。

1.4.6 优化民族地区投资环境

优化投资环境是民族地区促进经济发展的一项重要措施。由于长期的封闭,民族地区与外界接触的机会很少,这有政策的原因,也有地理的原因。随着民族地区的对外开放,一些口岸城市成为了沟通国外市场的重要通道。特别是进入21世纪以来,全球化和区域一体化加快,为促进民族地区的经济发展,从中央到地方都出台了一系列的政策,如边境贸易政策、合作政策等。建立国家级开发开放试验区、边境经济合作区以及保税区等,都有力地推动了民族地区投资环境的优化,特别是由于民族地区相对于东、中部地区劳动力价格相对较低的,一些企业进入民族地区开展投资,对民族地区人民增加收入、经济发展、基础设施完善等具有重要作用。另外,民族地区在市场制度上存在长期不健全的状况,随着改革开放的深入,制约民族地区经济发展的障碍得到破除,市场制度不断完善,市场化程度随之提高,人民参与市场化的积极性也得到提升,这也为外部资本的进入扫清了一些障碍。

1.4.7 完善民族地区财政转移支付制度,增强财政转移支付力度

为配合西部大开发战略的实施以及促进民族地区经济的发展,2000年国家开始对民族地区进行转移支付,在政策实行之初,由于相关制度的不完善,转移支付的力度较小,其成效也不明显。经过18年的发展,特别是近几年来随着精准扶贫的实施和推进,中央政府对民族地区的财政转移支付制度不断完善,民族地区落实转移支付制度的相关配套措施也随之健全,使得财政支付的转移能够落实到位,真正惠及民族地区和民族地区的人民,特别是少数民族人口以及农村人口。同时,财政转移支付的力度也不断加强,并取得明显成效,对民族地区人口特别是贫困人口收入的增加起到了明显的作用,这对于增加民族地区资本积累、促进经济发展、改善人民生活和基础设施建设具有良好的效果。通过财政转移支付,民族地区的贫困人口经营农业的资本得以增加,这有助于增强农业人口内生发展动力,也有利于其生活水平的提高。

1.4.8 积极推动中、小城镇建设，促进城镇化发展

城镇化是社会发展的历史趋势，民族地区的城镇化不可避免。但由于民族地区地域广阔、人口较为分散，大城市的辐射带动作用有限，因此中、小城镇的建设成为推动民族地区经济发展的重要载体，中等城市主要是发展地级市，小城镇主要是建设县级城市。改革开放 40 年来，民族地区中、小城镇建设取得显著成效。地级市的公共服务、基础设施等不断完善，吸引了大量的商业投资，随着城市的发展，为民族地区提供了更多的就业岗位，为二、三产业吸纳劳动力创造了良好的条件。县域城镇的发展对民族地区的发展，特别是边境地区的发展起到了重要的推动作用，改革开放之后，一批县域城镇也随之对外开放，成为口岸城市，口岸城市一方面依托内地的大、中等城市，吸收这些城市的资金、技术等资源促进自身发展，另一方面，积极与其他国家开展边境贸易，促进了边境地区居民生活水平的提高，对稳定边疆、繁荣边境经济具有重要的作用。

边境民族地区二、三产业与第一产业具有紧密的联系，三大产业的发展相互融合。由于边境民族地区的第二产业多为农产品加工业，第三产业中农业观光旅游、生态旅游与农业的联系也很密切，因此在城镇化发展的同时，乡村居民的收入也有一定程度的提高，这也促进了城乡之间的协同发展。

地区专题报告

2. 基于区域协调视角的内蒙古40年经济发展

何雄浪　陈　锁[①]

摘　要：改革开放40年来，特别是西部大开发10多年以来，内蒙古地区经济增长速度较快。在新的时代，虽然内蒙古经济的发展势头良好，但是其区域内部经济发展的差距却不容忽视。本章在对内蒙古经济发展进行系统分析的基础上，将自治区分为东、中、西三个区域进行研究，探讨影响内蒙古区域经济差距的相关因素，提出内蒙古经济健康、协调发展的关键在于优化区域产业结构，发挥各区域优势，强化区域间经济合作，积极构建动态优势，促进对外贸易可持续发展，推进新型工业化，发挥增长极的辐射带动作用，以及强化消费对经济增长的拉动作用。

关键词：内蒙古；区域经济；经济差距

2.1　引言

改革开放以来内蒙古自治区经济取得了巨大的发展，从2002年起，自治区经济增长速度连续九年位居全国第一，2010年全区生产总值达到11672亿元，首次进入“万亿俱乐部”，其综合实力排在全国第十位，在西部独占鳌头。但是，在内蒙古经济高速发展的同时，区域经济没有得到协调发展，各盟市的发展差距非常明显。其区域经济发展表现为，呼包鄂金三角组成的中部地区经济发展水平最高，东西部欠发达；大体可以表述为“中部突起，两翼落后”。从理论上讲，区域之间存在一定的差距有利于生产要素的流动和资源的最优配置。然而，如果一个区域的经济发展差距过大，整个区域经济持续稳定发

---

① 作者简介：何雄浪（1972—　），男，四川南充人，教授，主要研究方向：区域经济；陈锁（1993—　），男，安徽人，硕士研究生，主要研究方向：区域经济。

展会受到很大的阻力,甚至可能会从经济问题上升为社会矛盾,最终产生两极分化的现象,对社会的稳定产生不利的影响。

于光军、乐晨宇和李绍强(2008)认为造成内蒙古区域经济差异的根源是行政的分权制和区域发展的战略,同时,资源禀赋的差异对区域经济发展也起到重要影响,最后提出要关注城乡人均收入和公共服务产品的均等化。① 甄江红、赵明和周瑞平等(2005)从经济规模、经济效益、经济结构和生活质量四个方面构建评价指标体系,利用层次分析法对内蒙古101个旗县市区及12个盟市两个层面的区域经济发展水平进行综合评判,分析其区域差异的空间特征及成因,并且划分出区域经济类型。② 王芳、宋玉祥和王文刚(2012)运用锡尔系数分解法系统分析了内蒙古区域经济的差异及其演化过程,认为在时间上内蒙古区域经济的绝对差异和相对差异都在逐渐扩大,且地带差异是造成差异的主要因素,内蒙古区域经济差异已经达到限制经济发展的程度。③ 闫春萍(2011)从自然条件、生产要素、产业结构、对外开放程度和区域发展政策五个方面来分析内蒙古区域经济差异的成因,得出在区域经济差异过大时要实施区域协调发展战略的结论,同时提出了内蒙古区域经济协调发展的构想。④ 冯中跃(2017)用经济、社会、生态三个系统构建指标体系对内蒙古经济协调发展进行研究,得出了内蒙古东中西部存在较大的经济差异,三个区域之间经济协调较差,且经济系统和生态系统矛盾在加剧的结论。⑤ 郭勒(2013)从区位、产业和资源等角度对区域经济发展协调问题进行研究,认为内蒙古地区差异过大,生态环境破坏严重,产业结构严重不合理,最后针对内蒙古协调发展问题提出相关建议。⑥ 赵宏(2016)分析了内蒙古东中西地区的绝对差距和相对差距的问题,认为其相对差距有缓慢缩小的趋势,但是东中西地区的绝对差距在不断拉大;对固定资产投资、社会消费品零售额、财政

① 于光军,乐晨宇,李绍强.内蒙古区域经济发展差异与协调发展研究[J].内蒙古大学学报(哲学社会科学版),2008 (11):27-32.

② 甄江红,赵明,周瑞平,等.内蒙古区域经济发展水平的评价研究[J].经济地理,2005(5):690-693.

③ 王芳,宋玉祥,王文刚.内蒙古区域经济差异及其演化研究[J].经济地理,2012,32(11):1-7.

④ 闫春萍.西部大开发十年内蒙古区域经济差异及协调发展研究[D].沈阳:辽宁大学,2011:56.

⑤ 冯中跃.内蒙古区域经济协调发展研究[D].呼和浩特:内蒙古大学,2017:47.

⑥ 郭勒.内蒙古地区经济协调发展问题研究[D].西安:西安工业大学,2016:51.

支出等变量进行回归分析，据此提出促进自治区协调发展的对策。①

2.2 内蒙古经济发展分析

西部大开发以来，内蒙古经济进入了快速增长期，经济发展取得了显著的成绩（冯中跃，2017），其经济发展的情况如下：

2.2.1 内蒙古经济发展总体分析

内蒙古自治区位于我国北疆，由东北向西南延伸，呈现狭长形，东西距离2400多公里，南北直线距离170多公里；全区总面积占全国土地面积的12.3%，约为118.3万平方公里，是全国第三大省区。内蒙古跨越我国的西北、华北和东北，与蒙古国和俄罗斯接壤，国境线长达4200公里。2015年末自治区常住人口2511.04万人，主要分布有汉族和蒙古族以及满族、回族、鄂温克族等49个民族，除了首府呼和浩特市外，全区下辖八个地级市和三个盟，即包头市、鄂尔多斯市、乌海市、乌兰察布市、巴彦淖尔市、呼伦贝尔市、赤峰市、通辽市、锡林郭勒盟、兴安盟、阿拉善盟，其又下辖11个县级市、17个县、49个旗、3个自治旗。边境线上共开放18个口岸，其中11个一类口岸，7个二类口岸。2015年末全区生产总值为18032.79亿元，增长速度为7.7%，人均生产总值达到71903元，三次产业比为9:51:40。

2.2.2 内蒙古GDP总量特征

如图2-1反映，从总量上看，2000—2015年内蒙古自治区经济总量呈现出不断上升的趋势，按照不变价格（1952=100）来计算，2000年全区的GDP总量为3817.30亿元，此后迅速增长到2015年的30512.1亿元，是2000年的7.99倍。从增长的速度来看，自治区总体上呈现不断增长的趋势，2000—2015年，平均每年的增长速度约为10个百分点，2001—2007年平均增长速度为17.76%；尤其是在2005年，增速达到了23.81%；2007—2011年，增速开始缓慢回落，全区2011年增速为14.35%；2011—2015年受到全球经济疲软的影响，增速迅速下降到2015年的7.7%。

---

① 赵宏. 内蒙古东中西区域经济非均衡发展现状及影响因素分析[D]. 呼和浩特：内蒙古师范大学，2016：48.

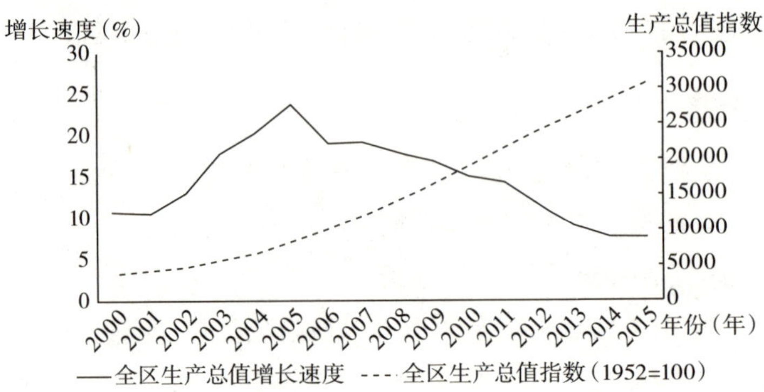

图 2-1　2000—2015 年内蒙古 GDP 总量演变趋势

从内蒙古 GDP 与全国 GDP 总量对比来看,大致呈增长趋势。图 2-2 反映,2000 年,内蒙古 GDP 总量占全国 GDP 总量的比重为 0.8%,2005 年为 1.13%,2012 达到最高的 1.59%,15 年间,其比重增加了 0.8 个百分点,2012—2015 年呈现些许下降趋势,其余年份都呈现出增长的态势。

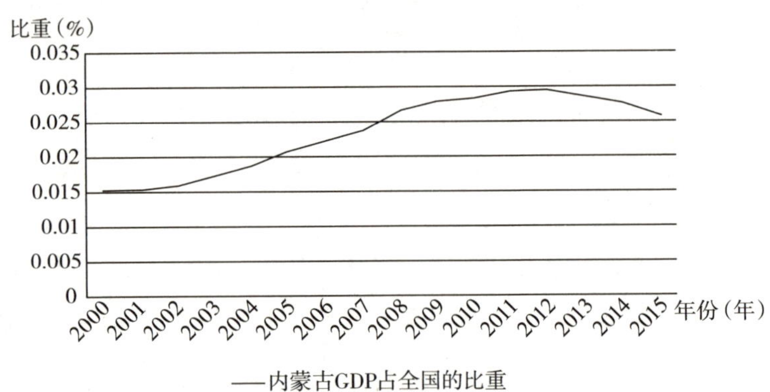

图 2-2　2000—2015 年内蒙古 GDP 占全国 GDP 比重演变趋势

2.2.3　内蒙古人均 GDP 特征

图 2-3 表明,第一,从增长的绝对值来看,2000—2015 年,内蒙古人均 GDP 呈不断增长的态势。这里采用不变价格计算(1952=100)来消除价格上涨的因素,2015 年为 8529 元,是 2000 年 1130 元的 7.5 倍;第二,从增长的速度来看,2000—2006 年,内蒙古自治区人均生产总值增长速度大幅领先于全国增长速度,比全国增长速度快了约 3.33%;2006 年之后增速不断放缓,大致与全国增长速度相当。

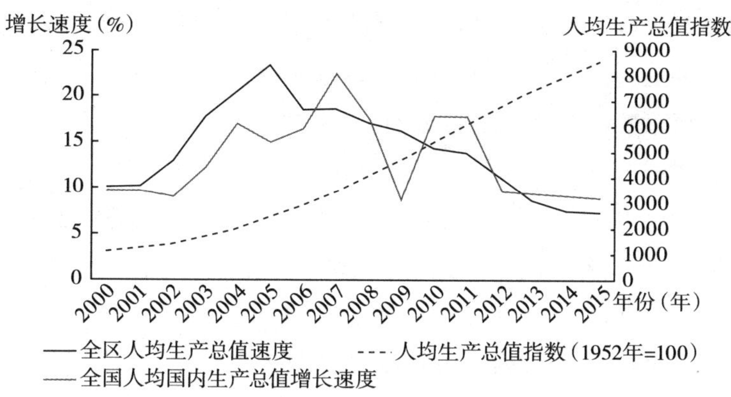

图2-3　2000—2015年内蒙古人均GDP演变趋势

从相对值来看,2013年的比值最大,为1.558,是2000年0.8的1.87倍,2000—2013年呈现不断上升趋势,且上升趋势明显,2013—2015年呈现出缓慢下降趋势(见图2-4)。

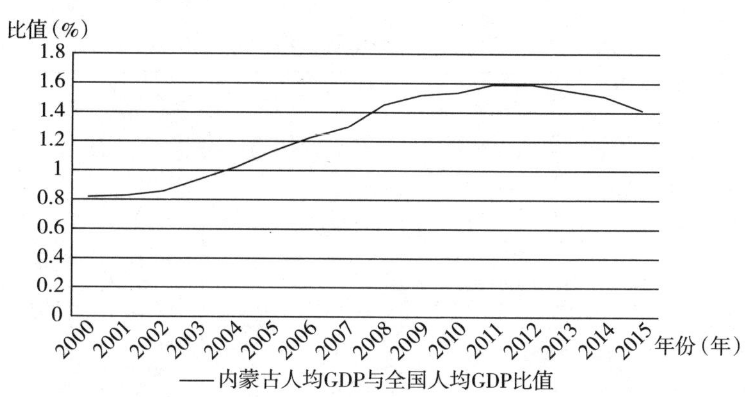

图2-4　2000—2015年内蒙古人均GDP与全国的比值演变趋势

2.2.4　内蒙古城乡收入变化特征

根据表2-1,我们可以发现,按照不变价格(1978=100)来计算,总体上人均收入增加较快,城乡之间的差异并不是很大,内蒙古城镇居民的可支配收入在过去十几年获得了较快的增长。2000年之后加速增长,从2000年的385.80元到2013年1369.70元,13年间年均增速为10.24%。内蒙古农牧民人均纯收入在过去13年间也得到了较大的提高,从2000年的408元增长到2013年的1165元,年增幅达到8.39%。综上来看,2000年以来,内蒙古人均收入整体水平有较大幅度提升,但是城乡之间的提升幅度是不同的。从绝对差异来看,城乡的绝对差异并不大;从数据来看,在某一些年份农村的人均收入是大于城市的。从相对差异来看,城乡之间的相对差异稳定在1左右,这说明城镇居民可支配收入与农牧民收入差不多。

表2-1也反映,按照当年价格计算,总体上人均收入的增幅相比于不变价格更加平稳,但是城乡之间差异比较大。内蒙古城镇居民可支配收入在2000年为5129.05元,2000—2013年的增速是放缓的,年均增速趋缓于13.13%,2013年达到25496.67元。内蒙古农牧民人均纯收入从2000—2013年由2038元增长到8595.73元,年均增幅为11.71%,其增速明显小于城镇居民可支配收入。从绝对差异来看,2000—2013年总体上有不断扩大的趋势,尤其是在2006年之后,城乡差距快速扩大,2013年绝对差距扩大为16900.94元。从相对差距来看,2000年,城乡差异在2倍左右,快速增长到2.5倍后仍不断增长,到2010年已经达到3.2倍。

表2-1　2000—2013年内蒙古城乡居民人均收入差异　　单位:元

年份	不变价格				当年价			
	C	N	C-N	C/N	C	N	C-N	C/N
2000	385.8	408.7	-22.9	0.94	5129.05	2038	3091.05	2.52
2001	411.9	393.2	18.7	1.05	5535.86	1973	3562.86	2.81
2002	446.7	411.7	35	1.09	6051	2086	3965	2.90
2003	509.6	436.5	73.1	1.17	7012.9	2268	4744.9	3.09
2004	575.9	474	101.9	1.21	8123.1	2606	5517.1	3.12
2005	632.3	526.1	106.2	1.20	9136.8	2989	6147.8	3.06
2006	708.2	578.7	129.5	1.22	10358	3342	7016	3.10
2007	811.6	655	156.6	1.24	12378	3953	8425	3.13
2008	897.6	725.7	171.9	1.24	14433	4656	9777	3.10
2009	988.3	771.3	217	1.28	15849.2	4938	10911.2	3.21
2010	1071.5	834.5	237	1.28	17698.2	5530	12168.2	3.20
2011	1170.9	948.2	222.7	1.23	20407.6	6642	13765.6	3.07
2012	1285.9	1060.4	225.5	1.21	23150.3	7611	15539.3	3.04
2013	1369.7	1165	204.7	1.18	25496.67	8595.73	16900.94	2.97

注:C代表城镇居民可支配收入,N代表农牧民人均纯收入。

数据来源:根据《内蒙古统计年鉴》整理计算得到。

2.3 内蒙古东中西部经济差距分析

内蒙古自治区经济发展虽然取得了显著的成绩,但是区内发展不均衡现象突出,制约了内蒙古全面发展水平的提高。本章结合内蒙古自治区的地理位置,将内蒙古划分为东中西三个经济区域,其中蒙中地区包括:包头市、呼和浩特市、乌兰察布市、鄂尔多斯市;蒙西地区包括:巴彦淖尔市、阿拉善盟、乌海市;蒙东地区包括:赤峰市、锡林郭勒盟、通辽市、兴安盟、呼伦贝尔市。

2.3.1 东中西部主要经济指标差距分析

从内蒙古东部、中部、西部经济区来看,内蒙古中部地区面积占自治区面积的15.72%,人口占全区的39.85%,但是经济总量占比高达60%,是西部的6.5倍,东部的1.7倍;东部地区占全区面积的55.97%,其人口占全区的50.3%,但是经济总量仅仅占全区的33.05%;西部地区面积占比为28.31%,人口占全区的9.85%,经济总量占比为8.9%(见图2-5)。中部和西部的人均GDP均高于全区平均水平(78577元),而东部地区远低于全区水平。从增长速度来看,中部和东部地区生产总值增长率远超全区平均水平,而西部地区却低于全区水平(见表2-2)。

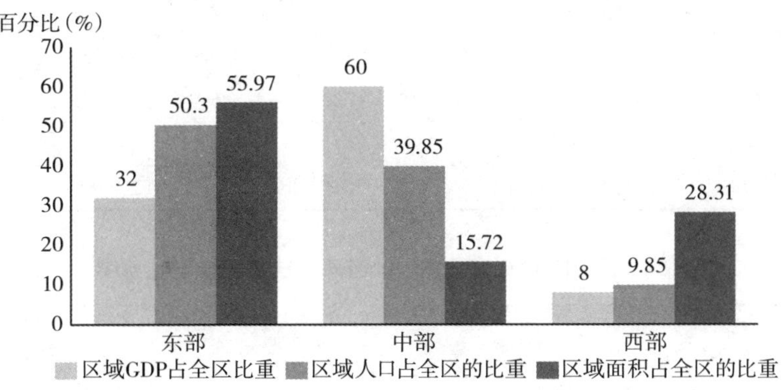

图2-5 2015年内蒙古东中西部概况

内蒙古三大区域规模以上企业总产值,东部出现负增长率,中部和西部表现为正的增长率,全区规模以上企业总产值受到中国经济下行的影响出现负增长,2015年内蒙古自治区工业效应出现下滑,资源型企业产能过剩现象表现突出。从规模以上工业企业总产值总量来说,中部所占比重超过全区总量的50%,是东部地区的1.4倍,西部地区的4.5倍。从粮食产量来看,东部地区略微增长,西部和中部地区出现负增长,但是就绝对值来说,东部粮食产区占全区粮食生产的75%,中部占16.6%,西部仅占8.4%(见表2-2)。从肉类和奶产量来看,全区肉类增长了2.3%,而奶类出现了14.12%的负增长。东部地区肉类产量占全区的65.9%,奶类产量占全区的37.5%,中部地区肉类产量占全区的25%,奶类产量占全区的57.7%(见表2-3)。从城乡居民收入来看,中部地区和西部地区的城镇居民人均可支配收入和农牧民人均纯收入都是高于全区平均水平的,而东部地区则低于全区的平均水平。从地方财政一般预算收入和人均地方财政一般预算收入来看,三大区域一般预算收入都是增长的,且中部地区绝对值是东部的2.25倍,是西部的5.2倍,中部和西部的人均财政一般预算收入远高于全区平均水平,而东部却远低于全区水平(见表2-4)。

表2-2 2015年内蒙古东、中、西部区域主要经济指标A

地区	地区生产总值(亿元)		人均生产总值(元)		规模以上企业总产值(亿元)		粮食产量(万吨)	
	绝对值	增长率(%)	绝对值	增长率(%)	绝对值	增长率(%)	绝对值	增长率(%)
全区	19682.26	3.65	78577.85	3.35	19778.37	-0.61	2964.55	-0.71
东部	6505.55	4.65	55680	5.07	7155.39	-6.74	2234.35	0.4
中部	1142.5	4.62	116685.3	3.38	10350.13	2.43	492.55	-5.68
西部	1752.21	-5.46	96384	-15	2272.85	7.12	237.65	-0.23

表2-3 2015年内蒙古东、中 西部区域主要经济指标B

地区	肉类产量(万吨)		奶类产量(吨)		城镇居民人均可支配收入(元)		农牧民人均纯收入(元)	
	绝对值	增长率(%)	绝对值	增长率(%)	绝对值	增长率(%)	绝对值	增长率(%)
全区	257.09	2.63	813.88	-14.12	28350	9.02	9976	11.03
东部	169.46	2.10	305.33	0.86	24004	9.53	9476	12.06
中部	64.33	3.29	470.29	-22.75	32002	8.63	11623	10.65
西部	23.27	4.77	38.28	5.86	28006	9.29	13460	12.85

表2-4　2015年内蒙古东、中、西部主要经济指标C

地区	地方财政一般预算收入(亿元)		人均地方财政预算收入(元)	
	绝对值	增长率(%)	绝对值	增长率(%)
全区	1515.55	6.17	6050.55	5.86
东部	411.48	9.36	3797.61	9.66
中部	926.96	5.38	9724.05	3.31
西部	177.11	3.20	11282.02	-2.74

注:GDP按照当年价计算。

数据来源:《内蒙古统计年鉴—2016》。

2.3.2　产业结构的区域差异

从三大产业之间的比重来说,第一产业占比在东部、西部、中部依次递减,第二产业占比在中部和东部都在50%左右,西部为57%,第三产业占比在中部接近50%,而在西部和东部仅为30%左右(见图2-6)。就目前来看,内蒙古还是处于工业化主导经济发展的阶段,第二产业占比较重,去产能、去库存任务较重。

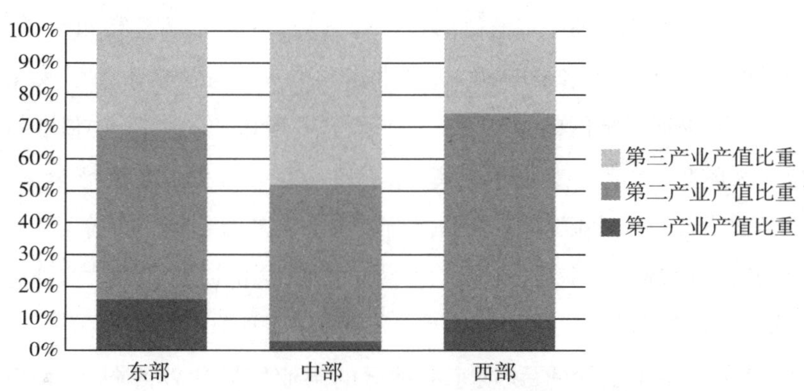

图2-6　2015年内蒙古东、中、西部三次产业占比分布图

为了进一步对内蒙古自治区产业结构进行分析,本部分选取区位熵值对三次产业进行分析。三次产业区位熵能较为专业地反映各自的专业化程度和某一产业在全区范围的地位;当熵值大于1时说明该产业占地区生产总值高于全区水平;当熵值小于1时说明该产业占地区生产总值低于全区水平。

表 2－5　2005、2010、2015 年内蒙古各地区三次产业区位熵

地区	第一产业			第二产业			第三产业		
	2005	2010	2015	2005	2010	2015	2005	2010	2015
呼和浩特市	0.43	0.53	0.48	0.83	0.68	0.58	1.44	1.64	1.69
包头市	0.25	0.29	0.32	1.18	0.99	0.98	1.11	1.21	1.21
呼伦贝尔市	1.82	2.09	1.89	0.68	0.78	0.89	1.08	1.06	0.94
兴安盟	2.24	3.38	2.91	0.65	0.63	0.76	0.97	0.97	0.89
通辽市	1.98	1.62	1.63	0.76	1.08	1.00	0.99	0.74	0.86
赤峰市	1.77	1.75	1.69	0.82	0.95	0.95	0.94	0.90	0.93
锡林郭勒盟	1.30	1.08	1.15	1.08	1.24	1.23	0.82	0.64	0.69
乌兰察布市	1.59	1.77	1.66	0.89	0.97	0.98	0.92	0.87	0.89
鄂尔多斯市	0.46	0.29	0.28	1.17	1.09	1.14	1.04	1.08	1.00
巴彦淖尔市	2.02	2.10	2.19	0.85	1.04	0.98	0.80	0.67	0.77
乌海市	0.10	0.10	0.09	1.39	1.32	1.25	0.90	0.77	0.92
阿拉善盟	0.44	0.30	0.43	1.30	1.49	1.35	0.89	0.46	0.69

由表 2－5 可知，就中部来看，第一产业区位熵，除了乌兰察布市外，其余盟市都是明显小于全区水平的；第二产业的区位熵，乌兰察布市呈现出递增趋势，2015 年达到了全区的平均水平，而鄂尔多斯市、包头市、呼和浩特市基本保持递减的趋势；第三产业区位熵，除了乌兰察布市小于 1，低于全区水平，其余三个盟市都高于全区平均水平，呈现出不断递增趋势。就东部而言，第一产业的区位熵都大于 1，高于全区的平均水平，这也说明了第一产业在东部五个盟市占有很重要的地位；在 2005 年，第二产业的区位熵，除了锡林郭勒盟之外，其余都是小于 1 的，说明东部地区的工业发展比较薄弱，但是都呈现出增长的趋势，2015 年，通辽市已经达到全区水平，其余盟市也接近全区水平；第三产业区位熵，除呼伦贝尔市之外，其余盟市都小于 1，不仅低于全区水平而且呈现出递减趋势。就西部而言，第一产业区位熵，阿拉善盟和乌海市远小于 1，巴彦淖尔市远高于 2；第二产业区位熵，巴彦淖尔市出现先增长后下降的趋势，而乌海市和阿拉善盟均高于全区平均水平；第三产业区位熵，西部地区均小于全区水平，且不断递减。由此可见，三次产业在内蒙古东中西部分布不均，区域差异有所增大。

总之,内蒙古区域经济表现出中部高、西部和东部较低的特征,但是西部经济发展明显好于东部。呼包鄂城市群是内蒙古经济发展的引擎,明显领先于西部和东部,但是对其溢出效应明显不足。内蒙古自治区区域经济发展失衡情况已经十分突出,严重制约全区经济健康发展。

2.4 内蒙古区域经济差距影响因素分析

通过上文分析可知,内蒙古各区域经济发展水平存在差距,且绝对差距呈现逐年扩大的趋势。因此本章通过运用计量的多元回归方法对影响内蒙古区域经济增长的因素进行分析,了解影响内蒙古区域经济增长的主要因素,推断出区域经济差距不断扩大的原因,在此基础上,探究缩小内蒙古区域经济差距的路径。

2.4.1 指标选取与说明

本章在参考现有研究的基础上,针对内蒙古自身发展的特点,确定指标如下:因变量为人均GDP,该指标可以说明本地区整体发展水平;自变量分别为居民人均可支配收入、人均社会消费品零售总额、第二产业占比、人均财政支出、人均固定资产投资完成额。这五个因素分别从收入水平、市场化水平、产业结构、政府调控、资本角度研究影响区域经济增长的因素。

居民人均可支配收入:收入水平与经济增长呈正向相关关系,选取该指标来反映内蒙古各盟市收入水平与经济水平的关系是非常重要的,通过计量结果分析其是否是影响该区域经济发展水平的重要因素。

人均社会消费品零售总额:市场化程度是影响一个区域经济增长的关键因素,本章选取人均社会消费品零售总额这一指标表示一个地区的市场化程度。

第二产业占比:内蒙古各地区经济发展水平不同,各盟市的产业结构也存在相关联的差异。因此,探究产业结构对经济发展的影响程度是十分重要的。内蒙古各盟市的产业结构普遍呈现“二三一”的现状,也就是说与第一产业和第三产业相比,第二产业与经济整体发展的联系更为密切。因此本章采取第二产业占比来衡量产业结构对内蒙古经济发展的影响。

人均财政支出:财政支出是政府宏观调控的重要手段之一,因此本章采用这一指标来反映地方政府宏观调控对该地区经济发展的影响程度。

人均固定资产投资完成额:资本也是影响一个地区经济发展的重要因素,采用该指标可以反映资本对一个区域经济发展的影响程度。

2.4.2 模型的建立与计量结果

本章选取2000—2014年内蒙古自治区12个盟市的相关数据作为分析的来源。各变量符号如下:Y为人均GDP(对数);X_1为人均固定资产投资额(对数);X_2为居民人均可支配收入(对数);X_3为人均社会消费品零售总额(对数);X_4为人均财政支出(对数);X_5为第二产业占比(对数)。回归的计量方程设计如下:

$$Y_{it} = \alpha + X_{it}\beta + u_{it} \tag{2.1}$$

计量结果如表2-6所示:

表2-6 回归系数分析

自变量	系数	标准误	t统计量	P值
X_1	0.14***	0.01	19.30	0.00
X_2	0.23***	0.01	21.96	0.00
X_3	0.447***	0.01	63.33	0.00
X_4	0.25***	0.01	32.66	0.00
X_5	0.45***	0.01	38.82	0.00

注:“****”表示系数在1%的水平显著。

2.4.3 对回归结果评价

根据回归结果,我们可以认为产业结构、市场化程度、政府宏观调控、居民收入水平和资本都是影响区域经济发展的重要因素。

第二产业占比的t统计量为38.82,回归系数为0.45,说明第二产业的发展能促进内蒙古区域经济的发展,并且影响显著。第二产业的发达程度差异是导致内蒙古区域经济存在差距的原因之一,因此要重视第二产业的发展,促进产业结构的调整。

居民的收入水平与内蒙古经济发展呈正向关系,政府要力争让人均可支配收入稳步增加,这将助推缩小内蒙古区域之间的生活质量差距。收入也会变成市场需求,成为助推区域经济增长的动力。

人均社会消费品零售总额的t统计量为63.33,对经济增长的影响效果非常显著。因此要不断提升各盟市的市场化程度,特别是落后地区的市场化程度，以有效缩小区域经济发展差距。

人均财政支出的 t 统计量为32.66，在影响效果中处于中间位置，说明人均财政对内蒙古区域经济增长有促进作用，因此，政府的调控手段是决定经济发展的重要因素之一。

人均固定资产投资完成额在影响因素中排名最后，但是回归系数为正，这一结果说明，该指标对内蒙古经济增长有正向拉动作用，资本在一定程度上代表了基础设施建设的完备情况，而基础设施的完备可以保证一个地区经济长久、健康的发展。因此内蒙古要重视固定资产投资力度，加大基础设施建设力度，为经济发展创造良好的条件。

2.5 促进内蒙古区域经济协调发展的路径

近年来，内蒙古经济持续高速发展，大部分地区完成了由农牧业主导的经济发展向工业主导经济发展的历史性转变，但是内蒙古的快速发展是低起点上的高增长，部分地区的基本情况没有显著改变，大部分地区结构不合理、单一，资源的综合开发能力不足，服务业对经济增长的贡献率低，中心城市群的带动辐射作用不强，发展不均衡问题是经济发展的一个很大的矛盾。为此，在新的阶段，要以经济稳定、健康持续发展为目标，缩小区域经济发展差距，协调经济发展。

2.5.1 着力调整产业结构

一是推进传统产业的新型化，提高传统产业对资源的利用效率，把传统产业做精、做深；二是推进新型产业规模化、支柱产业的多元化，新型产业和多元化产业都是带动地区经济增长的核心，要加大对这些产业的重视程度；三是大力发展第三产业。现代社会的任何一个产业都不能脱离服务业，要把第一产业、第二产业和第三产业结合起来，调整产业结构，带动经济有质量、高效率的增长。具体说来，针对中部地区发展的现状，要强化第三产业，增加第三产业在GDP中的比重，同时增加对周边的产业辐射带动作用，进行产业转移，带动周边第二产业的发展，形成新的增长极。西部地区要大力发展其支柱产业，同时要注意资源利用的效率，提高经济发展的质量。乌海市作为矿产资源的主要产地，要注意协调资源、环境问题，注重可持续发展。阿拉善盟近些年发展十分迅速，主要是凭借资源丰富、人口稀少的优势，但是长期来看是不行的,必须要吸引人才集聚和资金的投入。东部地区利用其靠近东北老工业基地和京津冀经济圈的区位优势,发展第二产业,加强基础设施建设的投入力度,要主动利用其区位优势融入东三省、京津冀经济圈发展中。东部的兴安盟是经济发展最落后的一个盟市,究其原因就是,工业发展水平滞后,工业化程度低,矿产资源少,全区依靠农业带动经济发展。在以后的经济发展中,要依托农业资源丰富这一优势,结合当前流行的原生态、绿色食品的理念,多吸引农牧业加工企业打造地方特色品牌产品,培养经济增长的新源泉。

2.5.2 发挥各区域优势,强化区域间经济合作

内蒙古在能源矿产资源、特色农业和旅游业方面具有比较优势,应根据各地区的比较优势,确定各自的主导产业,将资源优势产业做大、做强,带动整体经济发展。大力打造乌兰察布市、巴彦淖尔市的特色农产品品牌;发展阿拉善盟的旅游业;东部的锡林郭勒盟、兴安盟、呼伦贝尔市要依托北京的市场优势发展农牧业。

内蒙古有4200多公里的边境线,众多的对外开放口岸,毗邻八个省区,要开展广泛的经济合作,扩大对外联系,东部地区要利用地理优势,将本地资源与俄日韩的资金和技术结合起来,促进本地经济发展。

2.5.3 积极构建动态优势,促进对外贸易可持续发展

一是要以创新为指导,构建产业关联。内蒙古要及时了解国际经济和产业变化,正确把握产业的发展趋势,基于传统比较优势,构建新旧产业关联,让新理念和新技术带动传统优势形成新的增长点,并且形成新的产业链竞争优势。二是要协作发展现代化第三产业体系,在构建产业关联优势中发挥现代第三产业的协调功能。

对于加工贸易的优势构建分为两个方向,一方面要以绿色发展为指导,将粗放加工贸易转化为高效节能的贸易方式,另一方面要基于坚持特色的思维,在特色优势产业链的基础上,将低端的贸易加工延伸至中高端,提高其附加值。在资源优势和产业优势相结合的加工贸易产业引入新技术以及新的生产工艺,提升传统优势能源产业,对第一产业进行精细加工,从而提升对外贸易的整体竞争能力。

2.5.4 推进新型工业化,发挥增长极的辐射带动作用

内蒙古中部与东部、西部经济发展具有差距,呼包鄂作为一个增长极,对

周边地区的经济发展具有辐射带动作用，因此要打造一个以呼包鄂为核心的重点经济区，在给东西部起示范作用的同时，辐射中西部盟市的经济发展。乌兰察布市的地域优势明显，西部承接呼包鄂经济圈，东部连接河北省，南部与山西省相邻，但是乌兰察布市是内蒙古自治区发展最为落后的一个盟市，其综合发展水平低于全区平均发展水平，其原因是工业基础薄弱，农牧业条件恶劣，目前尚未形成主导产业。因此，乌兰察布市在今后的发展中要依托有利的交通条件，打造一个区域性的、现代化的物流中心，在缩小区域经济差距、协调经济发展的道路上，可以选择多个增长极的策略。以赤峰市为中心大力发展农牧业，以满洲里市为核心重点发展重化工业。

要加快承接产业转移来扩大传统特色产业的优势。支持赤峰农机制造园区、霍林郭勒汽车零部件园区、阿拉善巴彦浩特飞艇制造园、呼和浩特经济技术开发区太阳能电池组件园、乌兰察布电子信息设备制造园区的发展，使之成为内蒙古自治区产业的聚集区和吸引外商投资的主平台。积极探索建立大型国有企业和中小企业的合作机制，扩大产业的产值规模，逐步发展成为工业生产总值超百亿元的特色园区。在企业的生产流程中广泛应用高新信息技术，在产品的设计开发以及生产环节中应用高新技术，发挥信息技术的渗透性和创造性优势，以提高设计研发能力和降低生产成本来加强产业核心竞争力。

在营造公平良好的创新创业环境的基础上，可以通过财税优惠政策激励企业持续地提升自主创新能力，促进产业技术升级，研发出绿色、节能、高效的高科技产品，提升产品在国内和国际市场的竞争力，切实增强产业的核心竞争力。再次，完善产业政策和行业规划，坚决淘汰掉一些低效落后产能，基于地方的资源特色和工业基础，积极推进产业结构调整和升级，借助当前“互联网+”等技术革新和中央创新驱动的发展战略，积极发展电子、生物医药、金融、旅游等高科技产业和新型服务业，逐步转变以往产业单一的状况，开创出多元化产业发展布局，从而提升经济活力。最后，在“一带一路”背景下，内蒙古有了更为便利的对外开放条件，一方面，内蒙古要加快完善基础设施建设以保障和“一带一路”沿线国家的互联互通，另一方面，这也是提升我国产业链地位的时机，以前我们和西方发达国家的贸易占据很大比重，由于经济发展的差距,我们一直处在产业链的低端位置,而"一带一路"的战略布局,将使我们与沿线国家有更为密切的经济贸易互动,这为内蒙古提升产业链位次提供了难得的机会。"一带一路"建设不是另起炉灶、推倒重来,而是实现战略对接、优势互补,内蒙古要与沿线国家深入开展产业合作,推动各国产业发展规划相互兼容、相互促进,抓好大项目建设,这为内蒙古自治区去产能、调结构、实现资源城市的"锈带复兴"提供了天然的良机。

2.5.5 强化消费对经济的拉动作用

投资、消费、出口是拉动经济的三驾马车。内蒙古的东部和西部的收入水平不及中部地区,大部分的收入用于储蓄而非消费,因而要刺激东西部的消费,进而促进经济发展。要以扩大新型消费品为核心,创新体制机制为保障,优化消费环境,努力扩大新型消费品的供给规模,培养大家绿色消费的习惯,倡导实现可持续消费。推崇自然健康产品,提升品质消费,更注重消费的内涵和文化。加快推进网络消费,转变传统消费模式,促进消费便捷、低成本化。要大力培育新的消费增长点,大力提升居民消费需求,也要营造好消费的环境。培育新的消费增长点需要在传统的衣食住行的消费外,开发新兴的消费者市场,挖掘消费者的市场潜力。

3. 广西40年经济发展研究①

涂裕春　卢　玲

摘　要: 广西壮族自治区是我国5个少数民族自治区之一,也是我国人口最多的少数民族自治区,是中国唯一沿海的民族自治区,是唯一与东盟既有陆地接壤又有海上通道的省区,是面向东盟的重要门户和前沿地带。作为西部地区唯一的沿海省区,广西区位优势明显,发展潜力巨大,是西南地区最便捷的出海大通道,在促进区域协调发展、深化与东盟开放合作、维护国家安全和西南边疆稳定中具有重要战略地位。广西特殊的地缘优势使其进入国家整体经济安全战略部署中。广西沿海沿江沿边,是"一带一路"有机衔接的重要门户。改革开放使广西经济快速发展、区域经济空间布局不断优化,但是在经济发展过程中依然存在开放与保守、开放与安全、经济发展与生态环境压力的冲突。本章借助40年相关经济统计数据的分析,总结分析广西改革开放以来经济发展的主要成就,试图找出经济发展中需要解决的问题,最后提出相关建议。

关键词: 广西;东盟;北部湾经济区;沿边

3.1　引言

特殊的地缘优势使广西在20世纪50年代就进入国家整体经济安全战略部署中。广西在改革开放之前长期处于战争的前沿,未被列入国家经济建设布局的重点区域,所以得到国家的资金投入相对较少,造成经济基础较差,轻重工业比例

---

① 基金项目:2013年度国家社科基金项目"沿边开放背景下西部边境民族地区小城镇集群建设问题研究"(项目编号13BMZ013);中央高校基本科研业务费专项基金项目"'一带一路'背景下西部边疆民族地区的对外开放与经济发展研究"(2016SGJPY10)。

作者简介:涂裕春,女,经济学博士,西南民族大学经济学院教授,主要研究领域:对外开放研究,城镇化研究。卢玲,女,西南民族大学经济学院2018级国际贸易学研究生。

失调,人们的生活必需品大都凭票供应,属于短缺经济时代。经济布局重点在西部河池、百色地区,重点培植和兴建一批矿山、钢铁、纺织、化纤、水电设备、机床工业和军工企业;农业方面片面强调"以粮为纲",毁林开荒,林牧副渔业得不到应有的发展,广西沿海地带的发展相对受到冷落。1978 年,党的十一届三中全会作出了改革开放的伟大历史抉择,开启了我国经济社会发展的历史新时期。但是,广西经济的快速发展起步于 20 世纪 90 年代,21 世纪初中国—东盟的合作又为广西经济发展注入了新活力,是促进广西经济走向国际舞台的有效助推力量。

3.2 广西经济发展战略的演变

3.2.1 广西经济发展的区位优势

广西地处华南、西南结合部,面向东南亚,区位优势明显,发展潜力巨大。总面积为 23.67 万平方公里,占全国陆地总面积的 2.47%,是我国面向东盟的重要门户和前沿地带,是西南地区最便捷的出海大通道,在促进区域协调发展、深化与东盟开放合作、维护国家安全和西南边疆稳定中具有重要战略地位。沿边地区是"一带一路"的国内、国际两个大局的契合线,六大经济走廊之一的中国—中南半岛的起点在广西。广西作为西部地区唯一的沿海省区,海域面积约 12.93 万平方公里,海岸线 1628.6 公里,是唯一与东盟既有陆地接壤又有海上通道的省区。

广西是我国 5 个少数民族自治区之一,也是我国人口最多的少数民族自治区,有壮、汉、瑶、苗等 12 个世居民族,每个民族都有自己独特的服饰、饮食、文化、歌舞,也形成了具有民族特色的旅游资源和旅游市场,是一个多民族地区,同时是中国唯一沿海的民族自治区(见图 3-1)。

广西沿海沿江沿边,是我国唯一与东盟陆海相连的省区,地处西南经济圈、华南经济圈和东盟经济圈的接合部,连接着中国与东盟两个广阔市场,是我国西南地区最便捷的出海大通道,也是东盟国家进入中国市场的重要海陆通道,在国家"一带一路"倡议中的区位优势明显。广西沿海沿江沿边,是"一带一路"有机衔接的重要门户。[①] 广西陆海空和内河口岸形态齐全,紧密

① 国家发展改革委,外交部,商务部. 推动共建丝绸之路经济带和 21 世纪海上丝绸之路的愿景与行动[Z]. 2015-03-28.

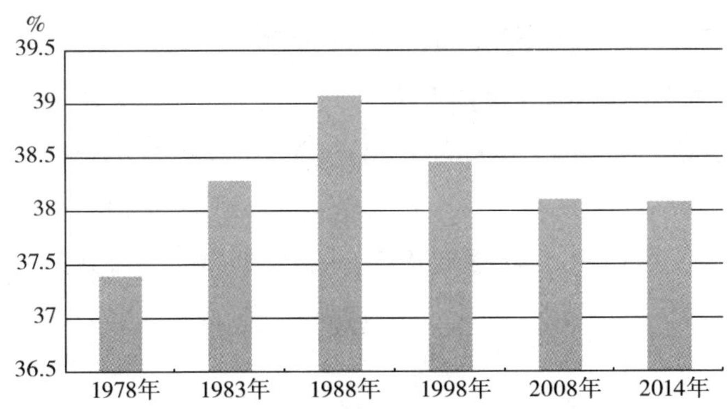

图3-1　1978—2014年广西壮族自治区少数民族人口占总人口比例

数据来源：作者根据《广西统计年鉴(2001、2015年)》数据绘制。

分布，拥有国家级一类口岸19个、二类口岸6个，已有边境一类口岸8个，中越边民互市点26个，口岸开放数量仅次于广东、黑龙江两省，资源得天独厚。

3.2.2　广西改革开放以来国民经济发展战略的演进

在改革开放之前，地处祖国南大门的广西，长期处于战争前沿，经济发展缓慢，经济结构的调整力度更慢。十一届三中全会以后，广西结合区情对国民经济实行"调整、改革、整顿、提高"的方针，对经济结构和布局作了调整(见图3-2)。

图3-2　改革开放以来广西国民经济和社会发展五年规划战略演进简图

数据来源：作者根据广西人民政府"六五"—"十三五"纲要绘制。

3.3 广西40年经济发展的统计分析

3.3.1 国民经济持续快速发展

改革开放后,广西经济水平持续快速发展,经济体量不断扩大,经济实力也显著提高。1978年,广西地区生产总值为75.85亿元。中国加入WTO第一年即2001年,其GDP上升到2279.34亿元,到2017年,其GDP突破2万亿元,达到20396.25亿元。40年的经济发展,广西GDP增长近268倍(见图3-3和图3-4)。

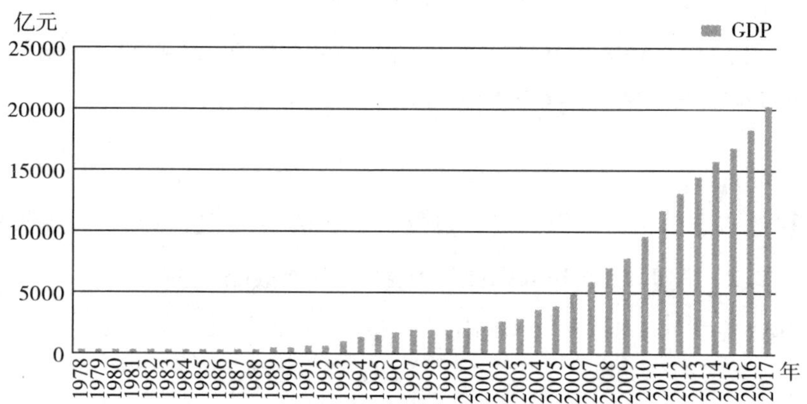

图3-3 1978—2017年广西GDP发展情况

数据来源:1978—2016年数据来源于国家统计局,2017年数据来源于广西统计局。

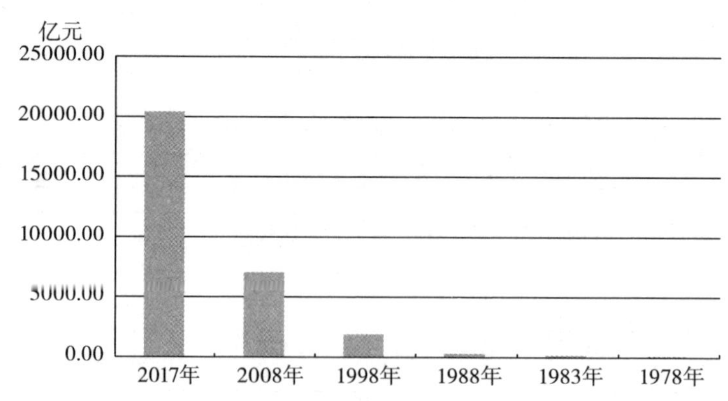

图3-4 1978—2017年广西GDP增长柱状图

数据来源:1978—2016年数据来源于国家统计局,2017年数据来源于广西统计局。

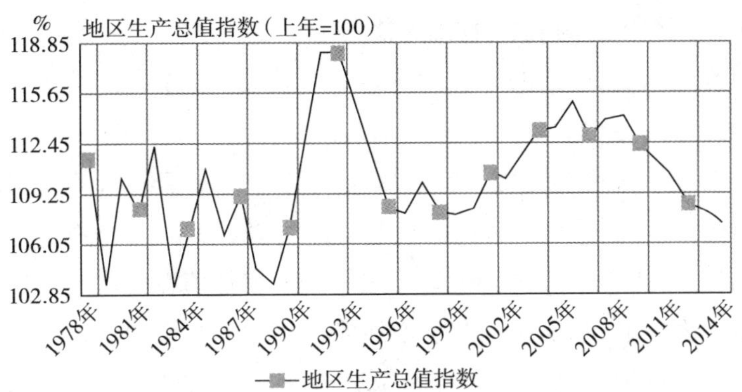

图 3－5　1978—2016 年广西壮族自治区地区生产总值增长指数

数据来源：作者根据国家统计局数据绘制。

直至 1990 年，广西人均 GDP 在全国各省（区、市）的位次还排在第 29 位。如图 3－5 所示，1993 年，广西经济进入快速发展状态，该年是具有标志性的年度，是中央确定广西作为大西南出海通道的一年。1993 年与 1992 年相比，广西的投资增长 97%，1994 年，其全社会固定资产投资继续维持较高的增长幅度，投资增量仍超过百亿元，确保了经济发展所需要的投资规模，为 1995 年年经济总量上台阶提供了有力的投资支持。1995 年，广西 GDP 增长 14.9%，第一次超过近邻的广东，1994—1995 年是广西经济上台阶式的发展阶段，1995 年，其人均 GDP 在全国各省（区、市）中的位次跃居第 18 位。2009 年，广西 GDP 增长 13.9%，北部湾经济区成亮点。2009 年，北部湾经济区四市（南宁、北部湾、钦州、防城港）的多项经济指标都高于广西平均水平。

广西用了数十年时间，才使经济总量跨过万亿元大关。2011 年，广西 GDP 首次突破 1 万亿元，达到 1.17 万亿元，比上年增长 13%，实现历史性跨越。广西经济总量超万亿元，是一个标志性数据和里程碑，印证了“十二五”开局之年经济发展的成就与辉煌，也意味着广西从此进入一个新的发展平台。广西 GDP 虽然过万亿元，但不管是经济总量还是人均 GDP，与全国平均水平和经济大省相比都有相当大的差距，两项指标在全国排名都比较靠后，起点都比较低，这与广西具有的资源、区位优势和后发优势不匹配。基数低，也预示未来还有巨大的经济发展空间。2012—2017 年，其经济实现年均 8.3% 的中高速增长，高于全国平均水平。

3.3.2 经济结构调整不断优化

改革开放以来,广西的产业结构进一步优化,服务业已经成为经济增长的第一动力。

三次产业结构逐渐优化,转型升级稳步推进。1978 年,其三次产业结构为 40.90∶34∶25.10;2001 年,三次产业结构为 25.50∶33.80∶40.90;2017 年三次产业结构为 14.20∶45.60∶40.20。第一产业增加值在三次产业增加总值中所占比例下降明显,相反第三产业增加值在三次产业增加总值中所占比例上升明显。2012—2017 年,产业结构显著优化。三次产业结构由 2012 年的 16.6∶48.0∶35.4 优化为 2017 年的 14.2∶45.6∶40.2,三次产业对 GDP 增长的贡献率分别为 8.3%、41.9% 和 49.8%。第三产业对经济的贡献率提高,从 1978—2017 年,提高了 15.1 个百分点,实现了产业结构总体上从农业主导型向工业主导型的重大转变(见图 3-6)。

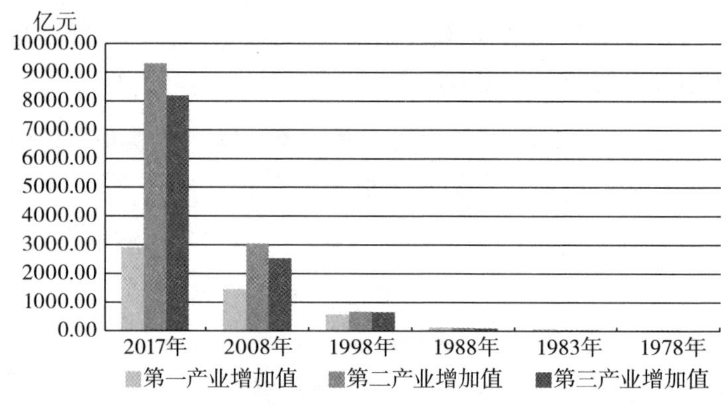

图 3-6 1978—2017 年广西三大产业生产总值

数据来源:1978—2016 年数据来源于国家统计局,2017 年数据来源于广西统计局。

20 世纪 90 年代以前,广西经济结构带有较明显的封闭型农业经济特征。由于地处边疆战争前线,工业发展受到边疆战事的制约,重工业和基础性的设施建设薄弱。1993 年以来,广西经济结构发生了较大变化,第二产业的比重迅速增长,从 1992 年的 29% 增长到 40.9%,增长了 11.9%,三次产业的结构由 1992 年的"一三二"转变为 2017 年的"二三一"。

广西在农业经营结构调整方面,充分发挥其生态环境优势,积极发展优质高效农业。蔗糖业、果蔬业及养殖业等的发展,都有效地改善了农业经济结构，提高了农业经济效益。广西是我国最主要的甘蔗蔗料和蔗糖生产基地，其食糖生产线制造技术也处于世界领先水平。“十二五”以来，在全国各地竞相发展战略性新兴产业的背景下，广西初步形成了节能环保、新一代信息技术、生物产业、高端装备制造、新能源、新材料、新能源汽车、大健康和海洋等战略性新兴产业体系。

2016 年自治区政府印发《广西战略性新兴产业发展“十三五”规划》(桂政办发〔2016〕108 号)，确定重点发展领域包括新一代信息技术、智能装备制造、节能环保、新材料、新能源汽车和大健康等六大类产业，加快推进战略性新兴产业发展。经过近几年的培育与发展，广西战略性新兴产业企业数量增加、产业经济总量占比提高、企业整体效益增速快于全部规模以上工业，对广西工业经济发展的积极拉动作用已逐步显现。

近十多年是广西工业发展的黄金时期，工业化后发优势明显。得益于国家的大力支持，广西北部湾经济区、钦州保税港区的建立，以及中国—东盟自由贸易区的建设等，极大地推动了广西经济的发展。

2017 年，广西以加快推动全域旅游发展为主线，以丰富和创新旅游产品服务为动力，不断深化与东盟和“一带一路”国家的旅游合作，培育了一批具有广西区域特色、时代特色、个性特色的旅游产品和旅游品牌。据统计，广西全年共接待国内外游客 5.05 亿人次，同比增长 22.2%，实现旅游总消费 5299.5 亿元，同比增长 26.4%。

2017 年，广西服务业增加值突破 8000 亿元，增速达 9%，比 2016 年提高 0.4 个百分点，占全区生产总值的比重超过 40%，对经济增长的贡献率首次突破 50%，居三次产业首位，拉动全区经济增长 3.7 个百分点，为广西经济稳增长作出突出贡献。

人均经济贡献大幅提高，人均 GDP 逐年上升。1978 年，广西人均 GDP 为 225.34 元，2001 年，人均 GDP 为 5058 元，到 2006 年，人均 GDP 突破万元，达到 10240 元。2007 年，居民人均可支配收入达到 12200 元，是 1978 年的 42 倍，年均增长 13.8%；农民人均纯收入达到 3224 元，是 1978 年的 27 倍，年均增长 12.0%。边境地区、革命老区、贫困地区生产生活条件明显改善。2012—2017 年，物价、就业形势稳定，城镇和农村居民人均可支配收入分别突破3万元和1万元。脱贫攻坚取得决定性进展,累计减少建档立卡贫困人口609万人,贫困发生率由18%下降到7.9%左右。到2017年时,人均GDP上升为41955元,是1978年的近186倍(见图3-7)。

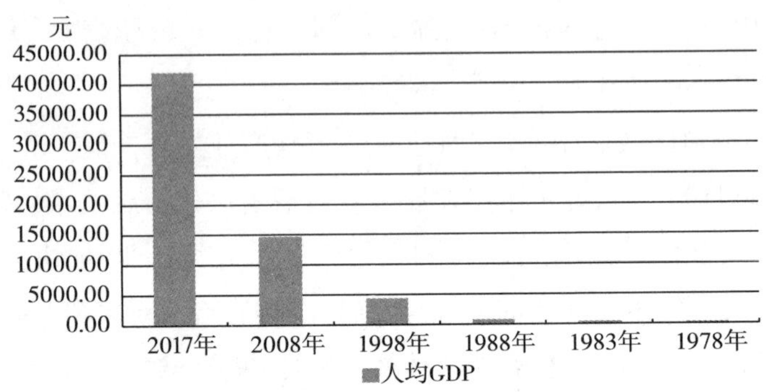

图3-7　1978—2017年广西人均GDP

数据来源:1978—2016年数据来源于国家统计局,2017年数据来源于广西统计局。

3.3.3　广西的城镇化步伐不断加快

广西城镇化水平由1958年的9.47%提高到2007年的36.24%,城镇面貌发生了深刻变化。而2016年,市镇人口上升至2326万人,占总人口比例上升为48.08%,乡村人口下降为2512万人,占总人口比例下降为51.92%。市镇人口总量从1990—2016年增加了1685万人,市镇人口占总人口比例增加32.98个百分点,城镇化水平明显提高。同时,1953—2015年,广西与全国的城镇化率相比,上升趋势相同,但整体水平低于全国城镇化水平(见图3-8和图3-9)。

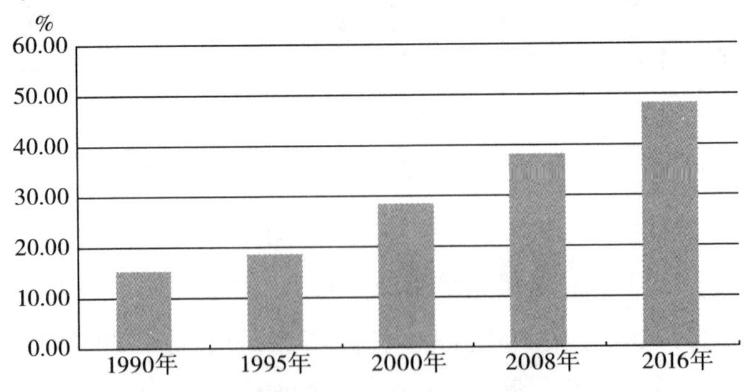

图3-8　1990—2016年广西城镇化率

数据来源:作者根据历年《广西统计年鉴》绘制。

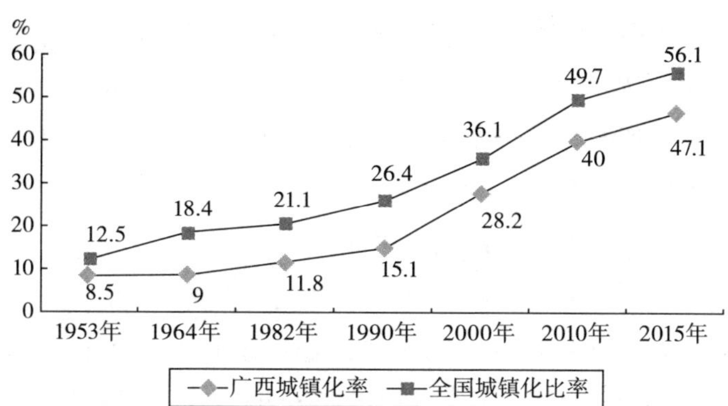

图3-9　1953—2015年广西城镇化率与全国城镇化率

数据来源:广西统计局。

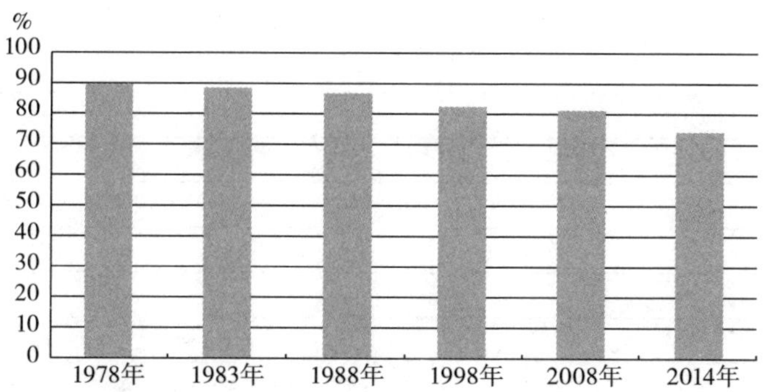

图3-10　1978—2014年广西农业人口占总人口比例

数据来源:作者根据历年《广西统计年鉴》绘制。

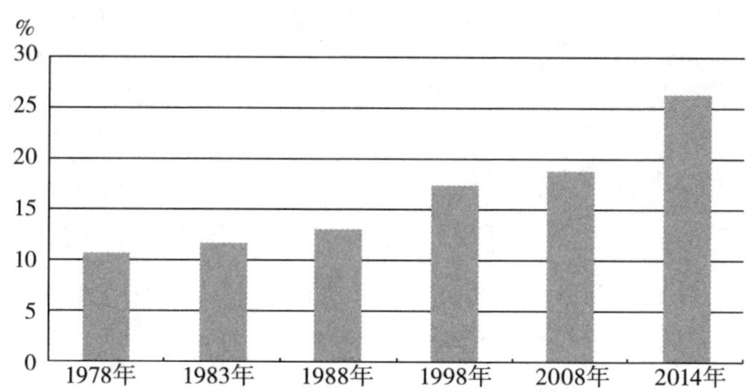

图3-11　1978—2014年广西非农业人口占总人口比例

数据来源:作者根据历年《广西统计年鉴》绘制。

城镇人口结构发生重大变化。1990年市镇人口641万人,占总人口比例为15.10%,乡村人口为3601万人,占总人口比例为84.90%。2001年,市镇人口突破千万达到1350万人,占总人口比例上升为28.20%,乡村人口略为下降,为3438万人,占总人口比例下降为71.80%(见图3-10和图3-11)。

3.3.4 改革开放不断开创新局面

党的十一届三中全会以来,广西打开了对外开放的大门。2004年中国—东盟博览会永久落户南宁,2007年外贸进出口总值达92.8亿美元,其中出口51.1亿美元,分别比1958年增长179.9倍和98.7倍。虽然广西地区经济发展程度落后,但是近些年的地区经济发展速度保持高速增长,经济发展的增速高于全国平均水平。边境小额贸易进出口额、边民互市贸易进出口额均排全国第一。

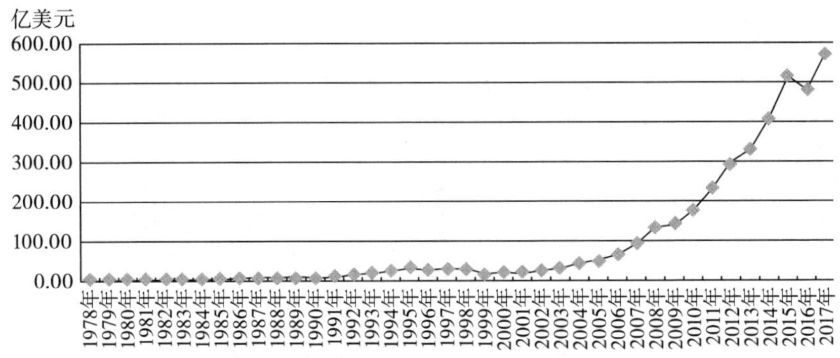

图3-12 广西1978—2017年进出口总额变化趋势图

数据来源:1978—1989年数据来源于《1990广西统计年鉴》;1990—2016年数据来源于《2017广西统计年鉴》;2017年数据来源于2017年广西统计公报,按1美元=6.8069人民币汇率折算所得。

改革开放以来,广西对外贸易规模整体趋势不断扩大,对外贸易国际竞争力大幅提升。如图3-12所示,1978年广西进出口总额为2.69亿美元,同期全国进出口总额为206.40亿美元,广西进出口总额占全国进出口总额的1.30%。中国加入WTO后,广西在"十五"发展战略引领下,以力争用30年的时间把此区域打造成现代化城市群和中国西南国际贸易及运输、商业、信息中心为目标,扭转了1998—2001年外贸进出口额下降的趋势,实现了对外贸易增长。在"十五"收官之年的2005年,其进出口总额上升至51.83亿美元,同期全国进出口总额为14219.10亿美元,广西进出口总额占全国进出口总额的0.36%。"十一五"期间,随着中国—东盟自由贸易区的建设,广西外贸行业飞速发展,即使全球金融危机在2008年爆发,广西的进出口总额依然上升,突破百亿美元,达到132.42亿美元,同期全国进出口总额为25632.55亿美元,广西进出口总额占全国进出口总额的0.52%。2016年,受广西边境贸易萎缩的影响,广西进出口总额也随之下降为478.97亿美元。2017年,全球经济缺乏复苏动力,国内经济下行压力较大,但在中国—东盟自由贸易区的建设,以及对我国香港地区的市场增长势头良好等因素的推动下,广西进出口贸易仍然取得了较好的成绩,进出口总额为568.58亿美元,增长22.6%,增幅较全国高8.4个百分点,达到1978年的近211倍,同期全国进出口总值为40826.22亿美元,广西进出口总额占全国进出口总额的1.39%。2012—2017年,广西积极融入"一带一路"建设,与东盟的国际合作及与粤港澳、泛珠三角、中南西南等国内区域的合作全面深化,进出口总额年均增长13.8%,加工贸易实现倍增。中新互联互通南向通道铁海联运集装箱班列常态化运行,开行钦州至波兰中欧班列,开通北部湾至新加坡、至中东远洋航线。广西对外贸易虽然整体趋势良好,但在全国进出口总额所占比例不高,对外开放依然有较大提升空间。

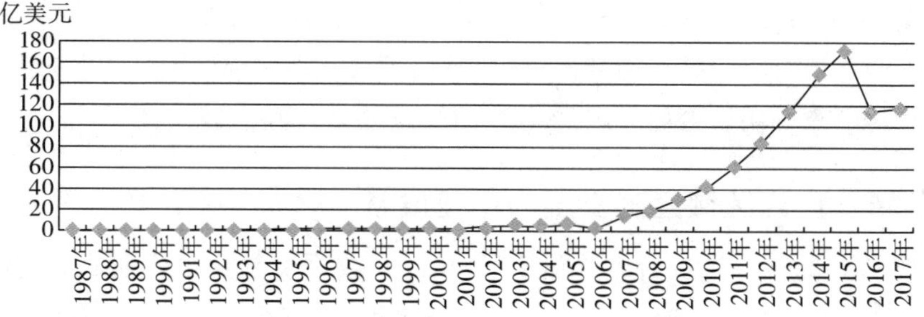

图3-13 广西1987—2017年边境小额贸易进出口总额变化趋势图

注:1987年以前该项数据暂缺。

数据来源:《广西统计年鉴(1989—2017年)》,2017年数据来源于2017广西统计公报。

广西作为中国西南边境贸易区通向东南亚的主要门户,地处中越边境,边境贸易是其经济发展的重要组成部分,对广西经济尤其是边境地区的经济发展起到了巨大的推动作用。改革开放以来,特别是在1984年国务院《边境小额贸易暂行管理办法》颁布以后,中国的边境贸易真正走上正轨,随后边境贸易在边境地区、少数民族地区的经济发展中起着不可忽视的作用。广西边境贸易在此宏观条件下,依托沿边地域特色和口岸优势,持续稳定增长,边境小额贸易总额不断扩大。如图3－13所示,1987年边境小额贸易额为3万美元。“十一五”期间,随着中国—东盟自由贸易区的建立,边境小额贸易飞速增长,到2010年达到42.41亿美元,占同期广西外贸总值的24%。2015年,据南宁海关统计,边境小额贸易额达170.01亿美元,占同期广西外贸总值的33%,广西边境小额贸易额位居全国首位。2016年,由于广西与越南两地的主要产品都是附加值较低的产品,又存在相互竞争,加上广西边境贸易多为通道型经济,很少落地加工,缺乏产业链支撑,广西边境小额贸易开始出现萎缩,低迷的态势延续到2017年上半年。之后边境小额贸易逐渐回暖,2017年全年边境小额贸易小幅回升至117.38亿美元,较上年增长5.8个百分点。2012年以来,广西边民互市贸易年均增速高于50%,边民互市贸易总额在全国边民互市中占比超过70%。广西互市贸易多为单纯“过路式”“通道式”贸易格局,落地加工少、附加值不高。东兴、凭祥、靖西等地积极推动边贸转型升级,出台系列政策,努力实现贸易货物落地加工增值。加快推动“通道经济”向流通加工并举的“口岸经济”转型升级,形成边境地区新的经济增长点。由于地理位置偏远和自然条件恶劣,广西壮族自治区与越南接壤的边境一线不少村屯是脱贫攻坚的“硬骨头”。近年来,广西不断做大互市贸易“蛋糕”,越来越多的贫困边民分享到边贸发展红利,逐步实现经济脱贫、内心“脱困”。

3.4 广西区域经济发展的主要成就

广西立足沿海沿江沿边的独特区位,以开放为引领建优建强北部湾经济区,以东融为导向提升做实珠江—西江经济带,以脱贫发展为重点振兴左右江革命老区,以世界一流为目标打造桂林国际旅游胜地,加快构建“龙头带动、区带支撑、特色鲜明、协调发展”的区域经济新格局,着力把江、海、边的优势和潜力充分挖掘释放。

3.4.1 广西区域经济政策演进

1997年,广西提出区域经济发展战略,第一次明确地把广西划分为桂东、桂西、桂南、桂北、桂中五大经济区,提出了各个经济区的功能定位和优势产业,但也存在区域重点不突出,各个经济区内部和经济区之间的联系和协调不足等问题。党中央、国务院高度重视广西发展,继 2008 年初批准实施《广西北部湾经济区发展规划》后,2009 年底,国务院又制定出台了《关于进一步促进广西经济社会发展的若干意见》,明确了广西北部湾经济区、西江经济带和资源富集区这“两区一带”的发展战略(见表 3 -1)。2010 年后,广西推进生态文明示范区建设,把生态文明建设作为调结构、促转变的重要抓手,以经济发展方式转变促进生态文明建设,以生态文明建设深化经济发展方式转变,形成生态文明建设和经济发展方式转变良性互动。2015 年以来,广西紧紧围绕中央赋予的“三大定位”,以“四维支撑、四沿联动”①起势落子,以中新互联互通南向通道、北部湾经济区升级版建设为抓手,面向东盟打造西南中南地区开放发展新支点,形成“一带一路”有机衔接的重要门户,构建起开放发展新格局。

表 3 -1　2017 年广西各个经济区域主要指标数据

地区	GDP		第一产业增加值		第二产业增加值		第三产业增加值	
	(亿元)	增长率(%)	(亿元)	增长率(%)	(亿元)	增长率(%)	(亿元)	增长率(%)
北部湾经济区(南宁、北海、钦州、防城港四市合计)	7400.11	8.3	918.95	4.0	3314.39	9.0	3166.7	9.0
北部湾经济区六市(南宁、北海、钦州、防城港、玉林、崇左)	10007.27	8.3	1377.11	3.9	4446.74	9.0	4183.42	9.2
桂西资源富集区(白色、河池、崇左三市)	3003.98	8.7	529.45	4.3	1419.72	9.8	1055.51	9.7
西江经济带(柳州、桂林、梧州、贵港、玉林、贺州、来宾七市)	10133.17	6.6	1454.01	4.0	4725.72	4.7	3953.44	9.9

数据来源:2017 年广西壮族自治区国民经济和社会发展统计公报。

① “四维支撑”重点是突出对外开放的重点方向,第一个是强化向南的开放合作开放。第二个是要加强向东的开放。第三个是向北和向西的开放合资。第四个是加强对发达国家的开放合作。“四沿联动”就是通过扩大广西区内沿海、沿江、沿边、沿高速公路和高速铁路开放,打造开放的通道、产业的通道和互补的通道。

3.4.2 北部湾经济区是广西经济加快发展的核心增长极

北部湾经济区面向东盟,发展向海经济具有不可替代的战略地位、得天独厚的区位优势和禀赋丰裕的资源优势。北部湾经济区地处华南经济圈、西南经济圈和东盟经济圈的结合部,是我国西部大开发地区唯一的沿海区域,拥有北部湾顶端约 1600 千米的海岸线,是中国与东盟之间唯一的既有陆地接壤又有海上通道的经济板块,是中国—东盟自由贸易区的核心城市群和海湾型城市群。

2006 年 3 月 22 日,北部湾经济区正式成立。2008 年 1 月 16 日,国家批准实施《广西北部湾经济区发展规划》,标志着北部湾经济区开放开发上升为国家战略。10 年以来,广西立足北部湾、服务“三南”(西南、华南和中南)、沟通东中西、面向东南亚,充分发挥连接多区域的重要通道、交流桥梁和合作平台作用,以开放合作促开发建设,将北部湾城市群努力建成中国—东盟开放合作的物流基地、商贸基地、加工制造基地和信息交流中心,成为带动支撑西部大开发的战略高地、西南中南地区开放发展新的战略支点、21 世纪海上丝绸之路和丝绸之路经济带有机衔接的重要国际区域经济合作区。

广西北部湾经济区以不到广西 1/5 的土地、1/4 的人口,创造了广西超过 1/3 的经济总量、四成的财政收入、近一半的外贸总量。综合实力显著增强,经济增速领跑全区。2017 年与 2008 年相比,北部湾经济区内的南宁、北海、防城港、钦州四市地区生产总值、财政收入、进出口总额、沿海港口吞吐量分别增长约 2.4 倍、3 倍、3.4 倍和 1.7 倍,创造了令人瞩目的“北部湾速度”。

2017 年,广西海洋经济总产值首次突破 1300 亿元。2017 年,北部湾经济区 6 市(南宁、北海、钦州、防城港、玉林、崇左)地区生产总值突破 10000 亿元,增速 8.3%,高于全区 1 个百分点,财政收入达 1323 亿元,增速 8.8%,高于全区 2.7 个百分点,规模以上工业增加值增速 10.1%,高于全区 3 个百分点。经济区产值(贸易额)超千亿元园区已达 3 个,500 亿元级以上园区 8 个,百亿元级以上的重点产业园区 11 个。由防城港区、北海港区、钦州港区 3 大天然良港组成的港口群——广西北部湾港,在 2017 年完成货物吞吐量 2.19 亿吨、集装箱吞吐量 227.87 万标箱,较 2016 年分别增长 7.2% 和 26.69%。依托中国—东盟港口城市合作网络,北部湾港积极加密通往“一带一路”沿线国家主要港口的航线,目前已与 80 多个国家和地区的 200 多个港口通航,海运网络覆盖全球。截至 2017 年底,广西与东盟 7 个国家、47 个港口建立了密切的运输往来,开通定期集装箱班轮航线 44 条。10 年的砥砺前行,北部湾经济区从交通不便、产业薄弱、发展相对滞后的边陲末梢,一跃成为广西经济增长最快、活力最强、成长性最好的发展区域。

随着中国—东盟自由贸易区建设进程的不断加快,泛北部湾区域经济的形成与发展,广西北部湾经济区开放开发以及泛珠三角经济合作、西南地区经济合作和西部大开发的深入,广西的区位优势正在得到进一步发挥。

3.4.3 广西积极参与推动中国—东盟自贸区的建设

广西是我国唯一同东盟陆海相连的省区,凭借沿海、沿江、沿边的独特区位,抓住市场机遇,扩大了对开放格局。2004 年以来,中国—东盟博览会、中国—东盟商务与投资峰会已连续成功举办 14 届,成为广西的亮丽名片,也成为中国—东盟重要的开放合作平台。自 2010 年 1 月 1 日中国—东盟自由贸易区成立以来,中国与东盟经济一体化建设进入黄金发展时期。中国—东盟自贸区建设在货物贸易、服务贸易和双向投资方面取得了丰硕成果。2018 年是中国—东盟建立战略伙伴关系 15 周年。15 年来,双方经贸合作发展迅速,成果丰硕,贸易规模大幅提升,投资合作卓有成效,“一带一路”建设合作成果显著,区域经济一体化建设较快发展。“十二五”期间,广西与东盟的贸易额从 2011 年的 95.6 亿美元增长至 2015 年的 290.1 亿美元,年均增长 34.7%,东盟连续 15 年成为广西最大贸易伙伴。据中方统计,截至 2017 年,双方累计投资额达到 2000 亿美元。

广西沿海沿江沿边,是东盟国家进入中国市场的重要海陆通道。作为中国—东盟博览会的永久举办地,广西经过多年努力,对外经贸和人文交流更加密切,渠道更加畅通,形式更加丰富,区位优势、联通优势、平台优势、人文优势日益凸显,成为中国面向东盟开放的前沿窗口。

目前,广西已与东盟 8 个国家建立了国际合作园区,包括中国—马来西亚(钦州和关丹)“两国双园”、中国—印尼经贸合作区等,并植入旅游要素推进相关合作;继续推进东兴—芒街、靖西—龙邦等跨境旅游合作区建设;指导防城港市、百色市(靖西、那坡)和崇左市申报设立国家边境旅游试验区,将防城港、崇左两市边境旅游试验区建设成为国家全域旅游示范区的边境版；按照中越两国政府协定，推进中越德天—板约跨境旅游合作区建设，建设全国首个国际旅游合作试验区，努力建造成为中国面向“一带一路”建设参与国的旅游合作典范。

广西致力于与东盟的合作，2006—2015 年，广西与东盟的贸易额从 18.3 亿美元增加到 290.1 亿美元，年均增长 37.2%，10 年翻四番，成为中国与东盟交流合作最活跃、平台机制最完善、发展潜力最大的先行区。广西坚持促进海洋资源优势与产业转型升级和开放型经济发展需要相结合，以创新驱动发展为战略，全力打造向海经济，2017 年，全区海洋经济生产总值首次突破 1300 亿元大关，同比增长 9%左右。向海经济已成为广西经济可持续发展的蓝色引擎。

3.4.4 广西沿边金融综合改革成效显著

广西沿边金融综合改革试验区建设 5 年来，已取得十方面显著成效，初步梳理出 12 条可复制推广的经验，为全国金融改革创新提供了有益探索。广西与东盟国家在资金互融、监管互动、人员互联、信息互通等方面的合作不断深化，金融开放合作平台不断夯实，近 5 年来广西跨境人民币结算量一直在全国 8 个边境省区中保持第一，为人民币面向东盟区域化奠定了坚实基础。自治区内 23 家银行的 319 个分支机构开办了跨境人民币业务，2967 家企业办理人民币跨境结算，105 个国家和地区与广西发生跨境人民币收付。2014—2016 年，人民币连续 3 年成为广西第一大国际结算币种。2017 年，广西人民币跨境收支占全部本外币跨境收支的比重为 41.57%。截至 2018 年 4 月末，广西跨境人民币结算总量达 8697.46 亿元，在中国 8 个边境省区中排名第一。

据人民银行南宁中心支行统计，截至 2018 年 4 月末，广西共对 629 家符合条件的边贸企业实施外汇收支差异化标识管理，占边境地区名录企业总数的 22.14%。2018 年 1—4 月，标识企业边境小额贸易项下进出口额为 51.19 亿美元，占同期全区边境小额贸易进出口总额的 93.65%。截至 2017 年末，广西沿边金融改革试验区已有 14 家企业从新加坡、泰国等境外银行融入低成本资金，贷款签约项目 22 个，合同金额 59 亿元，提款金额 57 亿元。为企业利用国内外两个市场、两种资源，拓宽融资渠道，节约资金成本创造了有利条件。

3.4.5 精准扶贫方法与模式不断创新

广西是革命老区,是贫困地区,也是边境地区、民族地区, 111 个县中有近一半是贫困县。2013—2017 年,广西完成农村危房改造 90.6 万户,累计完成投资 54.3 亿元,共解决了 360 多万贫困群众的安全住房需求,促进了当地农村经济社会发展。2012—2016 年,全区累计减少建档立卡贫困人口 609 万人,年均减贫 120 多万人。贫困发生率从 2012 年的 18% 降低至 2016 年的 7.9% ,下降 10.1 个百分点。同时,实现 943 个贫困村和 4 个自治区级贫困县脱贫摘帽。经国家统计局核定,2017 年底,广西农村贫困人口 246 万人,比上年减少 95 万人,减贫速度(减贫人口占上年贫困人口的比重)为27.8% ,比上年加快 3.2 个百分点;贫困发生率 5.7% ,比上年下降 2.2 个百分点。截至 2018 年 3 月 10 日,全区 2016、2017 年计划搬迁建档立卡贫困人口 62 万人,累计已搬迁入住 44.64 万人,搬迁入住率 72% 。

广西扶贫工作在建立组织保障体系、精准管理模式、“一户一册一卡”模式、贫困退出和脱贫摘帽激励机制,以及实施督查、通报、协调“三项制度”等五个方面进行了创新,推动全区脱贫攻坚的开展。广西探索创新出了九大产业扶贫模式,实现了扶贫工作由“输血型”向“造血型”转变(见图 3 – 14)。

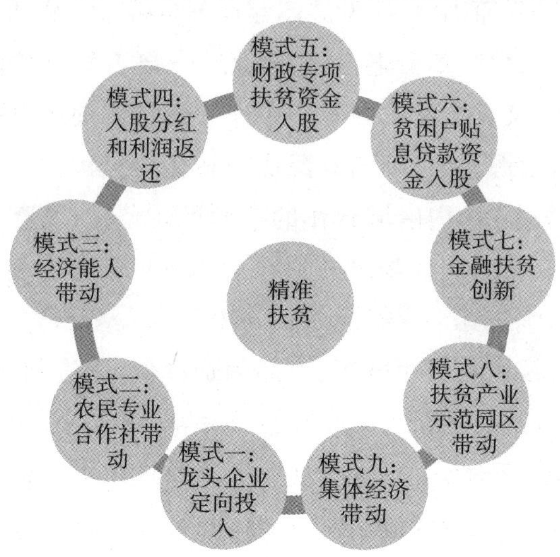

图 3 – 14 九大模式引领广西产业扶贫

广西已经实现了“三大提升”:第一是中央赋予广西国际通道、战略支点、重要门户"三大定位","四维支撑、四沿联动"开放新格局加快构建,广西在国际国内多区域合作中的作用显著提升;第二是北部湾经济区、珠江—西江经济带、桂林国际旅游胜地、左右江革命老区规划建设全面上升为国家战略,广西在国家区域发展总体战略中地位显著提升;第三是现代交通体系和产业体系加快形成,多项产品产量和技术水平处于国内领先地位,资源优势和生态优势更加凸显,广西在全国的综合影响力和竞争力显著提升。

2017 年底,"双核驱动、三区统筹"新格局初步形成。北部湾经济区主要指标增速高于全区平均水平,北部湾城市群成为全国重点发展的城市群,通信、旅游、社保、户籍同城化以及口岸通关一体化基本完成。西江经济带基础设施大会战加快推进,西江黄金水道水运主通道 10 座船闸均达到 1000 吨级以上。左右江革命老区振兴计划及重大工程建设三年行动计划全面实施。桂林国际旅游胜地被列为国家健康旅游示范基地。美丽广西乡村建设深入推进,12 个村被列为全国改善农村人居环境示范村,587 个村获评国家绿色村庄。

3.5 广西经济发展运行中存在的困难和问题

由于历史等特殊原因,广西发展还存在不少困难。广西是我国少数民族人口最多的自治区,也是革命老区、边疆地区。既有北部湾沿海等发展条件好、潜力大的地区,又有大石山区等集中连片的贫困地区;既有丰富的矿产、旅游、特色农业等资源,又有制约资源优势转化为经济优势的交通、能源、人才瓶颈;既有参与国际国内区域合作的有利区位条件,又存在深化开放合作的体制机制障碍。目前广西经济总量在全国排名第十八名,但人均 GDP 一度位列全国倒数几名,其工业规模不大、结构不优、基础薄弱的基本状况没有根本改变,存在传统优势产业链短、产品附加值低,先进制造业规模小、占比低、发展水平不高,战略性新兴产业发展滞后等挑战。在海洋经济方面,广西虽然拥有全国排名第六的海岸线,但是海洋经济并不发达。北部湾经济区北、钦、防三港的位置比较接近,建港条件也极为相似,再加上近年来对 3 个港口的建设,缺乏区域分工协调的指导,导致对 3 个港口城市的定位出现了雷同的情况,从而导致基础设施的重复建设、产业功能的相互重叠等不利后果。

3.5.1 对外开放度不大,特别是利用外资方面有待进一步加强

2017 年,广西实际利用外资额 8.2 亿美元,比上年下降 7.4%,比全国低 15.3 个百分点。一方面是资金来源渠道较窄,广西实际利用外资额来源相对比较单一。2017 年到广西投资的主要资金来源于我国香港地区、投资性公司投资、百慕大、瑞典和英属维尔京群岛,这 5 个国家和地区的资金占广西当年利用外资的 97.1%。另一方面是外资投向过于集中。2017 年,广西实际利用外资金额主要集中在制造业和电力、燃气及水的生产和供应业,这两个行业实际利用外资金额占广西实际利用外资金额的 84.2%。

3.5.2 广西主动参与中国—东盟合作面临的国际问题

东盟各国发展基础差异大 、发展不同步,每个国家对发展的支持力度不尽相同。一些东盟国家面临政治、经济发展转型压力,加上国际恐怖主义及其国内分裂势力的存在,经济结构缺乏竞争力,经济发展的内生动力不强,一些东盟国家过于依赖外资、抗外部冲击能力较弱,如缅甸、泰国等国家现代化建设人才缺失,亟须借助"一带一路"开展中国—东盟的教育合作,培养国际人才;深化合作机制不完备,需要进一步加强国际合作的规范化和制度化,完善配套机制,提高效率,降低风险,各国合作的互利性和稳定性需要提高,只有着眼东盟可持续发展,才能推进互利共赢、建立互补型和互换型合作、建立合作的长效机制。

3.5.3 经济发展与环境资源保护的矛盾突出

虽然广西生态环境质量保持全国前列,植被生态质量和植被生态改善程度居全国首位,石漠化治理成效显著。但是,北部湾海洋生态环境压力增大,威胁海洋生物多样性。近年来,北部湾地区发展迅速,工业废水、废渣和城市中有害物大量排入海洋,使沿岸水质遭到不同程度的污染,2014 年,北海海事法院受理海洋污染案件大幅增加,全年共受理此类案件 35 件,企业排污不达标是主要原因。

广西经济发展水平落后,贫困人口多、贫困程度深。脆弱的生态环境和贫乏的自然资源使当地居民面临着巨大的生存压力,人们不得不对资源进行掠夺式的开发和经营,同时更加脆弱的生态环境反过来又加剧了对人类生产和生活行为的制约,造成生态环境的调节能力和自我恢复能力不断下降,从

而陷入贫困与生态环境恶化的恶性循环。

3.6 广西经济高质量发展的一些相关建议

习近平主席在2015年全国两会期间参加广西代表团审议时提出,广西要加快构建国际通道、战略支点、重要门户,即建成面向东盟的国际大通道、西南中南地区开放发展新的战略支点、21世纪海上丝绸之路与丝绸之路经济带有机衔接的重要门户。2015年4月发布的《推动共建丝绸之路经济带和21世纪海上丝绸之路的愿景与行动》,对广西在参与"一带一路"的建设中的角色进行明确定位:"发挥广西与东盟国家陆海相邻的独特优势,加快北部湾经济区和珠江—西江经济带开放发展,构建面向东盟区域的国际通道,打造西南、中南地区开放发展新的战略支点,形成21世纪海上丝绸之路与丝绸之路经济带有机衔接的重要门户。"

3.6.1 依托国家北部湾经济区、珠江—西江经济带这两大核心增长极,与广东经济捆绑联动、与粤港澳大湾区相呼应,形成"双核驱动""多区域融合"发展新动力

北部湾经济区已成为广西向东开放,对接粤港澳大湾区的重点前沿地区。粤桂合作特别试验区、粤桂黔高铁经济带合作试验区(广西园)建设步入快车道,粤港澳成为广西最大内资和外资来源地。广西处于工业化中期阶段,这是工业加速增长和转型升级的关键阶段及重要机遇期。2017年4月,习近平主席视察广西时,要求广西"在推动产业优化升级上下功夫,在转变发展方式上下功夫,在提高创新能力上下功夫,在深化改革开放上下功夫"。加快设施大联通,抓好中新互联互通南向通道建设,加快"一廊两港"[①]等重大项目建设,打造连接中南半岛的高速公路网、铁路网、海运网、航空网和信息网,实现"一带"与"一路"、陆与海的有机衔接,促进经贸大合作。

3.6.2 中南半岛是中国—东盟自贸区建设的重要支撑,广西作为中国—中南半岛国际通道的一个关键节点,将会发挥重大的作用

作为欠发达、后发展的边疆民族地区,广西要与全国同步全面建成小康社会,经济发展压力较大,因此更应充分发挥其沿海沿江沿边的独特区位优

① "一廊两港",即中国—中南半岛经济走廊、中国—东盟港口城市合作网络、中国—东盟信息港。

势,面向东盟、面向世界深化开放合作,努力在"一带一路"建设中发挥更大作用。进一步推进凭祥重点开发开放实验区、东兴重点开发开放试验区、中越凭祥—同登跨境经济合作区、沿边金融综合改革试验区、龙州边境经济合作区等合作平台建设,提升经济带开放型经济水平。利用广西在"一带一路"建设中的独特区位优势,实施更加积极主动的开放带动战略,建立泛北部湾港口联盟,加密连接东盟各国主要港口的直航航线,为向海经济搭建畅通的交通脉络。

3.6.3 习近平主席视察广西时强调"广西生态优势金不换",生态环境优势是广西最大的优势和特点

广西同时也是世界长寿养生资源富集区,是"世界健康旅游目的地"。广西在"一带一路"建设中具有独特地理位置和重要资源优势。广西要积极参与中国—东盟自由贸易区合作技术框架下的环保国际合作,并开展大湄公河次区域国家在生物多样性方面的交流。

随着国家"一带一路"战略建设的深入推进,广西国际大通道、战略支点、重要门户的地位突显。在未来的发展中,广西将进一步发挥与东盟国家陆海相连的独特优势,主动抓住西部地区扩大开放的有利机遇,推动"引进来和走出去"战略,逐步完善"四维支撑、四沿联动"开放新格局。

4. 贵州省改革开放40年经济发展研究①

黄　毅

摘　要:伴随着我国改革开放40年的发展,贵州省经济发展发生了翻天覆地的变化。本章运用贵州省经济发展40年的相关数据,采用定量分析方法对其进行系统的梳理,对贵州省经济发展的各方面进行客观分析,探索了贵州省发展中面临的挑战,并对贵州省未来经济发展进行了展望。

关键词:贵州省;经济;发展

4.1　引言

1978年,党的十一届三中全会作出了改革开放的重大决策。40年来,贵州省各族人民在党的领导下,在纵深化的改革过程中稳步前进。特别是近年来,贵州省经济发展势头良好,牢牢守住发展和生态两条底线,坚持以供给侧结构性改革为主线,大力实施主基调主战略,强力推进大扶贫、大数据、大生态三大战略行动,从封闭走向开放,在发展中推进,在推进中突破,主动适应新常态、积极应对新挑战、有效化解新矛盾,经济社会发展呈现稳中有进、转型加快、质量提升、民生改善的良好态势。2017年,贵州省地区生产总值、农业增加值、服务业增加值、建筑业增加值、电信业务总量五项指标增速居全国第一;固定资产投资、农村居民人均可支配收入两项指标增速列全国第二。改革开放40年来贵州经济发展取得了辉煌成就。

① [基金资助]2016年四川省社科基金项目"四川省民族地区服务贸易竞争力研究"(编号:SC16B110),2018年中央高校基本科研业务费专项资金项目"发展西部民族地区服务贸易助推脱贫攻坚"(编号2018SJDJS02),西南民族大学硕士点建设基金项目(2014XWD－S020101)。

作者简介:黄毅,西南民族大学经济学院,电子邮箱:767203282@qq.com。

4.2 改革开放40年贵州省经济发展回顾

贵州省地处中国西南腹地，与重庆、四川、湖南、云南、广西接壤，是西南交通枢纽、旅游大省、全国首个国家级大数据综合试验区、国家生态文明试验区，内陆开放型经济试验区，辖贵阳市、遵义市、六盘水市、安顺市、毕节市、铜仁市、黔西南布依族苗族自治州、黔东南苗族侗族自治州、黔南布依族苗族自治州。2016年底，贵州省常住人口为3555万人。

4.2.1 工农业经济稳步增长，地区生产总值呈阶段性发展态势，近几年发展势头强劲

改革开放40年来，贵州省经济实力迅速增强。全省GDP总量从1978年的46.62亿元，提升到2016年的11734.43亿元；人均地区生产总值从1978年的175元，提高到2016年的29847元（见图4－1）。[①] 贵州省经济发展自2011年以来，经济总量增速已连续7年居全国前列，2017年贵州省地区生产总值达13540亿元，比2016年增长10.2%，增速高于全国水平3.3个百分点，位列全国第一。贵州省经济由弱变强，实现了超常规、跳跃式的发展，很大程度上归功于改革开放经济发展的强大推动力。

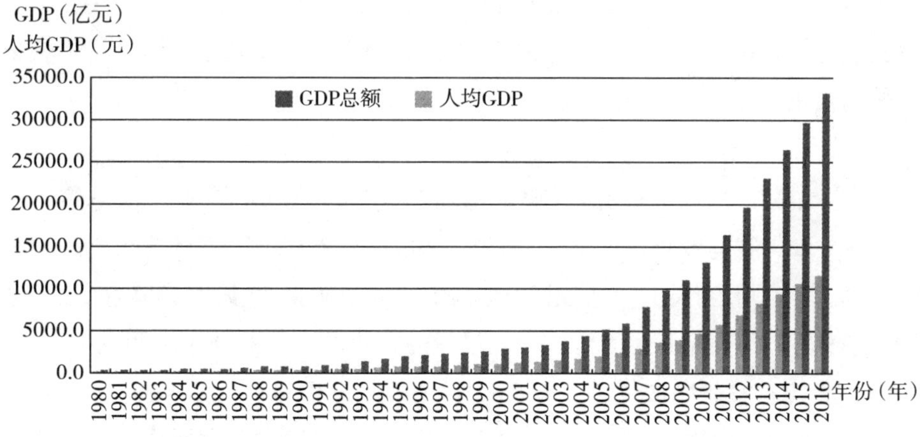

图4－1 1980—2016年贵州省GDP及人均GDP发展状况

资料来源：中华人民共和国统计局网站。

40年的经济发展中，贵州省经济发展从总量和人均来看，增长可以分成

① 陆勇平，涂滨．贵州经济为什么能够“后来居上”？［N］贵州民族报，2017－03－03.

三阶段发展态势。1980—1992 年是探索发展阶段,1992—2002 年是平衡发展阶段,2002—2017 年是加速发展阶段。第一阶段的 12 年间,人均 GDP 从 219 元增长到 1034 元,该阶段年均复合增长率为 13.81%,经济发展较快,但总量比较小,GDP 从 60.26 亿元提升到 339.9 亿元。第二发展阶段是从 1992 年小平南方谈话后到 2002 年,随着党的十二大会议确定社会主义市场经济体制的改革目标,贵州省进一步增创发展与开放新优势,努力探索经济发展新形势,把提高经济发展与扩大对外开放有机统一起来。这十年间全国经济发展加快,贵州省经济发展也平稳增长。GDP 总量从 300 多亿元提升到 3257 亿元;人均 GDP 从 1034 元提高到 3257 元,年均增长率为 12.2%。第三阶段从 2002 年起,由于我国加入了 WTO,经济发展势头良好,贵州省的经济发展速度也加快。特别是 2011 年后的贵州经济增长,在全国都是非常突出的,从 2011—2016 年连续 6 年经济增速位居全国前三,GDP 从 5702 亿元增长到 2017 年的 13540 亿元,翻了一倍多。人均 GDP 从 2002 年的 3000 多元提升到 2016 年的 33127 元,近 15 年的年均增长率为 18.1%。[①]

贵州近年来经济快速发展,得益于中央对贵州省支持力度空前加大。特别是 2012 年以来批准设立贵安新区、贵阳综合保税区、贵安综合保税区、生态文明先行示范区、大数据综合试验区、山地特色新型城镇化示范区等,将生态文明贵阳会议上升为国家级国际性论坛。

4.2.1.1 农业生产稳步增长

农业是社会发展的命脉,农业是基础。40 年来贵州省农业发展取得了巨大成就。农林牧渔业总产值从“五五”时期的 146.06 亿元增长到“十二五”时期的 9122.23 亿元,增长了 61 倍;其中增长最快的是渔业,增长了 1351 倍,畜牧业增长了 98 倍,林业增长了 69 倍,增长最慢的农业也增长了 48 倍(见表 4 - 1)。2017 年贵州省农业增加值增长 6.5%,增速位列全国第一。从数据可以看出,随着经济发展,大农业大发展的格局在贵州省 40 年的农业发展中得到充分体现。贵州省的农业发展还体现在着力推进结构调整,农业供给体系质量明显提高,绿色农业发展不断深入,厚植可持续发展优势得到体现。

---

① 贵州省统计局国家统计局贵州调查总队. 2016 年贵州省国民经济和社会发展统计公报[Z]. 2017 - 03.

表4-1　贵州省各时期农林牧渔业总产值　　单位:亿元

时期	农林牧渔业总产值	农业	林业	畜牧业	渔业
"五五"时期(1976—1980年)	146.06	114.65	5.84	25.43	0.14
"六五"时期(1981—1985年)	279.41	202.02	17.86	58.47	1.06
"七五"时期(1986—1990年)	574.20	375.26	30.75	164.51	3.68
"八五"时期(1991—1995年)	1165.45	758.73	62.41	335.91	8.40
"九五"时期(1996—2000年)	2028.24	1387.6	79.92	540.8	19.92
"十五"时期(2001—2005年)	2413.20	1487.51	106.28	749.73	33.18
"十一五"时期(2006—2010年)	4015.37	2293.8	167.18	1298.73	51.85
"十二五"时期(2011—2015年)	9122.23	5611.74	408.04	2520.64	189.32

资料来源:贵州省统计年鉴。

4.2.1.2　工业和建筑业加快发展,建筑业对经济贡献有所提升

贵州省经济发展中,工业和建筑业发展较快。1996年工业增加值为225.36亿元,建筑业增加值为29.73亿元;2000年两项指标增长到328.73亿元和62.47亿元。2008年爆发世界金融危机,国内经济虽有所影响,发展势头仍然很好,2008年,工业增加值过千亿,2010年上升到1516.87亿元,建筑业增加值达到283.18亿元,到2015年贵州省工业增加值达到3315.58亿元,建筑业增加值达到833.44亿元。2015年,其工业增加值是1996年的13.7倍,建筑业增加值是1996年的27倍。2017年,规模以上工业、服务业增加值增速分别为9.5%和11.5%,居全国第一。建筑业增加值占GDP的比例由2000年的6.1%提升到2015年的7.9%,对经济的贡献有所提升。

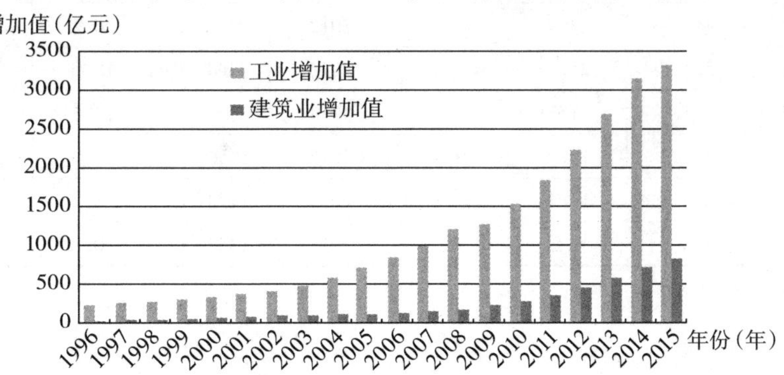

图4-2　1996—2015年贵州省工业与建筑业增加值变化图

资料来源:作者根据中华人民共和国统计局网站计算。

4.2.2 经济增速高于全国平均水平

40年来贵州省经济发展速度一直比较快。1980—2017年的37年间，GDP年增长率只有6年低于10%，仅有1983、1991和1998年这三年的增长率低于全国平均水平。2003年开始，贵州GDP已经持续15年实现两位数增长，且良好的发展势头仍在继续，特别是2011年以来，贵州经济增速连续7年位居中国前三位，差不多是全国平均水平的2倍(见表4-2)。[①]

表4-2 1980—2016年贵州省GDP总量及贵州省、全国GDP增长率

年份	贵州省GDP(亿元)	贵州省GDP增长率(%)	全国GDP增长率(%)	年份	贵州省GDP(亿元)	贵州省GDP增长率(%)	全国GDP增长率(%)
1980	60.3	—	7.8	1999	937.5	9.2	7.7
1981	67.9	12.7	5.2	2000	1029.9	9.9	8.5
1982	79.4	16.9	9.0	2001	1133.3	10.0	8.3
1983	87.4	10.1	10.8	2002	1243.4	9.7	9.1
1984	108.3	23.9	15.2	2003	1426.3	14.7	10.0
1985	123.9	14.5	13.4	2004	1677.8	17.6	10.1
1986	139.6	12.6	8.9	2005	2005.4	19.5	11.4
1987	165.5	18.6	11.7	2006	2339.0	16.6	12.7
1988	211.8	28.0	11.2	2007	2884.1	23.3	14.2
1989	235.8	11.4	4.2	2008	3561.6	23.5	9.7
1990	260.1	10.3	3.9	2009	3912.7	9.9	9.4
1991	259.9	-0.1	9.2	2010	4602.2	17.6	10.6
1992	339.9	30.8	14.2	2011	5701.8	23.9	9.5
1993	417.7	22.9	13.9	2012	6852.2	20.2	7.9
1994	524.5	25.6	13.0	2013	8086.9	18.0	7.1
1995	636.2	21.3	11.0	2014	9266.4	14.6	8.3
1996	723.2	13.7	9.9	2015	10502.6	13.3	6.4
1997	805.8	11.4	9.2	2016	11734.4	11.7	6.7
1998	858.4	6.5	7.8	2017	13540.0	10.2	6.9

资料来源：中华人民共和国国家统计局网站。

① 刘湃. 贵州经济高质量发展 经济增速连续7年居中国前列[N]. 中国新闻网. 2018-01-19.

4.2.3 产业结构不断优化

伴随着经济发展,贵州省的三次产业结构逐渐调整,反映出产业发展的深刻变化。随着人们收入水平的不断上升,其第一产业占比不断下降,第三产业的比重逐步提高。1996 年贵州省三次产业占比为 35∶35∶30,第一产业占了 GDP 的 1/3,第三产业占 30%;到 2005 年,三次产业的占比发生了很大的变化,第一产业产值占比低于 20%,第三产业占比超过 40%,贵州得天独厚的旅游资源拉动当地旅游经济的发展,第三产业的就业及产值逐步提升,三次产业占比为 18∶41∶41;2011 年第一产业的占比下降到 13%,第三产业占比差不多占了半壁河山,达到 49%,三次产业占比为 13∶38∶49;近几年来,全国各地的旅游发展较快,国际旅游的兴起对贵州旅游业的发展有所冲击,第三产业占比有所回落,比例有所调整,2016 年第一产业占 16%,第二产业占 39%,第三产业占 45%(见图 4-3)。①

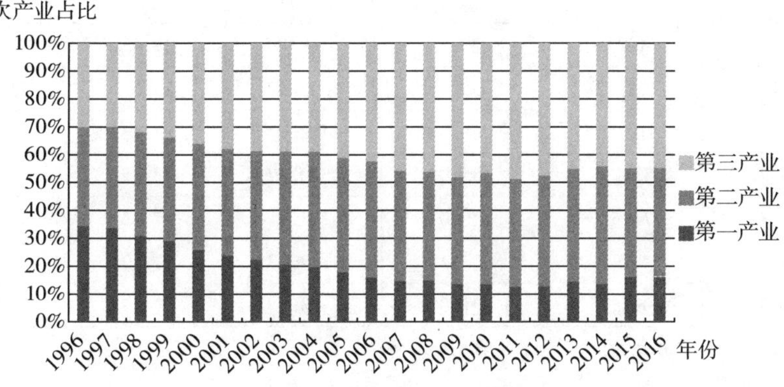

图 4-3 1996—2016 年贵州省三次产业发展变化图

资料来源:作者根据中华人民共和国统计局网站计算。

4.2.4 固定资产投资增长动力强劲,国有和其他经济投资成为主要力量

人们常说拉动经济增长的三驾马车是:投资、消费和出口。贵州省地处内陆,出口的贡献有限,消费在一定时期相对稳定,投资对经济的贡献就尤其重要。分析发现,经济增长与固定资产投资之间存在长期均衡关系,特别是

① 栾小琳. 述说贵州两会 晒晒 2017 贵州成绩单[N]. 新华网. 2018-01-28.

在西部大开发战略背景下,贵州省经济增长显著,固定资产投资的增长是贵州省经济增长的主要动力。

改革开放40年来,贵州省固定资产投资稳步增长。如表4-3所示,1978年固定资产投资额为10.93亿元,到2010年达3186.28亿元,2015年是10945.54亿元。2017年贵州省固定资产投资较上年增长20.1%,位列全国第一。在不同的所有制中,国有经济成为投资的主要力量,几乎占比50%。其他投资占比从2006年后超过了国有经济的投资规模。多种所有制经济共同发展,促进了经济增长。

表4-3 1978—2015年贵州省主要年份固定资产投资情况 单位:亿元

年份	固定资产投资额	增长率(%)	国有经济	集体经济	其他
1978	10.93	—	9.73	0.56	0.64
1980	13.97	17.0	11.59	0.83	1.55
1990	51.51	16.9	36.95	2.14	12.42
2000	402.5	20.5	259.95	28.45	114.1
2010	3186.28	30.0	1605.82	29.01	1551.45
2011	5101.55	60.1	2412.97	57.23	2631.36
2012	5717.8	35.0	2530.97	42.55	3144.28
2013	7373.6	29.0	3284.11	27.33	4062.17
2014	9025.75	22.4	4167.03	21.97	4836.76
2015	10945.54	21.3	5423.18	39.59	5482.78

资料来源:作者根据中华人民共和国统计局网站计算。

在几十年间,贵州省固定资产投资增长有两个重要引擎节点,一是1992年后,固定资产投资增幅提升了,年增长率几乎都在20%以上,1998年亚洲金融危机导致投资有所放缓;2000年后西部大开发成为另一个吹响投资增速的号角,特别是在2007年金融危机后,固定资产投资更是高速增长,年增长率基本都在20%以上(见图4-4)。2017年经济发展良好,固定资产投资1.29万亿元,并在以下方面取得成绩:建成一批标志性重大基础设施工程,被誉为“中国天眼”的500米口径球面射电望远镜落成启用,世界第一高桥北盘江大桥竣工,贵阳至昆明高速铁路建成通车,乌江航道全线贯通,为经济社会发展提供了有力支撑。

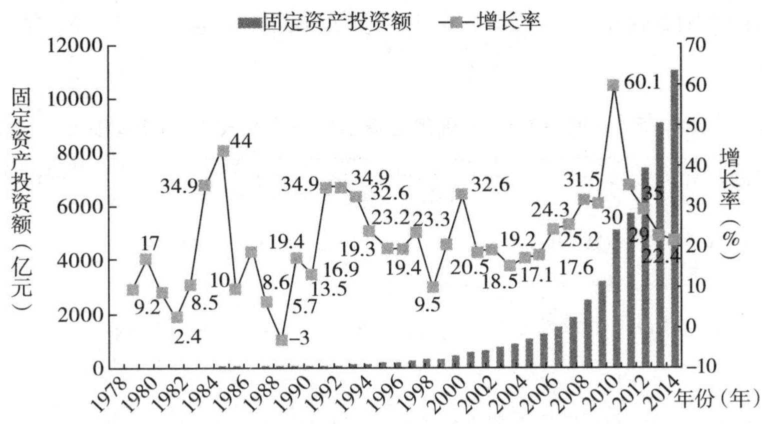

图4－4　1978—2015年贵州省固定资产投资变化图

4.2.5　城镇化率逐渐提高

40年来随着贵州省经济向前发展，其城市化率也在逐步推进。1978年贵州省常住人口2686万人，到2015年增长到3529.5万人，2016年达到3555万人；城镇人口从1978年的324万人增长到2016年的1570万人；城镇化率从1978年的12.06%提升到2016年的44.16%（见表4－4）。

表4－4　1978—2016年贵州省城镇、乡村人口构成及城镇化率　　单位：万人

指标	1978	2000	2005	2010	2014	2015	2016
年末常住人口	2686.40	3755.72	3730.00	3479.00	3508.04	3529.50	3555.00
城镇人口	323.97	896.49	1002.25	1176.25	1403.57	1482.74	1570.00
乡村人口	2362.43	2859.23	2727.75	2302.75	2104.47	2046.76	1985.00
城镇化率(%)	12.06	23.87	26.87	33.81	40.01	42.01	44.16

资料来源：作者根据中华人民共和国统计局网站计算。

4.2.6　对外贸易发展力度不断增强

贵州省是一个内陆省份，一直以来对外贸易总额较小，但随着全球国际化程度提升，贵州省的对外开放进程也在加快，虽然对外贸易量不大，但由于对外的交流，吸引了外资的加入，这些对该省经济的快速发展起了良好的推动作用，亦成为其经济增长的重要引擎。对外贸易对经济发展的贡献逐步加大，进出口总额占GDP的比例由2000年的5.3%上升到2015年的7.25%。在发展对外贸易的过程中，贵州也经历了2008年世界金融危机的波折，2009年进出口占对

外贸易比例下降到4.08%，2010年上升到4.63%，后逐步回升，向前发展（见表4－5）。

表4－5　2000—2015年贵州省进出口贸易及其占GDP的比例　单位：亿元

指标	2000	2002	2004	2006	2008	2010	2011	2012	2013	2014	2015
进出口总额	54.64	57.23	125.29	128.96	233.50	213.02	315.68	418.62	513.42	661.66	761.20
GDP总额	1030	1243	1678	2339	3562	4602	5702	6852	8087	9266	10502
进出口占GDP（%）	5.30	4.60	7.47	5.51	6.56	4.63	5.54	6.11	6.35	7.14	7.25

说明：进出口总额根据经营单位所在地统计。

资料来源：作者根据国家统计局网站查找数据计算所得。

4.2.7　职工收入年年增长，人民生活水平不断提高

贵州省社会经济发展的40年，也是各种所有制企业职工工资节节增长的40年，百姓福利待遇不断改善（见图4－5）。

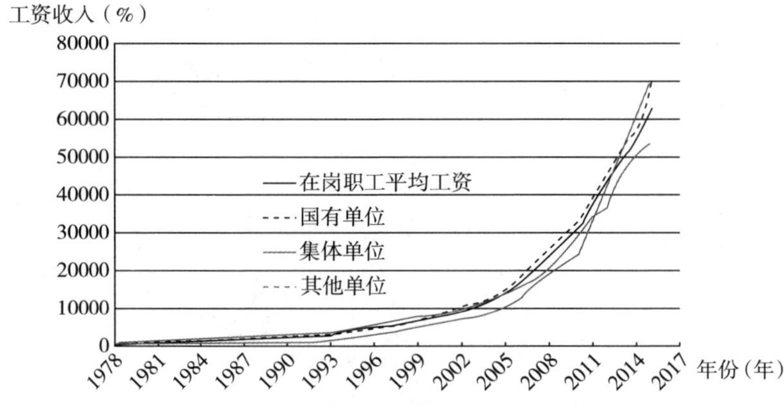

图4－5　1978—2015年贵州省非私营所有制职工工资情况

资料来源：作者根据国家统计局网站查找数据计算所得。

1978年全省在岗非私营企业职工年平均工资为616元，到2015年达到62591元，增长了100倍，其中国有单位职工年工资和集体单位职工年工资在2015年相差不大，都是69000多元。其他所有制单位职工年工资水平在1990年为2281元，后续发展相对慢一些，2015年年工资为54087元（见表4－6）。

表 4-6 1878—2015 年贵州省非私营单位职工年工资情况表 单位:元

指标	1978	1980	1990	2000	2010	2015
在岗职工平均工资	616	755	1947	7453	31458	62591
国有单位	642	797	2070	7594	32718	69068
集体单位	450	502	1347	5444	24703	69106
其他单位	—	—	2281	8325	29006	54087

资料来源:作者根据国家统计局网站查找数据计算所得。

老百姓生活水平的改善,反映在城镇和农村居民收入的增加上。1988 年贵州省城镇居民人均可支配收入 938.17 元,农村居民人均纯收入 397.74 元;1990 年该项指标调整为城镇 1024.77 元,农村 422.27 元;2000 年城镇 5122 元,农村 1375 元;到 2016 年,城镇 26743 元,农村 8090 元(见图 4-6)。1990—2000 年,贵州省城镇居民收入增长了 4 倍,农村居民纯收入增长了 2.3 倍;2000—2016 年,城镇居民的收入增长加快,达到 4.2 倍,农村居民纯收入增长更快,达 4.9 倍。40 年的发展变化,居民收入快速增长,百姓安居乐业。2017 年贵州脱贫攻坚首战告捷,减少贫困人口 120.8 万人,在全国率先实施易地扶贫搬迁政策,已搬迁人口 76.3 万人。

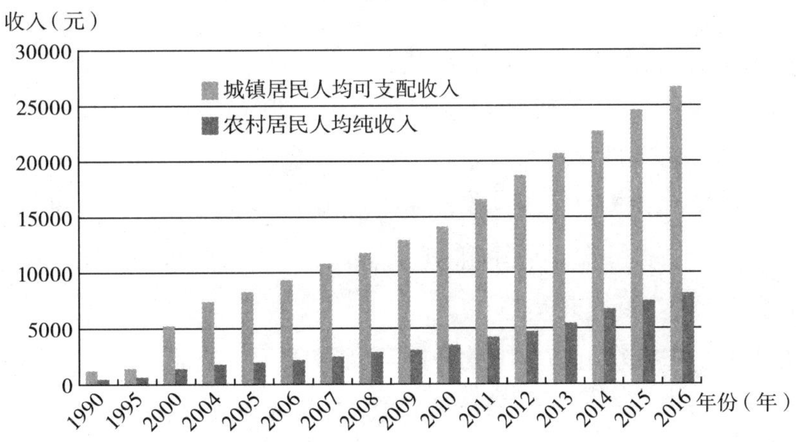

图 4-6 1990—2016 年贵州省居民收入变化情况

资料来源:作者根据国家统计局网站查找数据计算所得。

4.3 贵州省发展面临的挑战

4.3.1 经济发展还需稳步推进

贵州省人均 GDP 与全国的差距在几十年间有所缩小,1996 年贵州省的人均 GDP 不到全国平均水平的 35%,到 2016 年达到全国水平的 60%,进步不小,但差距仍然很大。2016 年贵州省人均 GDP 为 33127 元,全国平均为 53980 元,贵州省只有全国的 61.4%,绝对值差距是 20853 元(见表 4-7)。虽然 2011 年后贵州经济发展增长较快,GDP 的增长速度全国领先,但由于底子薄,基础差,要达到全国平均水平,追赶发达地区,贵州还需继续稳步推进经济增长。

表 4-7 1996—2016 年贵州省与全国人均 GDP 差距 单位:元

指标	1996	2000	2005	2010	2011	2012	2013	2014	2015	2016
贵州省人均 GDP	2048	2759	5052	13119	16413	19710	23151	26437	29847	33127
全国人均 GDP	5898	7942	14368	30876	36403	40007	43852	47203	50251	53980
贵州占全国(%)	34.7	34.7	35.2	42.5	45.1	49.3	52.8	56.0	59.4	61.4
贵州与全国差额	3850	5183	9316	17757	19990	20297	20701	20766	20404	20853

资料来源:作者根据中华人民共和国统计局网站计算。

4.3.2 产业结构还需要不断优化

和全国相比,三次产业发展还相对落后。2016 年全国三次产业占比为 8.6:39.8:51.6,贵州省第一产业高出全国 7.4 个百分点,第三产业低于全国 6.6 个百分点。2017 年全国三次产业占比为 7.9:40.5:51.6,贵州省第一产业高出全国 7 个百分点,第三产业低于全国 6.7 个百分点。三次产业结构和发达地区相比,差距就更大了。

4.3.3 城乡差距与全国的差距还比较大

贫困人口多、贫困面大、贫困程度深,是贵州最基本的省情。全省有 37 个革命老区、193 个民族乡和 2047 个少数民族特别贫困村。贫困是民生问题,更是经济问题。贵州的脱贫攻坚战,已经成为全国供给侧结构性改革中补短板的重要内容。贵州省人均收入不仅在省内城镇与农村差距加大,和全国平均水平比较,也有较大差距。2016 年全国城镇居民人均可支配收入为 33616 元,农村居民人均纯收入为 12363 元,贵州省两项指标只达到全国的

79.6%和65.4%。2006年贵州省两项指标只达全国平均水平的77.5%和55.4%。经过10年的发展,贵州与全国的相对差距有所缩小,但绝对数差距更大了(见表4-8)。

表4-8　贵州省与全国人均收入差距情况　　单位:元

指标		1990	2000	2006	2010	2016
城镇居民人均可支配收入	全国	1387	6280	11760	19109	33616
	贵州省	1025	5122	9117	14143	26743
	贵州省占全国(%)	73.9	81.6	77.5	74.0	79.6
	贵州省低于全国金额	362	1158	2643	4966	6873
农村居民人均纯收入	全国	630	2253	3587	5919	12363
	贵州省	422	1375	1985	3472	8090
	贵州省占全国(%)	67.0	61.0	55.4	58.7	65.4
	贵州省低于全国金额	208	878	1602	2447	4273

资料来源:作者根据贵州省和全国各年统计公报及中华人民共和国统计网站数据计算。

4.4　贵州省经济发展展望

4.4.1　数字经济发展成为推动贵州经济发展新引擎

新一轮科技革命和产业变革正在孕育兴起,世界经济加速向以数字经济为重要内容的经济活动转变。贵州省于2017年2月发布了《贵州省数字经济发展规划(2017—2020年)》,提出到2020年,数字经济增加值占贵州生产总值的比重将达到30%以上。这是国内首个省级层面数字经济发展规划,提出了发展资源型、技术型、融合型、服务型"四型"数字经济。贵州省还将推进十大工程,实现四个支撑目标:创建全国数字经济融合试验区,创建全国数字经济惠民示范区,打造全省经济发展新增长极,打造全国数字经济创新新高地。通过加强组织领导、开展试点示范、强化考核评估三个方面的组织实施,加快探索形成具有数字经济时代特征的创新发展道路,创建全国数字经济融合试验区。

贵州山清水秀,生态优美。加快发展数字经济,必将改变先污染后治理的老路,实现"既要金山银山,也要绿水青山"的新发展路径。面向未来,面对新机遇,贵州将围绕建设数据强省,加快国家大数据综合试验区建设,加强信息基础设施建设,全面实施"互联网+"行动计划,深入推进大数据与经济社会发展和脱贫攻坚相融合,引领经济转型升级。贵州省必将充分发挥互联网的赋能效应,进一步加快数字技术与经济社会方方面面的深度融合,以改革的精神、包容的心态、前瞻的眼光,创新解决发展中出现的问题,促进贵州经济的发展。

4.4.2 提升传统产业,培育新兴产业,引领经济发展新常态

贵州省在未来的发展中,应把握引领经济发展新常态,面对既要“赶”又要“转”的双重任务,抓住全球新一轮科技革命和产业变革的机遇和方向,做到一方面通过深化供给侧结构性改革,提升传统产业,如,发展山地旅游,推进公园省建设,巩固现有生产力,加快发展现代服务业,着力提升服务业质量和水平,着力拓宽服务领域、培育新兴业态,优化服务业结构,大力推进服务业发展平台、市场主体建设,促进服务业优质高效发展,稳住贵州省经济发展基本面。另一方面,应通过全面开放创新,培育新兴产业,发展新的生产力,打造新的经济增长点。在这两条基本路径之上,还要统筹好中高速增长和中高端发展的关系,使保持中高速增长和迈向中高端水平相辅相成、相互促进,切实提高发展质量和效益。

旅游业是贵州传统的优势产业,在未来,贵州将大力发展山地旅游业,加快推进公园省建设,发挥独特山地自然景观、多彩民族文化、良好生态环境和气候等优势,大力创新山地旅游业态,提升旅游服务质量,努力打造以“多彩贵州·山地公园”为品牌的世界知名山地旅游目的地,建成山地旅游大省。

4.4.3 转变经济发展方式,实现专注发展和转型发展

贵州和全国一样,正站在新的历史起点,经济发展正从粗放向集约、从简单分工向复杂分工的高级形态演进,在新常态下表现出与省情实际相适应的阶段性特征。具体表现为经济发展进入规模质量同步提升期、工业化城镇化仍然处于加速期、发展动力转换到了关键期、全面建成小康社会进入决胜期。这四个基本特征,是新常态下贵州发展所积蓄的重要动能和积极因素,凸显了必须肩负的历史使命和需要完成的重大任务。贵州经济已经到了加快转变发展方式的紧要关头,必须保持专注发展、转型发展的战略定力,迎难而上,乘势而进,把发展新趋势转化为发展新优势。

4.4.4 企业将实现技术升级改造,走向世界舞台

贵州经济发展离不开千千万万的企业。贵州省不少企业在发展中走出

去,并迎来发展机遇,实现了企业的发展壮大。在贵州建设内陆开放型经济试验区的政策利好下,很多企业一边练好内功,提升技术改造,在经营方式上进行革新,运用互联网、大数据技术对传统的生产经营进行升级;另一边,也逐步着力放宽眼界,把目光瞄准省外、国外,寻找机遇,助推企业在更大的舞台实现价值。随着贵州内陆开放型经济试验区建设的不断推进,不仅有更多的省内企业走出去,还会有更多省外甚至是国外的企业走进来。特别是随着大数据、云计算等行业企业的相继落户,产业链上相关业态的企业也会来到贵州。对于传统企业,应抓住机遇,融入发展的大潮中来,把新的理念和思路注入企业的发展中,打开发展的视野,做好技术升级和改造,针对供给侧结构性改革重点领域,围绕成本、要素“两大痛点”,构建资金有效供给、降税减赋、电煤保障和税源培植四大机制。只有如此,企业在对外开放中才能抓住新的机遇,迎来更大的发展。

贵州省在过去40年的改革开放过程中取得了巨大的成绩,今后在发展中也将坚持稳中求进的基调,牢固树立和贯彻落实新的发展理念,适应并把握引领经济发展新常态,坚持以提高发展质量和效益为中心,坚持以推进供给侧结构性改革为主线,牢牢守住发展和生态两条底线,坚持实施主基调主战略,深入推进大扶贫、大数据两大战略行动,统筹推进国家生态文明试验区、大数据综合试验区、内陆开放型经济试验区建设,全面做好稳增长、促改革、调结构、惠民生、防风险等各项工作,促进经济平稳健康较快发展和维护社会和谐稳定。

5. 云南40年经济发展研究①

张小兰

摘　要:云南地处边陲,经济相对落后,40年的改革开放给云南省带来了巨大的变化,发展成就喜人。改革开放40年来云南不断加大对外开放的步伐,经济不断发展,社会事业不断改善,取得了巨大的发展成就。但在发展过程中依然存在着制约云南省进一步发展的因素,云南在今后发展道路中,要充分利用发展机遇,做好发展规划,增强自身实力,加大对外合作,提升自身影响力,在新的征程中实现新的突破和发展。

关键词:云南;40年;经济发展

5.1　引言

云南省总面积约39万平方千米,占全国面积4.11%,在全国各省级行政区中面积排名第八,地处云贵高原的西南部,平均海拔为2000米,是中国通往东南亚、南亚的窗口和门户,与越南、缅甸、老挝三国接壤,并与马来西亚、新加坡、印度、孟加拉国等国邻近。由于其区位优势,云南成为中国面向南亚和东南亚地区开放战略中的“桥头堡”。总体来说,云南在经济发展过程中有以下特征:

5.1.1　自然环境独特,生态比较脆弱

云南是一个高原山区省份,全省84%的土地是山地。总体而言是西北部高,东南部低,地势从西北向东南倾斜。省内山峡河谷众多,高黎贡山、怒山、

---

① 2018年度西南民族大学中央高校基本科研业务费专项资金项目“发展西部民族地区服务贸易助推脱贫攻坚”(项目编号:2018SJDJS02)。

作者简介:张小兰(1971—　),女,安徽马鞍山市人,经济学博士,现为西南民族大学经济学院教授,硕士生导师。研究方向:产业经济、低碳经济。

云岭等山脉和怒江、澜沧江、金沙江等水系相间排列,是著名的世界自然遗产地——三江并流区。云南独特的自然环境使其带有天然的脆弱性,东部的喀斯特高原是典型的生态脆弱区,中部的滇中红土高原水土流失较为严重,西部及高原边缘的山地、峡谷地区地形复杂,生态脆弱。脆弱的生态环境对人类活动的承载力较低,人类不正确的利用更加重了自然环境的脆弱性,使得该省生态灾害频发和水土流失严重。

5.1.2 自然资源丰富

云南是一个资源大省,拥有丰富的自然资源,素有“植物王国”“矿产王国”“动物王国”等美誉。如矿产资源中,云南已发现的矿产有143种,已探明储量的有86种。云南有61个矿种的保有储量居全国前10位,其中,铅、锌、锡、磷、铜、银等25种矿产含量分别居全国前3位。动植物资源中,云南珍稀保护动物较多,许多动物在国内仅分布在云南。全国近3万种高等植物中,云南就有1.8万种,占全国总数的一半还多。云南是全国植物种类最多的省份,不仅有热带、亚热带、温带、寒温带植物种类,而且还有许多古老、衍生、特有的以及从国外引种的植物。药用植物、香料植物、观赏植物等品种在全省范围内均有分布,故云南还有“药物宝库”“香料之乡”“天然花园”之称。云南气候宜人,拥有丰富多彩的旅游资源,其诗画般的自然风光和多姿多彩的民风民情构成一幅美丽而动人的画卷。

5.1.3 少数民族众多,各民族发展程度差异较大

云南是我国民族种类最多的省份,除汉族以外,人口在6000人以上的世居少数民族有25个,其中有15个民族为云南特有少数民族。2015年末,全省少数民族人口数达1583.3万人,占全省人口总数的33.4%,占全国少数民族总人口的13.48%,仅次于广西,居全国第2位。云南还是跨境少数民族最多的省份,壮族、傣族、布依族等16个少数民族是跨境分布的少数民族。云南少数民族交错分布,表现为大杂居与小聚居,彝族、回族在全省大多数县均有分布。云南少数民族的社会发展程度差异较大,一般认为,居住在坝区的回族、满族、白族、纳西族、蒙古族、壮族、傣族、阿昌族、布依族、水族等10个民族的社会、经济、文化、交通等条件较为优越,居住在半山区的哈尼族、瑶族、拉祜族、佤族、景颇族、布朗族、德昂族、基诺族等8个民族次之,居住在高

山区的苗族、傈僳族、藏族、普米族、怒族、独龙族等6个民族较为不利。云南省仍有7个人口不足10万的特有民族较为贫困,如布朗族、普米族、阿昌族、怒族、基诺族、德昂族和独龙族。

5.1.4 经济发展相对落后

经过新中国成立后60多年的发展,云南的产业结构也从过去的"一三二"转型为现在的"三二一"。从三次产业的发展来看,云南整体上仍处于工业化初级阶段向工业化中级阶段过渡时期,与发达地区相比,云南整体经济相对落后。虽然云南产业已经建立了基本完整的产业体系,但工业化水平偏低,表现为:工业结构层次低、资源型产业比重大,高新技术产业发展滞后,资源主导型产业格局在短期内很难有较大的改变,并且产业内部的关联度低,产业链不够细化深入,大部分企业规模小,竞争力不强,具有全国领先地位的大企业少。

5.1.5 发展限制因素多

由于云南以高原和山地地貌为主,这使其发展空间受限,并影响了交通的发展,交通的相对落后,又制约了云南省内与省外的交流合作。交通落后是制约云南的开发与经济发展的一个因素。云南是一个少数民族众多的省份,居住在半山区、高山区的少数民族教育水平低,文化素质差,贫困程度重,教育落后也是制约云南省发展的一个重要因素。云南地处西南边陲,远离政治经济文化中心,虽然有很长的边境线,但周边国家的经济发展水平不高,区位因素也是制约云南发展的因素之一。

5.2 云南40年经济发展的成就与演化

新中国成立后,经过1949—1977年的经济建设,云南省基本形成相对完整的产业体系,但产业发展不均衡,除由国家投资建设的有色金属采掘和冶炼业外,各地区缺乏支柱产业,并且整体上经济发展水平低,财政收入不平衡,人民比较贫困。改革开放40年来,云南经济社会发展迅速,取得了前所未有的重大成就,经济水平迅速提升,人民生活水平迅速提高,在40年的发展过程中,云南经济发展的演化可以分为四个阶段。

5.2.1 云南经济发展的初步阶段(1978—1990年)

这是我国"六五""七五"时期,当时云南省面临的主要问题是供给严重不足，满足不了社会需求，所以在这一时期，政府的主要工作就是通过发展农业来解决温饱问题，通过发展轻工业来解决日用生活品的短缺问题。在这一时期，云南经济发展的成就主要有：

5.2.1.1　产业布局已具雏形

为了合理布局生产力，发挥各地区的优势，本着自然、经济、技术条件的相似性，"七五"时期把云南划分为三个层次和六个经济区（即"三层六区"）。第一个层次是以昆明市为中心的滇中经济区，第二层次是以个旧市、开远市为依托的滇东南经济区和以大理市为依托的滇西经济区，第三层次是以保山市、芒市为依托的滇西边境经济区，以思茅区、景洪市为依托的滇南经济区和以昭通市为依托的滇东北经济区。通过中心城市辐射，引导各经济区合理布局，从而形成密切协作、共同发展的经济网络，通过分层分区，促进了各区找到自己优势和特色，为今后的发展做好了基础。

5.2.1.2　经过发展，云南基于资源优势的产业体系逐步形成

在"七五"时期，云南首次把烟、糖、茶、胶确立为支柱产业，并强调发展旅游业意义深远。在"七五"计划末期，云南已基本形成以烟糖茶为主的食品工业、以橡胶为主的热带作物种植加工业、磷化工业、有色原材料业和旅游业等主导的产业体系。这些产业的发展，使云南的GDP从1978年的69.05亿元上升到1990年的451.67亿元，上升了6.5倍，地方财政收入也从1985年的27.4亿元增加到1990年的77.43亿元。

5.2.1.3　工业发展迅速，工业结构逐渐优化

在这一阶段，工业在三次产业中的比重持续上升，农业和服务业的比重持续下降，其中云南省工业总产值从1978年的55.43亿元增长到1990年的345.26亿元，增长了6.23倍，在1987年云南省产业结构从"一二三"转变为"二一三"。并且，在工业内部，轻、重工业比重也发生了变化，1978年，云南轻、重工业的比重分别为43.0%、57.0%，此后的十年中，轻工业比重持续增长，到1990年，轻、重工业的比重分别为52.5%和47.5%，在1989年，轻工业比重首次超过重工业比重，表明云南省工业结构调整成效比较明显（见表5－1）。

表 5 -1　云南省工业总产值及其构成(1978—1990 年)

年份	工业总产值(亿元)	轻工业(亿元)	重工业(亿元)	轻工业在工业中的比重(%)	重工业在工业中的比重(%)
1978	55.43	23.84	31.60	43.0	57.0
1979	62.38	26.26	36.12	42.1	57.9
1980	65.35	29.54	35.81	45.2	54.8
1981	72.54	35.18	37.36	48.5	51.5
1982	83.60	41.30	42.30	49.4	50.6
1983	95.11	47.37	47.75	49.8	50.2
1984	112.27	55.13	57.15	49.1	50.9
1985	136.26	65.93	70.33	48.4	51.6
1986	147.02	67.71	79.31	46.1	53.9
1987	181.85	85.53	96.32	47.0	53.0
1988	244.63	121.64	122.99	49.7	50.3
1989	304.91	154.61	150.30	50.7	49.3
1990	345.26	181.14	164.12	52.5	47.5

资料来源:《云南省统计年鉴(2016)》。

5.2.1.4　农业内部的产业结构也在不断变化

在这一阶段,云南的农业也获得了迅速发展,农业总产值从 1978 年的 40.02 亿元上升到 1990 年的 211.72 亿元,上升了 5.29 倍。并且农村多种经营发展较快,除了农业外,其他的林、牧、渔业也获得发展,但相对农业来说,林业、牧业发展较为缓慢,其他副业增长较快(见表 5 -2)。

表 5 -2　云南省农业总产值及其农、林、牧、渔总产值(1978—1990 年)

单位:亿元

年份	农业总产值	农业	林业	牧业	渔业	其他
1978	40.02	28.58	2.48	7.08	0.08	1.80
1979	44.71	31.03	3.17	8.27	0.09	2.15
1980	48.20	33.02	2.94	10.22	0.19	1.83
1981	55.20	38.32	3.77	10.74	0.20	2.17
1982	61.84	41.90	3.87	12.79	0.21	3.07
1983	65.68	42.30	4.73	13.84	0.24	4.57
1984	77.36	48.78	5.97	15.79	0.27	6.55

续表

年份	农业总产值	农业	林业	牧业	渔业	其他
1985	88.88	52.02	7.90	20.33	0.40	8.23
1986	96.01	51.80	7.40	26.14	0.71	9.96
1987	111.25	61.75	8.85	29.42	0.95	10.28
1988	135.39	76.11	10.05	37.01	1.56	10.66
1989	152.68	84.30	12.97	41.68	1.93	11.80
1990	211.72	119.63	18.27	54.01	1.39	18.42

资料来源:《云南省统计年鉴(2016)》。

5.2.1.5 第三业发展稍显滞后

在这一阶段,云南的第三产业发展滞后。虽然第三产业生产总值从1978年的12.01亿元增加到1990年的125.74亿元,但按不变值计算,第三产业生产总值指数从1978年的119.2下降为1990年的107.1,说明云南省第三产业严重滞后于国民经济发展,云南的经济发展还处于重生产、轻消费、重积累、轻流通阶段,经济发展未能促进产业结构合理化,第三产业对当地经济的带动作用没有得到很好的发挥,工业化的发展得不到服务业的支持,云南省发展还未走上良性发展之路(见图5-1)。

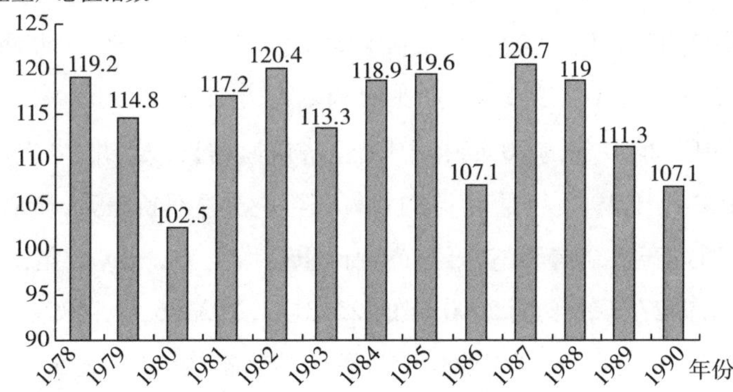

图5-1 云南省第三产业生产总值指数(1978—1990年)

注:按不变值计算。

资料来源:《云南省统计年鉴(2016)》。

5.2.1.6 基础设施得以改善

云南的能源、交通等基础设施较为薄弱,制约着云南的经济发展,所以基础设施建设是这一阶段的重点之一。在“七五”期间,云南用于能源、通信、交通方面的建设投资达66.8亿元,比“六五”期间增加了42亿元。1980—1990年十年间,云南省公路通车里程从44.149公里增加到56.336公里,增加了12.187公里,增长速度为1.28%,内河航道里程增加了124千米,能源产量增加了89.39%,经过这一时期的建设,云南省的交通、能源状况得到了改善,为后面的发展打下了基础。

5.2.2 云南经济的快速发展阶段(1991—2000年)

这是我国“八五”“九五”时期,在这一时期,随着改革开放的深入推进,社会供给大幅度增加,云南告别了短缺经济,云南省如期完成“八五”“九五”两个五年计划,国民经济总量快速增长,产业结构不断升级,经济效益不断提高。具体来说,这一时期取得的经济发展的成就主要有:

5.2.2.1 调整产业布局,缩小各地区之间的差距

在这一阶段,以昆明为中心,曲靖、玉溪、楚雄、大理等一批城市为依托的经济增长极开始成长起来,并以交通干线建设促进区域开发轴形成,点—轴模式逐步形成。沿着澜沧江、金沙江中下游、南昆铁路和边境线进行产业布局,以“四路、五江、一线”为骨架,发展各具特色的滇中经济区、滇东北经济区、滇东南经济区、滇西南经济区、滇西经济区和滇西北经济区等6个经济区,形成城乡结合、优势互补、各具特色的新布局,产业进一步从滇中、滇东南核心区向全省扩展。

5.2.2.2 经济快速发展,产业结构不断升级优化

在1991—2000年的10年中,国民经济快速增长,人均国内生产总值提前3年实现2000年比1980年翻两番的目标,经济效益不断上升,全省经济实力不断增强。通过产业结构调整,第三产业比重持续上升,三次产业比重从1990年的31.2∶34.9∶27.8转变为2000年的22.3∶43.1∶34.6,全省产业结构从“二一三”转变为“二三一”,呈现工业化成长阶段的基本特征(见表5-3)。

表5-3 云南省生产总值及其构成(1991—2000年)

年份	生产总值(亿元)	人均生产总值(元)	第一产业(亿元)	第二产业(亿元)	第三产业(亿元)
1991	517.41	1377	169.48	179.56	168.37
1992	618.69	1625	186.80	219.03	212.86

续表

年份	生产总值（亿元）	人均生产总值（元）	第一产业（亿元）	第二产业（亿元）	第三产业（亿元）
1993	783.27	2030	191.45	325.57	266.25
1994	983.78	2515	236.25	428.68	318.85
1995	1222.15	3083	302.69	534.78	384.68
1996	1517.69	3779	360.48	669.06	488.15
1997	1676.17	4121	387.02	743.82	545.33
1998	1831.33	4446	403.43	818.26	609.64
1998	1899.82	4558	406.87	811.90	681.05
2000	2011.19	4770	431.80	833.25	746.14

资料来源:《云南省统计年鉴(2016)》。

5.2.2.3 培育新的支柱产业,形成新的经济增长点

1995 年,云南省提出,培育烟草产业、生物资源开发产业、矿产资源开发产业和旅游业作为新的支柱产业,以增强云南经济对国内外市场的适应能力,明确提出这四大支柱产业增长速度要高于同期国民经济的增长,年均增长速度要达到 10% 以上,要在“九五”末期成为全省财政收入和出口创汇的主要产业。在 2000 年,云南又在原有四大支柱产业基础上,把水电产业也作为支柱产业培育,从而形成了以五大支柱产业为重点的发展新格局。

5.2.2.4 扶持少数民族地区和贫困地区经济发展

这一时期对少数民族地区和贫困地区的扶持政策包括有:发展当地具有特色的经济作物,如滇中 9 个贫困县主要发展经济作物和水果产业,滇东南 19 个贫困县主要发展热区作物和经济林木产业等;加强当地的交通、能源和邮电通信建设,改善民族地区与贫困地区的基础设施;另外在民族地区有重点地发展具有地方特色的优势加工业,加快优势资源的开发;在民族地区与贫困地区普及基础教育、发展职业技术教育和提高卫生水平,提高这些地区的劳动力素质。[①②] 表 5－4 显示了 1991—2000 年云南省各级各类学校招生情况,大体上反映了云南省在这一时期教育的发展。

---

① 李若青. 云南扶持人口较少民族发展政策实践研究[M]. 北京:中国社会科学出版社,2013:87.

② 丁忠兰. 云南民族地区扶贫模式研究[M]. 北京:中国农业科学技术出版社,2012:66.

表 5-4　云南省各级各类学校招生数(1991—2000 年)　　单位:万人

年份	普通小学	职业教育中学	普通中学	普通高等教育学校
1991	81.75	5.80	45.15	1.34
1992	85.43	6.61	45.65	1.56
1995	87.93	6.56	47.66	1.65
1996	87.52	6.13	48.77	1.72
1997	85.27	6.31	52.52	1.83
1998	75.80	7.31	56.30	2.04
1998	70.99	7.77	62.94	2.75
2000	70.20	6.42	69.84	3.20

资料来源:《云南省统计年鉴(2016)》。

5.2.2.5　基础设施建设取得成就

在水利建设方面,到 2000 年,全省库容达到 100 亿立方米左右,年供水能力达到 150 亿立方米;在能源建设方面,建设鲁布革、漫湾等大型水电站,一次能源生产总量年均增长 7%;在交通方面,提高铁路出省运力,连接国内高等级公路网,形成了以铁路为骨干、公路运输为主体、航空连成网络的协调发展的综合运输体系(见表 5-5)。

表 5-5　云南省交通运输线路长度(1991—2000 年)　　单位:万公里

年份	铁路营业里程	公路通车里程	民用航空航线里程
1991	0.17	5.81	3.08
1992	0.17	6.00	4.73
1993	0.16	6.31	4.51
1994	0.16	6.56	6.42
1995	0.16	6.82	5.16
1996	0.16	7.03	7.06
1997	0.20	7.38	8.98
1998	0.20	7.70	12.87
1998	0.20	10.24	13.31
2000	0.20	16.36	11.97

资料来源:《云南省统计年鉴(2016)》。

5.2.2.6　形成对外开放新格局

基本上形成了以昆明为中心,边境开放城市为前沿,面向东南亚和世界的开放格局,在这一时期,建立国家一类口岸9个,二类口岸8个,对外开放通道90多条,对外开放县市96个。推动了澜沧江—湄公河次区域合作,与周边国家的边境贸易日益兴旺,云南正在成为大西南对外开放的前沿与通道。[①]

5.2.2.7 开展环境保护工作和国土整治工作

在这一时期,环境保护工作重点是对污染进行控制,保持生物多样性,保护耕地。国土整治工作的重点是控制水土流失,如对保山、梁河、南涧等地的泥石流区域进行治理,对元阳、绿春、大关、盐津等县城进行滑坡防治,以及改善滇东北、滇东南、滇东、滇中等地的缺水状况,逐步解决这些地区的饮用水困难问题。

5.2.3 形成具有云南特色的经济发展阶段(2001—2010年)

2000年,西部大开发迈出实质性步伐,2001年我国加入WTO,我国加入WTO和西部大开发战略对云南省的经济发展影响深远,为云南省优势产业参与国际分工,产品进入国际市场提供了更多的机遇。在这一时期,云南加快了改革的步伐,取得的成就有:

5.2.3.1 特色经济初见成效

云南省以发展绿色经济与特色经济为出发点,打造特色产业,特色产业对经济增长的贡献不断扩大。首先,为了把云南建成绿色经济强省,在巩固提高烟草行业国内外市场占有率的基础上,着力把云南省打造成为亚洲最大的花卉生产出口基地、全国最大的生物资源开发创新基地。其次,突出云南特色,提升旅游业在全省经济中的地位,建设省内、大西南和东南亚三条旅游环线,把云南建成全国著名旅游度假基地。具体方案是:以昆明为中心的滇中旅游区,突出观光游览、休闲度假、会议展览的特点;滇西北旅游区打造生态文化旅游产品,融合少数民族风情,建成世界闻名的香格里拉景区;滇西南旅游区结合热带雨林、民族风情和边境区位条件,打造具有特色的生态、民族和跨境为一体的旅游区;滇西旅游区结合地热火山、民族风情和边境区位条件,打造边境跨国精品旅游线路;滇东南旅游区是岩溶地貌为特色的旅游线

① 赵颖新.云南对外贸易发展问题及对策[J].中共云南省委党校学报,2007(8).

路;滇东北旅游区是以古滇文化和历史遗迹为特色的旅游线路。再次,发挥磷化工和有色金属的特色优势,提高矿产业经济效益。最后,以国家的“西电东送”为契机,开发云南的水能和区位优势。

5.2.3.2 产业结构进一步调整优化

除了发展云南的烟草、能源、冶金等特色支柱产业外,云南还承接我国东中部产业转移,包括劳动密集型产业、深加工制造业、进出口加工业、资源性精加工业、现代物流业等。这些产业转移到云南,使得云南的产业结构进一步调整。人均生产总值从2001年的5015元提高到2010年的15752元,提高了3倍多,产业结构依然保持“二三一”,第三产业上升很快,第一产业保持健康发展,第一产业内部特色农产品已经具有优势,第二产业发展势头良好(见表5-6)。

表5-6 云南省生产总值及其构成(2001—2010年)

年份	生产总值(亿元)	人均生产总值(元)	第一产业(亿元)	第二产业(亿元)	第三产业(亿元)
2001	2138.31	5015	444.42	868.06	825.83
2002	2312.82	5366	463.44	934.88	914.50
2003	2556.02	5870	494.60	1047.66	1013.76
2004	3081.91	7012	593.59	1281.63	1206.69
2005	3462.73	7809	661.69	1426.42	1374.62
2006	3988.14	8929	724.40	1705.83	1557.91
2007	4772.52	10609	837.35	2038.39	1896.78
2008	5692.12	12570	1020.56	2452.75	2218.81
2009	6169.75	13539	1067.60	2582.53	2519.62
2010	7224.18	15752	1108.38	3223.49	2892.31

资料来源:《云南省统计年鉴(2016)》。

5.2.3.3 区域间经济合作进入新阶段

云南是泛珠三角区域的重要组成部分,又是中国—东盟自由贸易区建设和大湄公河次区域合作的前沿,于是云南依托区位优势,积极开展泛珠三角与东盟自由贸易区的区域经济合作,营造经济发展的多赢格局,构造昆明—河口—河内、昆明—磨憨—万象—曼谷、昆明—瑞丽—曼德勒—仰光、昆明—腾冲—密支那—印度雷多四条经济走廊,配套优势产业布局,实现交通走廊向经济走廊转变,提升大湄公河次区域合作和中国—东盟自由贸易区合作水平,增强云南在国内国外的市场辐射功能。①

5.2.3.4 利用桥头堡战略,加大对外开放

在这一时期,云南加大了对外开放的步伐,尤其利用云南作为我国通向东南亚、南亚重要陆上通道的优势,加大同东南亚、南亚和大湄公河次区域的交流合作,使云南成为我国向西南开放的重要桥头堡。桥头堡战略是云南发展的重要机遇,它把中国、东南亚、南亚三个大市场连接起来,云南在其中发挥平台和桥梁作用,成为我国从陆路沟通东南亚、南亚,直达印度洋的通道,成为我国与印度洋沿岸国家交流合作的重要平台,成为我国面向印度洋沿岸国家的外向型产业基地和进出口商品加工基地。② 在桥头堡战略下,云南对外开放步伐进一步加快。2010 年,云南省进出口总额达到 133.68 亿美元,其中:出口完成 76.06 亿美元,进口完成 57.62 亿美元(见表5 -7)。

表5 -7 云南进出口情况(2001—2010 年) 单位:亿美元

年份	出口额	进口额	进出口总额
2001	12.44	7.45	19.89
2002	14.30	7.97	22.26
2003	16.77	9.91	26.77
2004	22.39	15.09	37.48
2005	26.42	20.97	47.38
2006	33.91	28.40	62.32
2007	47.36	40.44	87.80
2008	49.87	46.12	95.99
2009	45.14	35.05	80.19
2010	76.06	57.62	133.68

资料来源:《云南省统计年鉴(2016)》。

5.2.3.5 遏制生态恶化,实施可持续发展战略

树立合理利用资源,使经济社会发展建立在科技进步与生态保护基础上的思想,加强对六大水系、九大湖泊的治理,划出限制开发区和禁止开发区。限制

① 卢光盛,金珍. 云南对外开放的新增长点初步研究[J]. 经济问题探索,2010 (3):29.

② 任佳,等. 桥头堡建设中的云南产业结构调整与发展[M]. 昆明:云南人民出版社,2010(10):89.

开发区分布在全省各地,主要是天然林保护区、重要生物多样性保护区、重要水源区、自然灾害频发地区等,在这些地区加强生态环境保护与修复。禁止开发区是指依法设立的国家级、省级自然保护区和世界遗产核心区,这类区域散布于全省,严禁进行不符合功能定位的各类开发活动。通过各种措施,云南省污染情况得到一定程度的控制。从表5-8和图5-2中可以看到,工业固体排放量效果明显,从2001年的295.80万吨下降为2010年的36.31万吨,并且工业固体废物处置率也从2001年的15.87%提高到2010年的30.99%。

表5-8　云南省废水、废气、废物排放情况(2001—2010年)

年份	废水排放量(万吨)	二氧化硫排放量(万吨)	工业固体排放量(万吨)	工业固体废物处置率(%)
2001	64152.34	35.75	295.80	15.87
2002	66271.02	36.41	231.81	10.50
2003	68180.80	45.26	121.67	21.41
2004	78302.56	47.75	55.10	22.27
2005	75202.45	52.19	70.66	35.14
2006	80478.36	55.10	99.56	33.72
2007	83758.94	53.37	82.66	33.03
2008	83864.57	50.17	39.42	30.84
2009	87590.64	49.93	60.65	29.69
2010	91992.68	50.07	36.31	30.99

资料来源:《云南省统计年鉴(2016)》。

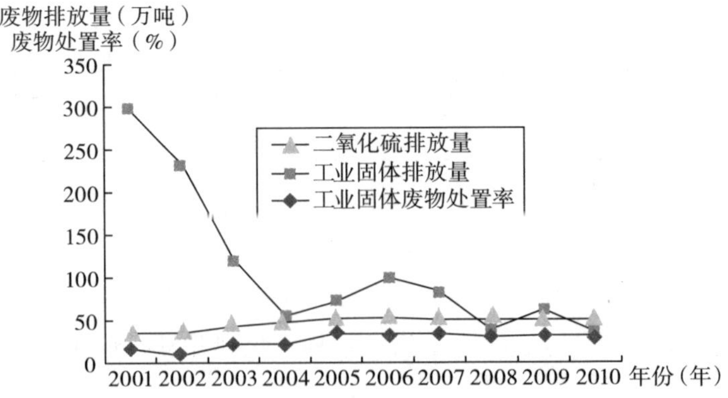

图5-2　云南省二氧化硫排放量、工业固体排放量及工业固体废物处置率情况(2001—2010年)

资料来源:《云南省统计年鉴(2016)》。

5.2.4 云南经济发展战略的成熟完善阶段(2011年至今)

2011年以来,云南发展战略以桥头堡战略为核心,融入国家"一带一路"倡议。在这一时期,云南实施创新驱动发展战略,培育跨越式发展新动力,推动高层次的区域协调发展,构造云南经济社会发展新格局。

5.2.4.1 产业结构不断优化

2011年以来,云南经济保持平稳较高增长,2016年,云南省生产总值达到13619.17亿元,经济增长率在10%以上。分产业看,第一产业完成增加值2055.78亿元,第二产业完成增加值5416.12亿元,第三产业完成增加值6147.27亿元,2016年云南三次产业结构比重为14.8∶39.0∶46.2,较2000年的三次产业结构比重22.3∶43.1∶34.6有了很大优化(见表5-9和图5-3)。

表5-9 云南省三次产业发展情况(2011—2015年) 单位:亿元

年份	云南生产总值	第一产业	第二产业	第三产业
2011	8893.12	1411.01	3780.32	3701.79
2012	10309.47	1654.55	4419.20	4235.72
2013	11832.31	1860.80	4939.21	5032.30
2014	12814.59	1991.17	5281.82	5541.60
2015	13619.17	2055.78	5416.12	6147.27

资料来源:《云南省统计年鉴(2016)》。

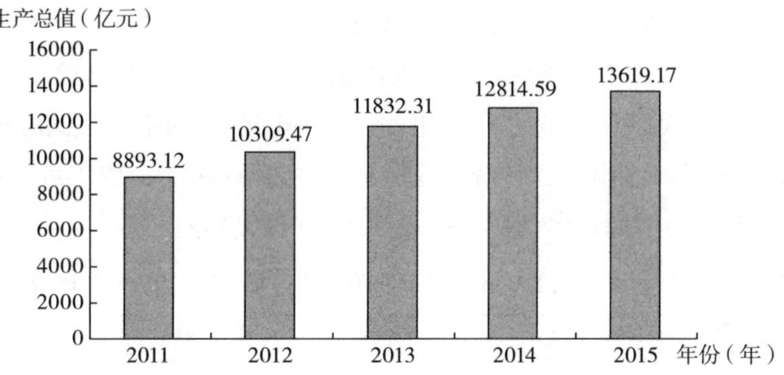

图5-3 云南省生产总值(2011—2015年)

资料来源:《云南省统计年鉴(2016)》。

5.2.4.2 基础设施建设步伐加快

改革开放以来,云南省一直致力于基础设施建设,铁路、公路、航空、水运、邮电通信等基础设施有了很大改善,为加快经济发展与扩大对外开放创造了良好的条件(见表5-10)。从运输能力看,2016年,云南省货运周转量为1568.63亿吨公里,同比增长7.1%。其中,公路运输货运周转量为1173.06亿吨公里,增长8.8%;水路运输货运周转量为15.20亿吨公里,增长8.0%;铁路运输货运周转量为378.88亿吨公里,增长1.9%;民航运输货运周转量为1.50亿吨公里,下降1.0%。"十三五"期间,云南提出推进路网、航空网、能源保障网、水网、互联网等五大基础设施网络建设,云南计划5年内在交通等"五网"方面实施项目565项,投资超过1.6万亿元,从根本上改变云南基础设施落后的状况。

表5-10 云南省交通运输线路长度(2011—2015年) 单位:万公里

年份	铁路营业里程	公路通车里程	民用航空航线里程
2011	0.21	21.45	18.56
2012	0.24	21.91	22.85
2013	0.24	22.29	29.44
2014	0.26	23.04	33.15
2015	0.27	23.60	31.69

资料来源:《云南省统计年鉴(2016)》。

5.2.4.3 节能降耗工作成效明显

近年来,云南省把节能降耗作为推动产业转型升级,实现绿色和谐发展的重要抓手,多策并举,不断提高能源利用效率和效益,节能工作取得扎实成效。2016年,六大高耗能行业综合能源消费量5580.11万吨标准煤,同比增长1.68%,规模以上工业企业用电量958.50亿千瓦时,同比增长0.75%。从表5-11可以看出,云南省各行业对传统能源煤炭的消费比重呈现逐年下降趋势,对其他能源的消费比重呈现逐年递增的趋势。①

表5-11 云南省主要能源消费占能源消费总量比重(2011—2015年,%)

年份	煤炭	石油	天然气	一次电力
2011	55.97	14.88	0.53	27.72
2012	53.16	14.93	0.50	29.87
2013	50.63	14.36	0.53	33.05

① 戴波.云南可持续发展评价实践[M].北京:科学出版社,2012:78.

续表

年份	煤炭	石油	天然气	一次电力
2014	43.07	14.71	0.54	40.66
2015	40.99	15.45	0.76	41.61

资料来源:《云南省统计年鉴(2016)》。

5.2.4.4 加大对外开放的步伐

在“一带一路”的新形势下,云南的贸易伙伴不断增加,贸易范围覆盖了全球所有国家和地区。秘鲁、印度、澳大利亚、日本、巴西都成为云南省的贸易伙伴。云南省与周边国家长期以来相处和谐,交往频繁,应利用这种地缘优势,加大与这些国家的合作,促进对外开放。从表5-12可见,云南省边境贸易一直都呈现强劲增长的势头,显示了云南省对外开放水平的不断提高。在“一带一路”的大背景下,云南省应充分发挥邻近东南亚、南亚的优势,积极推动与边境国家的合作,深化孟中印缅经济走廊与大湄公河次区域的交流,加大对外开放的力度。通过云南省对外开放促进经济发展,把云南由对外开放的末梢变为前沿。

表5-12 2011—2015年云南省边境贸易进出口总额 单位:亿美元

年份	进出口总额	出口额	进口额
2011	160.53	94.73	65.80
2012	210.05	100.18	109.87
2013	258.29	159.59	98.70
2014	296.22	188.02	108.20
2015	245.27	166.26	79.01

资料来源:《云南统计年鉴(2016)》。

5.2.4.5 云南社会经济文化事业的全面改善

“一带一路”使云南从边远地区变成开放前沿,打开了其对外开放的新格局,为经济、社会、文化等事业的发展提供了良好的保障。在“一带一路”建设中,云南铁路“八入境四出境”,高速公路“七入滇四出境”的格局正在逐步形成,与缅甸、老挝、越南连接的公路逐步向高速、高等级公路升级,航运方面将通过澜沧江、红河进入太平洋,通过缅甸建立路水联用通道进入印度洋。通过通道建设,云南成为南亚东南亚与中国贸易陆路的必经通道,这将会极大地促进云南省经济的发展。并且,对外开放力度的扩大促进了云南省企业走出去,加大了国际竞争,推动产业结构不断升级、经济不断发展。随着基础设施的不断改善,科技不断进步,对外开放水平进一步提高,也为云南社会事业发展奠定了物质基础,云南就业、医疗、教育等社会保障事业也在不断改善。

5.3 当前云南经济运行存在的困难和问题

5.3.1 经济落后与观念滞后

由于云南地处边疆与山区地带,经济相对落后,是少数民族地区与贫困地区集中地区,具有集边疆、民族、山区、贫困为一体的特点。我国从2000年实施西部大开发战略以来,先后出台了很多的政策措施,也投入了大量的经济资源,使得云南的社会经济面貌都发生了巨大的改变。但是,由于受到地理区位、资源禀赋、历史原因等因素影响,云南与发达地区经济差距依然在扩大,与发达地区相比,云南经济相对落后、自我发展能力不强等状况迄今没有得到根本改善。并且云南经济落后、开发相对较晚等各方面的原因,使得云南人思想相对保守,满足于小富即安,惰性较大,固步自封,安于现状,不太愿意外出拼搏。在“一带一路”建设中,由于传统思维“等靠要”的束缚,开拓创新的新思路、新举措不足,干事创业的氛围不浓,可能会丧失一些发展机遇。从表5-13可以看出,云南第一、二、三产业生产总值占全国比重较低,第一产业生产总值占全国比重接近第二和第三产业占全国的比重,说明了云南第二、第三产业发展相对滞后。

表5-13 2015年云南第一、二、三产业生产总值及占全国的比重 单位:亿元

地区	第一产业生产总值	第二产业生产总值	第三产业生产总值
全国	60863.0	274277.8	341566.9
云南	2055.78	5416.12	6147.27
云南占全国比重(%)	3.4	2.0	1.8

资料来源:《云南统计年鉴(2016)》。

5.3.2 产品的国际竞争力不足

从表5-14可见,云南主要工业产品以自然资源利用、初级原材料加工为主,云南烟草制品、糖、原煤、钢材、水泥等产品的生产都位居我国前列,具有一定的规模和一定的竞争力。气候独特、生态良好、生物资源种类多等自

然禀赋,是云南省进行资源开发和农产品加工的重要优势,所以云南省的粮食、烤烟、甘蔗、茶叶的生产量在全国中占有重要地位。但经过分析可以发现,云南具有竞争优势的产业基本都建立在资源优势之上,资源型工业和原材料加工业占据了云南省工业的较大比重,这些竞争优势不具有可持续性。因为以资源为导向的产业发展会受到资源开采量的约束,随着资源开采量逐渐减少,资源型工业的发展就很难持续。另外,云南烟草业的发展建立在国家专卖政策的垄断基础之上,其他的矿产业、能源业等资源型工业和原材料加工业等,产业附加值低、层次低、能耗高,在国际市场上缺乏竞争力。

表5-14　2015年云南省主要工业产品及占全国比重

主要工业产品	全国	云南	云南占全国比重(%)
烤烟(万吨)	260.64	90.34	34.7
油料(万吨)	3537	65.92	1.9
原煤(亿吨)	37.5	0.46	1.2
粗钢(万吨)	80382.5	1418.08	1.8
钢材(万吨)	112349.6	1695.37	1.5
发电量(亿千瓦小时)	58105.80	2352.40	4.0
水泥(亿吨)	23.59	0.93	3.9
农用化肥(折100%)	7432.00	334.41	4.5
成品糖(万吨)	1474.1	249.58	16.9
卷烟(亿支)	25890.70	3903.63	15.1

资料来源:《云南统计年鉴(2016)》。

5.3.3　企业规模小、技术低,缺乏龙头企业

云南除了烟草业、矿产业、能源业以外,其他工业普遍规模偏小。在全国的工业企业中,除了烟草企业之外,云南的企业在全国基本上没有很大的影响力,在高科技的电子信息产业、航空航天产业、新材料产业方面更是落后。并且,在工业企业中,由于管理者观念落后、认识水平不高等原因,云南有些企业不注重开发新产品、提高企业的知名度,导致企业不仅规模小、技术落后,而且缺乏龙头企业,也缺乏强势品牌。虽然云南有云南白药、盘龙云海、云南铜业等著名企业和著名商标,但由于科技投入不足,缺乏强大的产学研一体化制度,科技成果转化为生产力水平低下等原因,云

南在汽车业、IT业、机械业、农副产品加工业等领域内技术落后,基本上都没有龙头企业和名牌产品。

从表5-15可见,2016年云南大型企业有95个,只占2.45%,它们创造的工业总产值是4282.22亿元,小型企业2916个,占了75.23%,创造的工业总产值是3217.55亿元。

表5-15 2016年云南省工业企业主要经济数据

企业类型	企业单位数(个)	亏损企业单位数(个)	工业总产值(亿元)	资产合计(亿元)
大型企业	95	35	4282.22	7952.51
中型企业	565	216	2394.94	4003.37
小型企业	2916	818	3217.55	5039.03
微型企业	300	138	260.95	1185.67

资料来源:《云南统计年鉴(2017)》。

5.3.4 基础设施依然相对落后

云南地处边陲地区,山区、半山区占了云南绝大部分面积。山高谷深造成云南基础设施相对落后,尤其是铁路、公路基础设施相对比较滞后,尽管40多年来云南省基础设施状况大为改善,但与经济社会发展对基础设施的要求相比,其基础设施建设仍处于相对滞后、不平衡发展的状态。表现为:云南省内各州市与沿边地区缺乏相互连接的交通基础设施,省内公路、铁路网络结构大多以昆明为中心形成放射状交通网络;国际运输通道尚未建成,省内大运力铁路尚未建成,公路部分路段尚未实现高速化;云南沿边境地区的交通基础设施落后,公路技术等级低,相邻的缅甸、老挝等国还没有铁路与云南相接。

5.3.5 社会事业相对落后

受经济落后、地处山区、基础设施滞后等原因的制约,云南社会事业总体发展依然相对滞后,从表5-16中可以看出,云南省GDP、城镇化率、进出口贸易总额、普通高等学校在校学生数、卫生机构病床数等占全国的比重较低,一些贫困山区,少数民族山区存在上学难、看病难、缺少文化生活等问题。社会事业相对落后,不仅直接影响当地人民群众的切身利益,而且直接影响云南省全面小康社会的实现。

表 5－16　2015 年云南省主要经济指标占全国的比重

指标	全国	云南	云南占全国的比重(%)
GDP(亿元)	676707.80	13619.17	2.0
进出口贸易总额(亿美元)	39569.0	245.27	0.6
普通高等学校在校学生数(万人)	2625.3	61.46	2.3
卫生机构病床数(万张)	701.5	22.49	3.2

资料来源:《云南统计年鉴(2016)》。

5.3.6　城市化程度低

云南城市化水平低,城镇人口相对较少,市场小而分散,难以支持大规模产业发展。尽管 40 年来云南不断推行城镇化,在 2015 年云南省城镇化率达到 43.33%,但与全国城镇化率 56.10% 相比,云南城市化水平存在相当大的差距(见表 5－17)。城镇化水平落后,表明大量农村剩余劳动力不能很快转化为现实劳动力,不能有效地创造财富,也表明农村收入增加乏力,农村购买力下降反过来又制约了经济的发展。国际经济的发展规律已经证明,城市化水平越高,经济发展就越好。所以云南应加快推动城市化,加快农村剩余劳动力的转移。

表 5－17　2015 年云南省城镇化率

指标	全国(%)	云南(%)	云南占全国的比重(%)
城镇化率	56.10	43.33	77.2

资料来源:《云南统计年鉴(2016)》。

5.4　促进云南发展的建议

推动云南省经济健康快速发展,就要主动服务和融入国家发展战略,坚持发展是第一要务,坚持新发展理念,坚持稳中求进的工作总基调,适应把握引领经济发展新常态。深化供给侧结构性改革,推动新型工业化、信息化、城镇化、农业现代化协调发展,使经济总量不断做大、经济结构不断优化、质量效益不断提高、发展动力不断增强。

5.4.1　做好云南发展规划

在“一带一路”建设中,云南具有不可替代的独特作用,这给云南带来了巨大的战略机遇,所以云南不仅要搞好铁路、公路、机场等基础设施建设,提升与周边国家的交通基础设施互联互通水平,还要做好战略发展规划,把政府的构想、时间表、路线图阐述清楚,主动作为,积极争取,系统有序地提升云南经济的综合竞争力。云南发展规划中,近期发展目标是发展基础设施共建和互联共通,促进投资与贸易的便利化;中期发展目标是可以尝试在条件成熟国家和地区朝自由贸易区迈进,打造云南与东盟自贸区升级版;远期发展目标是建成覆盖东南亚、南亚、欧洲、非洲、拉美国家的自由贸易区群,覆盖全球 100 多个国家。

5.4.2 增强云南的经济实力

云南要以发挥优势、突出重点、互利共赢、共同发展为原则,从政策、资源、信息、人才培训等方面,创新体制机制,完善服务功能,发挥我国政府、企业及智库等非官方组织的作用,在发展建设中形成合力。从能源、资源的开发到产业投资、贸易投资等方面,改善云南产业的发展环境,稳步推进产业升级转型,完善矿产业、旅游业等特色优势产业的发展。可尝试与周边国家开展旅游业的深度合作,共同建立旅游便利化机制。培育一批以高新技术和高附加值为代表的信息技术、生物医药、新材料、新能源等新兴产业,如周边国家对中国电子产品需求旺盛,云南不仅可以作为电子产品出口地,出口江浙的电子产品,还可以自己发展电子产品的加工组装产业,增强云南产品的出口规模和竞争力。完善产业布局,以昆明为大本营,辐射其他州市,带动云南整体发展。

5.4.3 加大与周边国家合作

云南在"一带一路"建设中,要依托西南和泛珠三角区域,面向东南亚、南亚市场,大力推进云南与越南、缅甸、泰国、老挝的经济贸易合作,推进出口加工园区、跨境经济合作区、保税区、沿边开放合作试验区等建设,在瑞丽、河口、磨憨等边境地区,形成 3 个以周边国家为重点的自由贸易区,以边境贸易的进程带动沿边地区的开放,大力促进边境贸易、转口贸易等对外贸易的发展,使云南与周边国家紧密合作。通过产业合作帮助周边国家实现产业发展,促进产业链对接整合,建立跨国产业链,促进区域经济深度融合。

5.4.4 提升云南的对外影响力

通过昆明至河内、曼谷、仰光、加尔各答等经济走廊的建设,加强云南与东南亚、南亚国家深层次的经济与文化交流,提升孟中印缅经济走廊、大湄公河次区域合作的层次,积极参与和推动与东南亚的基础设施建设,拓宽合作的领域,推动投资贸易、产业发展、能源合作、人文交流,把云南资源优势转变为经济优势,区位优势转变为通道优势,开放优势转变为竞争优势,从更高层次、更大范围参与国际分工与合作,提高云南在国际分工的地位,共享地区发展成果。在巩固传统周边市场的基础上,还要不断开拓新的国际市场,推进贸易伙伴的多元化,通过完善优惠政策,吸引世界500强、跨国公司在云南设立研发中心和地区总部。

5.4.5 提升经济发展质量

改造提升化工、有色、黑色等传统产业,加快调整产品结构和重组调整步伐,避免粗放扩张式发展。突出抓好钢铁、煤炭等行业的去产能工作,推动发展动力加速转换。促进工业发展从要素驱动向创新驱动倾斜,着力优化投资结构,提升投资效益,支持信息产业、先进装备制造业、食品与消费品制造业等重点产业的成长发展,培育壮大优势企业,并且加速企业体制改革。国有企业按利润导向投资,按需求导向经营,推动投资、经营结构调整,以优质国有资产吸引社会资本、民间资金,使国有企业投资"增活力,减产能",增加有效投资及有效供给。大力发展电子信息产品制造、特色消费品制造等进出口加工业,强化产业集群的优势和竞争力,推动产业链向两端延伸、价值链向高端攀升。

6. 改革开放40年西藏产业结构演进与经济发展

潘久艳[①]

摘　要:改革开放40年来,西藏产业结构良性变化,结构层次有所上升。但是西藏产业结构形态呈现出与全国基本相反的状态,特别是第二产业长期处于谷底位置。运用产业结构演进评价指标定量分析1978—2016年西藏产业结构演进的动态特征:西藏三次产业就业结构和产业结构缓慢朝着合理化方向发展;西藏的就业产业偏差系数经历了先上升后缓慢下降的过程,但一直远远高于全国同期水平;由于改革开放和西藏特殊政策的实施,西藏产业结构转换速度一直较高,表明西藏的产业结构正处在向高级化演进的过程中,产业结构转换方向合理。但需进一步优化西藏产业结构,提升产业质量和效率。

关键词:改革开放;产业结构;演进特征

6.1　引言

产业结构的优劣直接关系到资源配置效率和经济效益。合理的产业结构有利于三次产业的协调发展和资源的优化配置,推动产业结构高级化,实现产业经济效益与社会效益最佳化。[②] 众多学者对产业结构的演进规律进行了大量的研究,总结出许多理论,如配第-克拉克定理、库兹涅茨法则、霍夫曼定理、钱纳里的标准产业结构模型、罗斯托的主导产业演替理论、赤松要的

---

① 作者简介:潘久艳(1977—　),女,汉族,四川夹江人,经济学博士,西南民族大学经济学院副教授。

② 陈才.区域经济地理学(第二版)[M].北京:科学出版社,2009:158.

雁形产业发展形态说等。[①] 近年来国内外研究主要集中在产业结构演进的驱动因素[②]、特征[③]、模式[④]与路径[⑤]，以及产业结构演进的生态环境效应[⑥]、城市化响应机理[⑦]、产业结构与循环经济模式构建[⑧]等方面。在经济体制与企业效率一定的前提下，产业结构的先进性及演化直接影响区域经济增长效率与发展状况。因此，研究一国或一个地区的产业结构演变具有重要的理论与现实意义。

西藏自治区位于祖国西南边疆，是我国特殊的政治—经济—文化—军事区域。近年来，西藏大力实施“一产上水平、二产抓重点、三产大发展”的产业政策，大力培育特色优势产业，不断扶持产业升级改造，藏医药业、民族手工业、绿色食饮品等特色优势产业异军突起，基本形成了以净土健康产业、优势矿产业、建材业、民族手工业、藏药业、农畜产品加工业、高原特色生物和绿色食（饮）品业、旅游业等为主的富有特色的产业发展体系。但是，西藏的发展与全国仍差距较大。基于这一形势，科学地总结西藏产业结构演进的历史特征，对调整产业结构和促进西藏经济发展具有重要的现实意义。

---

① 张文忠. 产业发展和规划的理论与实践[M]. 北京：科学出版社，2009.

② CABALLEROO R J，PINDYCK R S. Uncertainty，investment and evolution [J]. International Economic Review，1996(3).

陈丽蔷. 外资对东北工业基地产业结构演进的影响[J]. 经济地理，2005(5).

钟昌标. 外贸对区域产业结构演进的效应[J]. 数量经济技术经济研究，2000(10).

③ AUDRETSCH D B，THURIK A R. Innovation，industry evolution and employment [M]. Cambridge：Cambridge University Press，1999.

④ AUSTER E R. The relationship of industry evolution to patters of technological linkages，joint ventures and direct investment between U. S. and Japan[J]. Management Science，1992(38).

⑤ KLEPPEE S，KENNETH L S. The making of all oligopoly：Firm survival and technological change in the evolution of the U. S. tire industry [J]. Journal of Political Economy.

⑥ 彭建，王仰麟，叶敏婷. 区域产业结构变化及其生态环境效应——以云南省丽江市为例[J]. 地理学报，2005(5).

⑦ 李培祥，李诚固. 区域产业结构演变与城市化时序阶段分析[J]. 经济问题，2003(1).

⑧ 任建兰，张淑敏，周鹏. 山东省产业结构生态评价与循环经济模式构建思路[J]. 地理科学，2004(6)：648.

6.2 西藏产业结构研究方法与数据来源

6.2.1 产业结构演进分析评价指标

6.2.1.1 就业产业结构偏离度和偏差系数

伴随着产业结构的转变,就业结构也随之发生变化,劳动力由生产率较低的部门向较高的部门转移。运用就业产业结构偏离度 $\&_1$ 衡量区域三次产业的就业产业结构均衡程度,运用就业产业结构偏差系数 $\&_2$ 衡量区域的就业产业结构整体偏离程度。①

$$\&_1 = \frac{GDP_i/GDP}{Y_i/Y} - 1, \&_2 = \sum_{i=1}^{n} \left| \frac{GDP_i}{GDP} - \frac{Y_i}{Y} \right| \tag{6.1}$$

式中:GDP_i/GDP 为第 i 产业产值所占比重;Y_i/Y 为第 i 产业就业人员所占比重。

6.2.1.2 产业结构转换速度系数和方向系数

产业结构转换最直接的原因是区域各产业增长速度的差异。区域内部各产业增长速度差异越大,产业结构转换越快;若各产业产值增长速度相当,则转换速度就较慢。② 因此,可把区域各产业产值增长速度的差异作为衡量区域产业结构转换(V)的指标,同时构建产业结构转换速度系数(θ)。

$$V = \sqrt{\sum_{i=1}^{n} \frac{(X_i - X)^2 \times K_i}{X}}, \theta = \frac{1 + X_i}{1 + X} \tag{6.2}$$

式中:X_i和 X 是 i 产业产值和 GDP 的年均增速,K_i是 i 产业产值占 GDP 的比重。

6.2.2 研究区域与数据来源

研究区域涉及西藏自治区所辖的 5 个地级市和 2 个地区,研究时段设定为 1978—2016 年,全国和西藏自治区社会经济数据分别来源于历年《中国统计年鉴》和《西藏统计年鉴》。

---

① 王春枝. 内蒙古产业结构与就业结构关系的实证分析[J]. 内蒙古财经学院学报,2005(2):44.

② 罗吉. 西部地区产业结构转换能力比较的实证研究[J]. 重庆大学学报,2004(2):11.

6.3 西藏产业结构演进分析

将GDP按三大产业进行划分,1951年,西藏的产业结构为97.7∶0∶2.3,为典型的农业社会。1978年,西藏三次产业结构排序为“一二三”,产值比为50.7∶27.7∶21.6,为下坡型结构,表明西藏处在由农业社会阶段向工业化初级阶段演进过程中。改革开放后,在全国大力援藏及西藏自身不懈努力下,随着第三产业的快速发展,产业结构发生了较大变化,演变成“V”形产业结构。2003年西藏三次产业结构排序变为“三二一”,产值比为22.0∶25.7∶52.3。2016年三次产业产值比演化为9.2∶37.5∶53.3。

6.3.1 西藏产业结构演进的总体分析

从图6-1可以看出,西藏产业结构总体演进趋势是:①第一产业比重持续下降,但在相当长的一段时间内,第一产业占据重要的比重,直到2003年才成为比重最低的产业,然而全国在1985年时,第一产业就成为比重最低的产业,西藏的产业进程远慢于全国。[①] ②第二产业在曲折中前行,经历了先下降后上升的过程,自20世纪80年代初开始,第二产业比重持续下降,1988年最低,仅为11.9%。然后开始缓慢上升,但一直低于第一产业和第三产业,且持续到21世纪初。直到2003年,第二产业产值实现47.99亿元,超过第一产业产值(40.62亿元),比重达到26∶22,三次产业结构终于由“三一二”变成了“三二一”,2004年起,第二产业持续增长。③第三产业比重一直较高,但经历了上升、下降再上升的曲折过程,1981年,第三产业增加值首次超过第二产业,但后来3年有反复,到了1984年以后,第三产业才在产值上稳稳地超过了第二产业,从此,西藏产业结构由“一二三”演变为“一三二”。1989年第三产业比重高达41.1%,然后开始下降,到1995年第三产业比重为34.6%。此后开始稳步上升,到1997年,第三产业产值超过第一产业产值,三次产业产值结构由“一三二”变成了“三一二”,2002年,第三产业比重首次超过第一、第二产业比重的总和。

总的来说,西藏三次产业结构在向着良性方向变化,结构层次有所上升。但是西藏的产业结构形态呈现出与全国基本相反的状态。全国的产业结构

① 根据《中国统计年鉴(2017)》表3.2国民生产总值构成数据分析而得。

呈明显的“凸”形或“A”形形态,第二产业处于峰顶位置。西藏的产业结构长期呈现“凹”形或“U”形形态,第二产业处于谷底位置。第二产业占的份额偏低仍是需要重视和加以解决的问题。

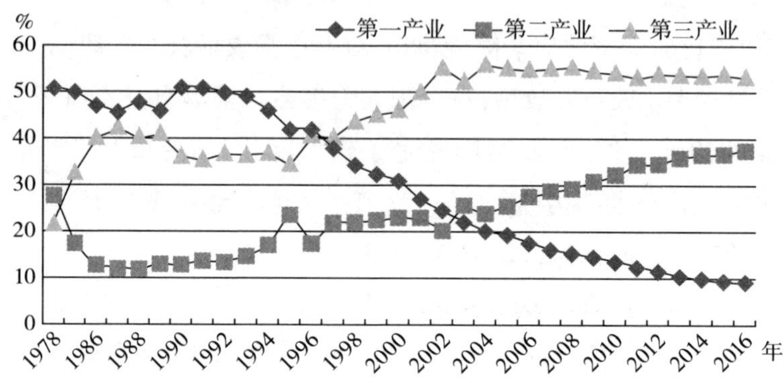

图 6 -1　1978—2016 年西藏三次产业结构构成图

6.3.2　西藏产业结构演进的动态分析

6.3.2.1　三次产业内部结构动态演进

从产业内部的行业构成来看,西藏产业结构的演进过程存在明显的不平衡发展格局。

长期以来,第一产业在西藏占据极为重要的地位。1978—2003 年,第一产值比重均在 22% 以上,直到 2003 年第二产业比重才首次超过第一产业。2003 年之前第一产业只包括农、林、牧、渔四业,2004 年起,“农林牧渔服务业”由第三产业划归第一产业。西藏这五个行业呈现两强三弱格局,即农业(种植业)和畜牧业处于支柱地位,林业、渔业、农林牧渔服务业较弱,产业化水平较低。截至 2013 年,仅 24 家龙头企业达到自治区级规模,专业化的农牧业组织少,主导产业优势不明显。

第二产业在 21 世纪成为国民经济的第二大部门,形成了多种所有制并存、重工业为主体,门类比较齐全的工业体系。然而,从工业和建筑业的比重分析,除了 1987—1992 年,西藏工业占第二产业增加值的比重长期低于建筑业。2016 年,工业、建筑业增加值占第二产业增加值的比重已扩大到 7.7∶29.8(1∶3.87),而全国是 33.3∶8.9(3.74∶1)(见图 6 -2),完全相反。可见,工业是西藏第二产业中的弱势产业,在三次产业中更是“弱势中的弱势”。进一步从内部结构轻重工业看，除1985年，重工业总产值占工业总产值的比重均明显高于轻工业，大多数年份重工业所占比重要比轻工业高出20%～40%。这种重型化格局实际上挤占了特色资源开发及农林畜牧产品再加工的空间。从企业规模看，小规模特征非常明显。20世纪90年代中期前的绝大多数年份，小型企业在全区工业总产值中所占的份额在95%以上；90年代中期以后，中型企业增长较快。到21世纪初，中型企业在全区工业总产值中所占的份额已达到25%左右，至今没有大型工业企业。从工业内部各行业的产值构成来看，呈现出规模小、不平衡的特征。综上，西藏的工业尚处于弱势状态，行业规模偏小，行业之间差距悬殊，应对外来竞争的能力较弱。

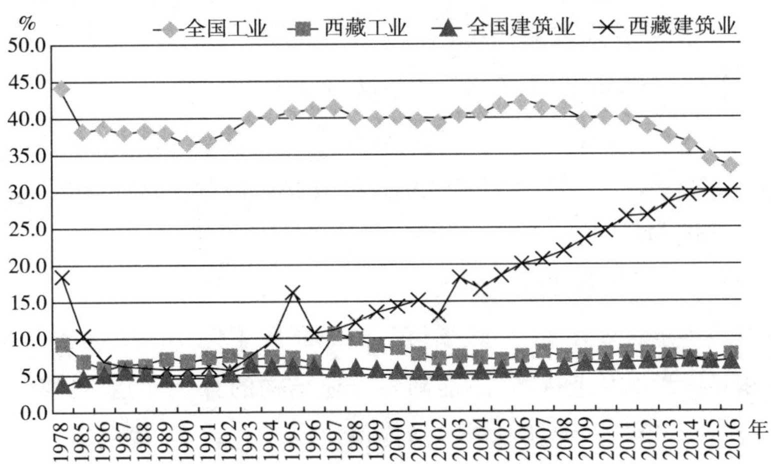

图6-2　1978—2016年全国、西藏第二产业中工业与建筑业构成比例图

第三产业于1997年成为西藏第一支柱产业，比重接近中等发达国家和地区的水平。但这不是依靠市场力量自然演进的结果，而是依靠政府公共资源支持的结果，并且具有鲜明的传统性、消费性特征。20世纪90年代初期，在第三产业内部的12个行业中，为生活服务的6个行业的增加值占第三产业增加值的比重高达80%，而全国不到50%；为生产服务的另6个行业的增加值只占第三产业增加值的20%，全国却在50%以上；①21世纪，生活性、生产性行业各为约50%，消费性特征依然存在。同期，批零贸易，餐饮业，国家

① 王韶泉.西藏第三产业比重偏高的成因、影响及趋向[J].西藏统计通讯，1995(3)：34.

机关、政党机关和社会团体及农林牧渔服务业等较传统的行业的增加值之和占第三产业的比重达到49.8%,传统性特征有所淡化,但并没有消除。西藏第三产业中行政、事业及企业单位的财政支出,基本上都来源于中央财政补贴,约占全区中央财政补贴的65%。西藏第三产业增加值在GDP中所占比重自2001年以来连续15年达到50%以上,在很大程度上是由于工资等非产业因素的拉动,而不是产业有了实质性的发展。① 因此,就第三产业增加值占比而言,西藏可以和北京、上海并列到一起,但显然西藏的产业发展水平与北京、上海仍有很大的差距。

总之,低层次、内部矛盾的产业结构直接造成西藏经济发展的后劲不足,竞争能力不强,自我发展能力薄弱。

6.3.2.2 就业结构和产业结构的动态演进

用公式(6.1)计算西藏三次产业就业产业结构偏离度(见图6-3)和偏差系数(见图6-4),改革开放40年来,从就业结构看,西藏三次产业结构缓慢朝着合理化方向发展。

由图6-3可以得出:第一产业长期为负值,并且数值在增大,说明其产值比重明显小于就业比重,反映了第一产业还属于典型的劳动密集型产业,依然蓄积了大量的从业人员,不能随着产业结构的升级,同步转移到第二产业、第三产业。第二产业就业产业结构偏离度一直较大,说明第二产业的产值结构与就业结构严重不匹配。特别是在1978—2003年变化比较大,2003年之后趋于稳定,一直在1.50左右徘徊,产值与就业不均衡状况仍然明显,再次证明了西藏第二产业较为落后,不但第二产业从业人数显得相对不足,且吸纳劳动力的能力在降低。低微的劳动报酬和利润水平导致第二产业失去了对从业人员的吸引力,致使劳动力流向第三产业。根据钱纳里有关工业化的理论,西藏目前应该处于工业化的前期,第二产业应该正处于吸收大量从业人员的状态,然而现实情况并非如此。第三产业的就业产业偏离度最高时为1989年的1.69,此后,缓慢下降,到2000年时为1.22。第三产业相对于高额的产值构成而言,从业人员也显得明显不足。这主要是因为西藏第三产

① 根据《西藏统计年鉴(2017)》中国民生产总值三次产业数据分析而得。

业的劳动投入效率要比第一、二产业高出许多,另外,西藏第三产业受政府财政的推动作用明显,根据资本与劳动要素的相互替代作用,资本投入偏多,使劳动投入相对减少,从而使第三产业没有很好地发挥出“劳动力蓄水池”的作用。到2016年,第三产业就业产业偏离度为0.16,说明就业产业发展均衡度逐渐向合理化方向发展。

进一步从图6-4的就业产业结构偏差系数来看西藏产业结构与就业结构的整体偏离程度,除了1978—1985年、1988—1994年的极少数特殊年份,西藏的就业产业结构偏差系数一直远远高于全国同期水平。西藏就业结构与产业结构的总差距在波动中逐渐变大,最高的2002年达88.4,同期全国为69.4,此后又缓慢调整,逐渐减少,2016年就业产业偏差系数仍为57,高于同期全国38.2的水平,说明调整优化产值结构和就业结构仍是未来工作的重点。

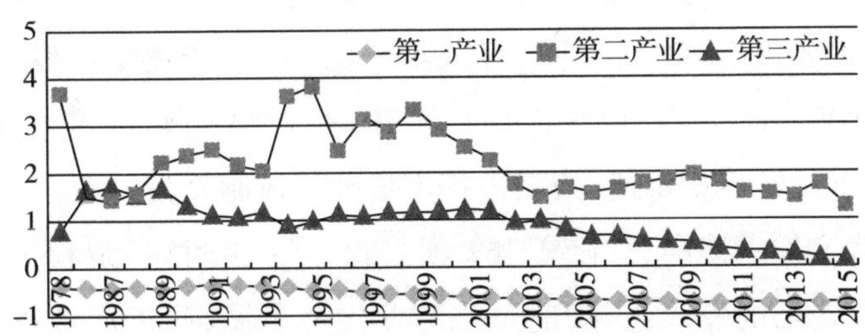

图6-3 1978—2016年西藏三次产业就业产业结构偏离度

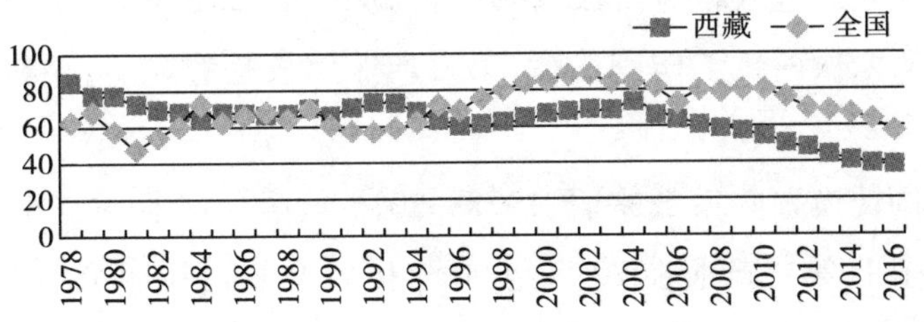

图6-4 1978—2016年西藏与全国就业产业结构偏差系数

从深层次来看,生产力水平偏低,决定了西藏第一产业主要靠土地资源、天然动植物资源以及劳动力加以支撑,第二、三产业主要依靠投资、贸易拉动,产业之间的关联度不高,推动就业、技术进步的作用并不明显,这与第二产业比重偏低、第三产业很不发达有直接关系。有学者证实,“科技进步对西藏产业结构演化基本没有影响","西藏经济增长过程整体上不存在外生技术进步"①,"就业结构没有伴随产业结构的重大变化而发生相应的重大变化,内外贸和资本流入对产业结构演化影响明显,其中对第二、三产业比重变化的解释程度分别达到了45.1%、26.7%"②。西藏第二、三产业的收入弹性一直高于第一产业,各产业的比较劳动生产率由高到低依次为第二产业、第三产业和第一产业,进一步导致了行业就业的不合理。③

6.3.2.3 产业结构升级转换动态演进

进一步考察西藏产业结构升级转换能力,根据式(6.2)计算西藏不同发展阶段的产业结构转换速度系数和方向系数(见表6-1),可以看出:1978—1989年西藏的产业结构转换速度最快,这主要是由于改革开放后,随着市场体系的逐步建立,特别是1980年、1984年召开的第一次、第二次西藏工作座谈会,充分认识到西藏的特殊性,提出很多因地制宜的方针政策,如针对农牧区的"两个长期不变""43项工程"等,1985年后第三产业快速发展,产值急剧增加,农牧业生产力也得到了极大提升,产业结构转换速度系数达到0.3831;进入20世纪90年代,西藏进行市场经济体制建设,1994年西藏召开了第三次西藏工作座谈会,伴随着"62项工程""一江两河"工程等大量援藏项目的开展及资金的投入,西藏的第二产业加速发展,第三产业也处于快车道,第一产业有所忽视,产业结构转化速度系数有所下降,仍高达0.3231;进入21世纪,改革开放进入纵深阶段,2001年、2010年、2015年分别召开了第四次、第五次、第六次西藏工作座谈会,第二产业增长趋势显著,结构转化系数有所提升。

从产业结构转换方向系数来看,1978—2016年第一产业一直小于1,第三产业一直大于1,第二产业在20世纪90年代后大于1,说明第一产业增速一直低于GDP增速,第二、第三产业增速高于GDP增速,西藏产业结构正处在向高级阶段演进的过程中,产业结构转换方向合理。研究时段内,西藏第

① 陈刚,方敏.西藏经济增长中的技术进步因素[J].西藏科技,2005(2):9.

② 方敏.西藏产业结构演化模式分析[J].西藏研究,2005(3):102.

③ 王婷,陈朴,毛阳海.改革开放30年来西藏产业变迁及问题分析[J].西藏发展论坛,2009(6):23.

三产业方向系数逐渐减少，主要是由于产业内部结构性矛盾，西藏第三产业传统部门居多，新兴第三产业发展不足。

表6-1　1978—2016年西藏不同阶段产业结构转换速度系数和方向系数

时段	1978—1989年	1990—1999年	2000—2016年
结构转换速度系数 V	0.3831	0.3231	0.3718
结构转换方向系数 θ_1	0.9768	0.8819	0.7226
θ_2	0.8688	1.2416	1.2498
θ_3	1.2220	1.0800	1.0613

6.4　优化西藏产业结构的路径选择

经过对改革开放40年以来西藏产业结构变迁以及存在问题的分析，我们试图从变迁过程中吸取一些经验。西藏走具有中国特色、西藏特点的经济发展战略过程中，应结合西藏产业结构变迁的特点和问题，尽快形成以现代农牧业为基础、高新技术产业为先导、优质特色产业为支撑、现代服务业全面发展的产业格局，加快推进西藏优势产业发展，加快群众增收致富。

6.4.1　加速体制改革，逐步完善市场经济体制

以中国特色社会主义理论为指导，以“五个全面”为总领，以供给侧结构性改革为主线、实体经济为发展着力点，抓住国家“一带一路”机遇，加速体制改革，逐步完善市场经济体制。树立市场经济意识，破除一切不适合市场经济的思维定式、思想观念；积极培育西藏产业微观基础——企业，形成统一、开放、公平、有序的市场体系；严格实行政企分开，树立政府的服务意识，提高政府行政效率、服务水平，实施信息化、透明化的“并联审批”，制定和完善产业规划和产业政策，指导区域产业合理发展；实施国有资产“大撤退”战略，以优惠平等政策引导外资特别是民营资本进入国有企业，对国有大中型企业进行产权战略重组，提高产业结构效率。

6.4.2　多管齐下，促进传统农牧业向现代农牧业转变

西藏农牧业依然是支撑西藏经济的重要基础产业，既要满足本地居民不断增长的农牧产品需求，也要加快转型升级为工业化腾出发展空间。坚决打赢脱贫攻坚战和实施乡村振兴战略，着力提升农牧业发展质量，坚持以市场、产业和规模效益为导向，调整优化农牧业产业结构，转变农牧业发展方式。

实行“工业反哺农业,城市支持农村”的方针,要坚持“多予少取放活”,考虑西藏的实际情况,重点在“多予”上下功夫。增加农业基础设施投资,加大农业综合开发力度,改善农牧业生产条件,重点支持农牧业生产具有比较优势的地区。加强农业科学研究和技术推广,用现代科技改造传统农业,逐步提升农业生产科学化管理水平,重点研发适应西藏独特的自然地理环境和生产条件的特色品种,注重农牧、土特产品深加工技术研制。加大农作物良种和牲畜良种引进推广力度,加大农牧民专业合作组织等新型农牧业经营主体扶持力度。加快农村流通体系建设,推进农业产业化步伐,延伸特色产品产业链条,加强农产品、畜产品和藏药材交易市场建设,增加市场流通设施建设投入;深化农产品流通体制改革,让市场来调节生产经营活动,促使农村富余劳动力、部分剩余农牧产品和部分土地资源向非农产业转移。积极打造特色农牧产品知名品牌,推动特色农牧业与林业、旅游业、教育业、文化业等产业深度融合发展,促进产品农牧业向商品农牧业转变。

6.4.3 内联外引,坚持适度的新型工业化道路,培育高效益的产业集群

西藏地理位置偏远,交通不便,基础设施薄弱,经济基础差,生态环境脆弱,这些特点决定了西藏的发展必须坚持外部力量同内部力量相结合,坚持走适度的新型工业化道路。在选择重点发展产业时,必须立足海拔 3000 米以上的高原特色,既要加大传统产业改造升级,更要敢于打破惯性思维,另辟蹊径,推动特色产业发展。重点发展旅游业、清洁能源业、天然饮用水业、藏医药业、特色文化产业等十大绿色优势产业。在产业布局上,必须坚持“有所为、有所不为”原则,依托丰富的资源禀赋和现有的西藏药业、西藏矿业、西藏圣地等 14 家上市公司,集中力量培育出高效益的产业集群,重点培育民族手工业、农畜产品加工业、藏医药业、高原特色生物产业和绿色饮料等产业集群。

6.4.4 加强第三产业的“产业”建设,提高品质和效率

以推动西藏经济社会的新型工业化、信息化、现代化为目标,以市场需求为导向,通过结构调整和制度创新,优化第三产业的内部经济结构和体制结构,在健康发展的基础上实现第三产业的有序扩张,增强第三

产业为第一、二产业服务的功能。制定有利于发展传统第三产业和积极培植新兴第三产业的制度，大力发展现代服务业，加快发展新兴服务业，升级改造传统服务业，不断提高现代服务业的比重和水平，逐步实现西藏第三产业的市场化、产业化、社会化，全面提高第三产业发展水平，形成以旅游为中心，以交通运输、商业贸易、信息咨询、社区服务业、教育为辅的主导产业群。

7. 改革开放 40 年青海的经济发展

毛瑞华[①]

7.1 引言

青海省位于中国西部,雄踞世界屋脊青藏高原的东北部。青海是长江、黄河、澜沧江的发源地,故被称为"三江源",素有"中华水塔"之美誉。其总面积 72.23 万平方公里,列全国各省、市、自治区的第四位。基于此重要的区域位置,青海省成为西部大开发的重要突破口,其经济环境和社会环境的改善和发展,对于全国经济的发展具有举足轻重的作用。

青海省作为西部大开发的核心地区和"一带一路"倡议的重要节点,改革开放以来,青海经济社会发展取得了显著的进展。本章主要从青海省的经济发展特征、基础设施的建设以及人民生活水平等方面对改革开放 40 年来青海的发展进行了分析,力图全面准确地捕捉到青海省经济、社会和自然环境方面的特征。

7.2 青海省经济发展的综合分析

据统计,2017 年末青海省常住人口 598.38 万人。其中,城镇常住人口 317.54 万人,占总人口的比重(常住人口城镇化率)为 53.07%;少数民族人口 285.49 万人,占 47.71%。初步核算,2017 年青海地区生产总值 2642.80 亿元,按可比价格计算,比上年增长 7.3%。分产业看,第一产业增加值 238.41 亿元,增长 4.9%;第二产业增加值 1180.38 亿元,增长 7.2%;第三产业增加值 1224.01 亿元,增长 7.9%。第一产业增加值占全省地区生产总值

① 作者简介:毛瑞华,西南民族大学经济学院副教授。

的比重为9.0%,第二产业增加值比重为44.7%,第三产业增加值比重为46.3%。人均地区生产总值44348元,比上年增长6.4%。①

改革开放以来,青海省在社会和经济发展方面都取得了长足的进步,据统计,1978年青海省地区生产总值15.54亿元,人均地区生产总值428元,到2017年,地区生产总值达到2642.8亿元,人均地区生产总值达到44348元。按可比价格计算,1978—2016年,青海地区生产总值年均增长率9.10%,人均地区生产总值年均增长率8.32%(见图7-1和图7-2)。在中国大陆31个省级行政区中,青海经济总量居第30位,人均水平居第23位。

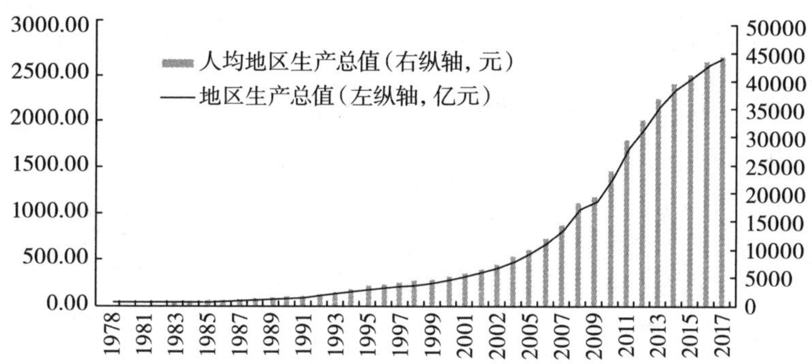

图7-1 青海的经济发展(1978—2017年)

资料来源:青海统计信息网,http://www.qhtjj.gov.cn/.

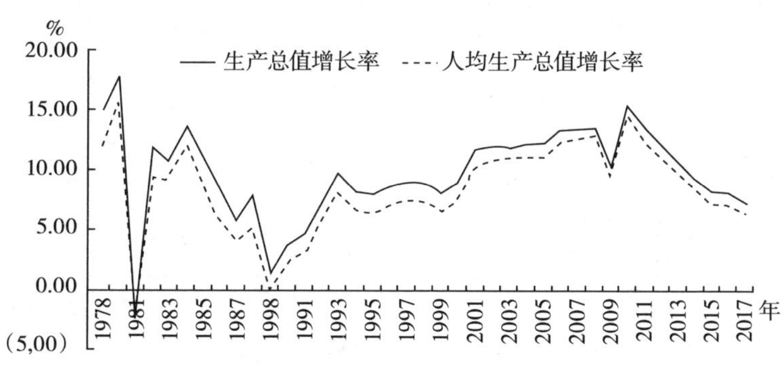

图7-2 青海的经济增长率(1978—2017年)

资料来源:青海统计信息网,http://www.qhtjj.gov.cn/.

① 青海省2017年国民经济和社会发展统计公报,http://www.qhtjj.gov.cn/tjData/yearBulletin/201802/t20180227_52928.html.

为了更全面地反映青海在全国宏观经济发展中的地位,本节选取了12个指标,对31个省(区、市)进行了聚类分析,这12个指标分别是:地区生产总值X_1;第一产业增加值X_2;第二产业增加值X_3;第三产业增加值X_4;农林牧渔业增加值X_5;工业增加值X_6;建筑业增加值X_7;批发和零售业增加值X_8;交通运输、邮政业增加值X_9;住宿和餐饮业增加值X_{10};金融业增加值X_{11};房地产业增加值X_{12}。指标的简单统计描述如表7-1所示。聚类分析过程如图7-3所示。

表7－1　中国区域经济聚类分析

项目	统计量	X_1	X_2	X_3	X_4	X_5	X_6	X_7	X_8	X_9	X_{10}	X_{11}	X_{12}
地区 R1	均值	75423	4234	33691	37498	4425	30232	3511	8299	2924	1434	5168	4432
	标准差	6637	632	2048	5252	700	2538	850	791	254	139	1563	1732
	变异度(%)	8.8	14.93	6.08	14.01	15.82	8.4	24.21	9.53	8.69	9.7	30.25	39.08
地区 R2	均值	14500	1787	5531	7182	1838	4439	1134	1375	644	436	965	524
	标准差	1008	824	1115	854	830	1106	450	322	260	76	240	173
	变异度(%)	6.95	46.11	20.16	11.89	45.17	24.91	39.67	23.42	40.38	17.42	24.87	33.02
地区 R3	均值	18328	1593	8436	8299	1637	6976	1473	1609	857	441	1300	738
	标准差	593	840	685	981	867	489	398	391	148	130	333	156
	变异度(%)	3.24	52.74	8.12	11.82	52.96	7.01	27.02	24.3	17.28	29.47	25.61	21.14
地区 R4	均值	5653	858	2129	2666	892	1525	619	386	337	157	382	193
	标准差	3966	703	1553	1783	733	1288	301	257	334	130	212	126
	变异度(%)	70.15	81.94	72.93	66.88	82.21	84.45	48.64	66.57	99.15	82.64	55.48	65.34
地区 R5	均值	28726	2445	11619	14662	2537	9833	1838	2549	1395	547	2470	1378
	标准差	3916	1456	3516	3536	1504	3067	558	658	438	194	1245	375
	变异度(%)	13.63	59.56	30.26	24.12	59.27	31.19	30.36	25.81	31.39	35.48	50.4	27.21
地区 R6	均值	43862	3126	20235	20501	3220	17849	2451	437	1856	1115	2654	2249
	标准差	4794	1641	1357	5078	1725	1140	225	1957	116	6	561	507
	变异度(%)	10.93	52.5	6.71	24.77	53.57	6.39	9.18	44.78	6.25	0.54	21.14	22.55

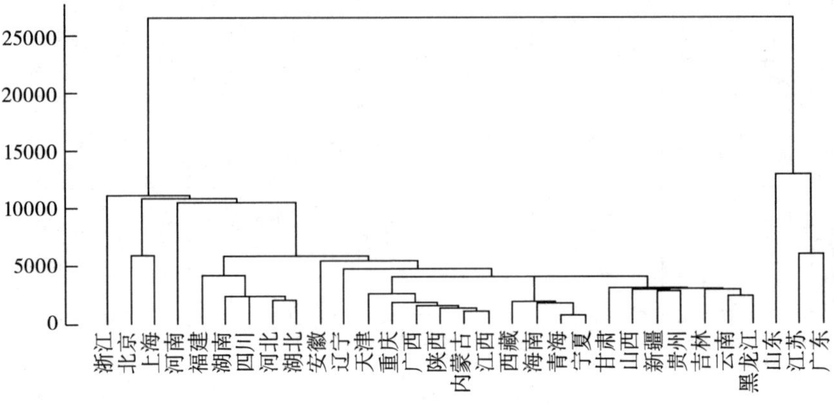

图 7-3A　最短距离法聚类

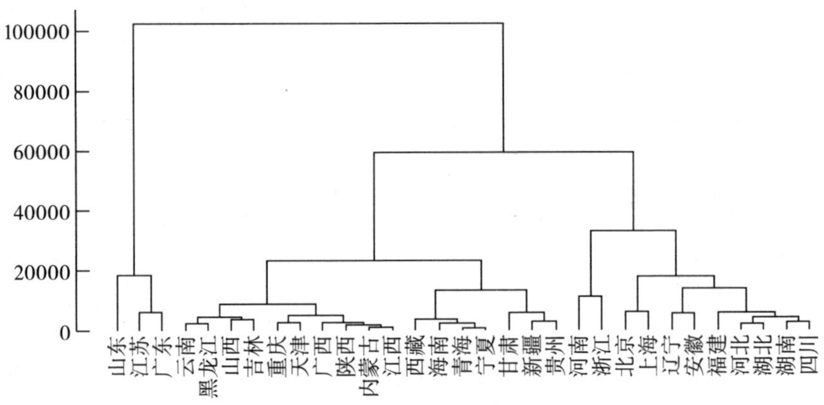

图 7-3B　最长距离法聚类

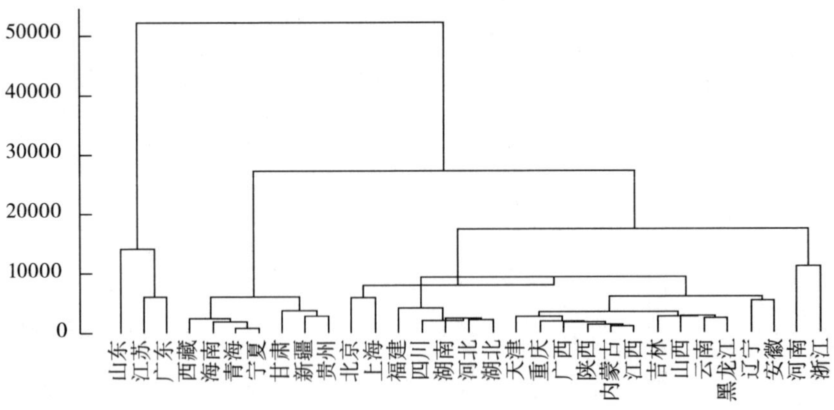

图 7-3C　中间距离法聚类

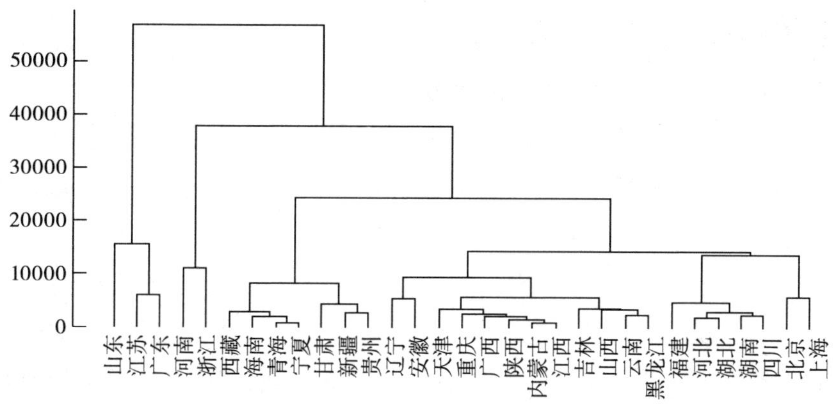

图7-3D　Macqutty距离法聚类

图7-3　聚类分析图

图7-3是用四种不同的距离进行聚类分析所得的谱系图。表7-2是聚类分析的结果。从谱系图上分析，西藏自治区、海南省、青海省和宁夏回族自治区是国民经济和社会发展水平最接近的地区，与此类地区在同一个层次的地区是甘肃省、贵州省和新疆维吾尔自治区。在总体上，这些地区都是我国社会经济欠发达地区。

表7-2　2016年全国31个省（区、市）聚类分析结果

类编号	地区名称	类编号	地区名称
R1	山东，江苏，广东	R4	西藏，海南，青海，宁夏，甘肃，新疆，贵州
R2	云南，吉林，黑龙江，山西	R5	河南，浙江
R3	重庆，天津，广西，陕西，内蒙古，江西	R6	北京，上海，辽宁，安徽，福建，河北，湖北，湖南，四川

根据四种聚类分析结果，可以发现青海省、宁夏回族自治区、海南省和西藏自治区是同一个类，进一步分析可知这个类的经济指标在全国的31个省（区、市）中处于最低的一个层次，因此从宏观经济层面而言，青海省的经济发展水平不仅在全国范围内总体表现出较低的水平，即使仅仅在西部地区比较，也处于较低水平。

7.3 青海省产业发展分析

7.3.1 青海省地区 GDP 构成分析

根据青海统计信息网(http://www.qhtjj.gov.cn/)的相关数据,可以绘制图 7-4、图 7-5 和图 7-6,下面我们先从宏观方面对青海省的产业变化进行一些初步分析。

首先,从产业划分上分析青海省的总体经济构成特征。在 1993 年前,青海省的整个产业发展都非常弱,GDP 总量与人均 GDP 都很低,整个地区的经济发展都非常缓慢。图 7-4 中可以看出,1993 年前,三次产业的增加值都非常小,这表明了在此时间之前,青海省产业经济发展缺乏增长动力。

具体而言,在青海省的产业结构价值构成中,第一产业在整个产业的价值量长期处于较低水平,其占 GDP 的比例大约是 8%,这与青海省的自然环境以及社会发展过程是紧密相关的。众所周知,青海省地处青藏高原,自然环境相对恶劣,交通设施缺乏,各种基础设施薄弱,同时人力资源缺乏,造成第一产业长期处于低水平发展状态。

1992 年,我国全面推行改革开放的经济政策,青海省的产业结构也开始有了较大改变。从 1993 年开始,其第二产业和第三产业的分量逐步超越第一产业的分量。同时,在 2003 年前,第二产业与第三产业基本上处于同步增长状态,促进了整个地区经济的较快增长。2003 年之后,第二产业的增长速度加快,超过了第三产业增长速度,这与我国执行西部大开发的政策相关。

根据西部大开发计划,青海省大力开发各种矿产资源,因此以资源开发为主的第二产业快速增长,导致第二产业在 GDP 中的份额也就越来越大,比例大致占到 GDP 总量的 50%。当然,从图 7-4 中我们也应该看到第三产业也处在快速平稳的增长过程中。事实上,地区经济,特别是青海省这样自然环境相对恶劣,生态环境也非常脆弱的地区,不能够长期采用矿产资源开发的增长方式,而是需要在保护生态环境的前提下进行资源开发。因此需要在资源开发上寻求更加安全的模式,同时寻求更为环保的发展模式,大力发展第三产业就成为必然选择。

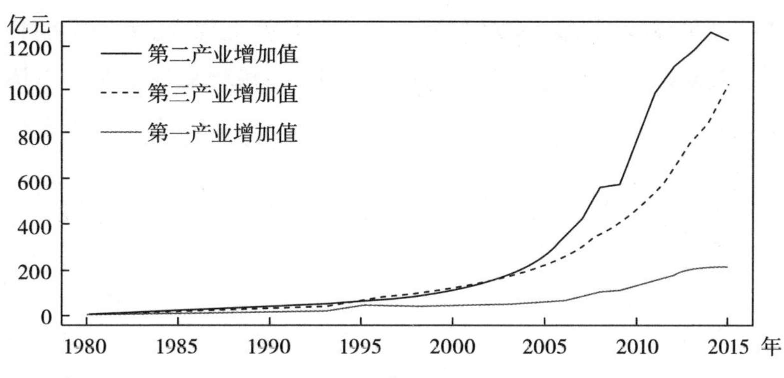

图7－4　青海省三次产业增长量（1980—2016年）

资料来源：青海统计信息网，http://www.qhtjj.gov.cn/.

从图7－5中分析青海省的总产出构成，在1995年之前，青海省的三次产业的产出的分量基本一致，直到1995年后，第一产业和第三产业的产出分量才呈现出逐步加大的特征，2005年之后，第二产业的产出呈现加速增长，其分量远远超过了第三产业，这个特征也体现了青海省大力开发各种矿产资源导致第二产业产出的快速增长。

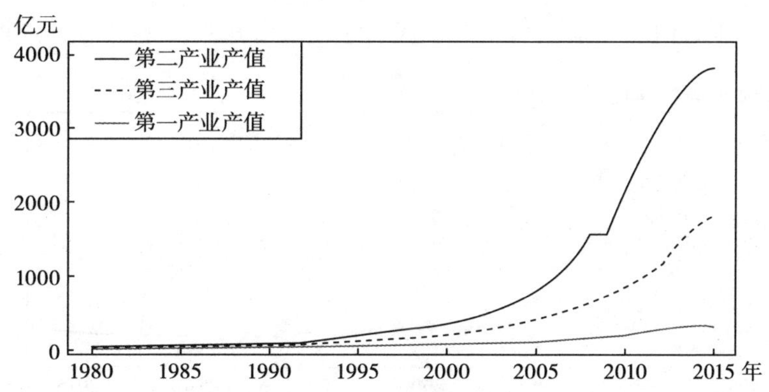

图7－5　青海省三次产业总产出构成（1980—2016年）

资料来源：青海统计信息网，http://www.qhtjj.gov.cn/.

从图7－6分析青海省总产出特征，工业产出的增长速度在2010年以后有减缓的状态。对于这种情形，我们认为可能的原因是青海省的地区经济发展到一定时期后，工业发展的潜力已经被逐步开发完全，同时自然环境亟待保护的客观现实，迫使青海省的经济发展必须进行转型升级，就如同图7－4

和图 7 –5 所反映的特征,需要在第三产业的开发上深入,为经济的长期可持续发展寻找新的经济增长点。在这种要求下,必然会呈现工业产出增速减慢的现象。

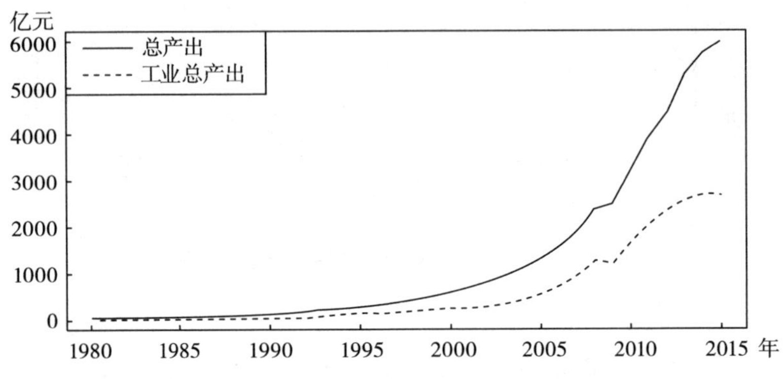

图 7 –6 青海省总产出与工业总产出比较(1980—2016 年)

资料来源:青海统计信息网,http://www.qhtjj.gov.cn/.

为了进一步描述青海省经济发展特征,我们再从三次产业对 GDP 的贡献率来分析青海省的经济总体特征(见图 7 –7),可以大致看到青海省 GDP 与三次产业的构成关系。

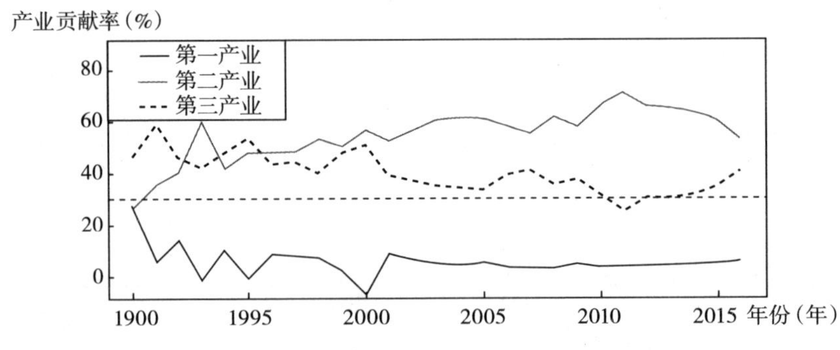

图 7 –7 1990—2016 年青海省三次产业贡献率

资料来源:青海统计信息网,http://www.qhtjj.gov.cn/.

从 1990 年开始,青海省的第二产业和第三产业对 GDP 的贡献率长期处于高水平位置,这与青海省的地理位置特征是比较相合的。由于青海省有丰富的自然资源,其中矿产资源的开采、加工和运输给青海省的经济支柱产业提供了主要的经济收入。同时随着交通状况的改善,青海省的旅游业也开始兴旺,从而带动了相关行业的发展,使得与之相关的酒店行业、金融服务业等行业也快速发展,因此第三产业的收入在GDP中的比例也比较大。

7.3.2 青海省最终消费结构变化分析

改革开放以来,我国经济在30年左右时间内发生了巨大变化。从全国范围看,我国的GDP指标从1980年的4587.6亿元增加到2015年的685506亿元,增加约149倍,而青海省的GDP指标从1980年的17.79亿元增加到2015年的2417亿元,增加约135倍。

经济发展过程中,经济增长的动力主要是投资、进出口和需求。在改革开放初期,由于国内资本不足,我们主要采用出口为主的经济增长模式,通过大量的进出口贸易获得充足的外国资本。2008年美国次贷危机以来,我国加大开发国内消费市场,转变经济增长的主要模式,同时施行"一带一路"倡议,真正实行了国家经济发展在投资、进出口和需求三个方面均衡发展的思想。

由于一个国家或地区的经济发展不能长期依赖外需,如果没有最终消费需求的增长,特别是居民消费需求的稳定增长,即使增加投资需求也不能保证经济持久扩张。因此分析我国在经过30多年改革开放后经济的可持续发展时,必须考虑将经济增长的红利转化为本国居民收益,这个问题既是经济高速增长的可持续性的要求,也是经济增长的终极目标。①

最终消费由两个部分组成,即居民消费与政府消费,因此分析居民消费增长与政府消费变化的特征,也可以从宏观上分析青海省经济结构变化的一些特征,从而为地区经济的长期稳定发展提供一些建议。

从图7-8可以发现,青海省的最终消费支出占GDP的比例在2014年之前呈现出总体下降趋势,在2014年达到近年的最低点,2015年开始上升,2016年时达到65%左右。

在同一时期,青海省的居民最终消费支出占GDP的比例则呈现出逐年下降的特征,在2011年达到最低值29.62%,虽然随后略有上升,但是幅度也比较小。与此呈现鲜明对比的变化特征则是政府消费支出占GDP的比例表现出持续上升趋势,尽管2011年后略有下降,但是其比例也是62%以上。因

① 谭崇台.发展经济学概论(第二版)[M].武汉:武汉大学出版社,2010:105.

此在最终消费支出的组成之中,政府消费支出显然处于非常强势的地位。

进一步分析可以看出,大约在1995年之后,青海省的政府消费占GDP的比例超过了50%,并在2011年达到最高值70%,在一定意义上,可以说明青海省居民并没有充分享受到改革开放所带来的好处。

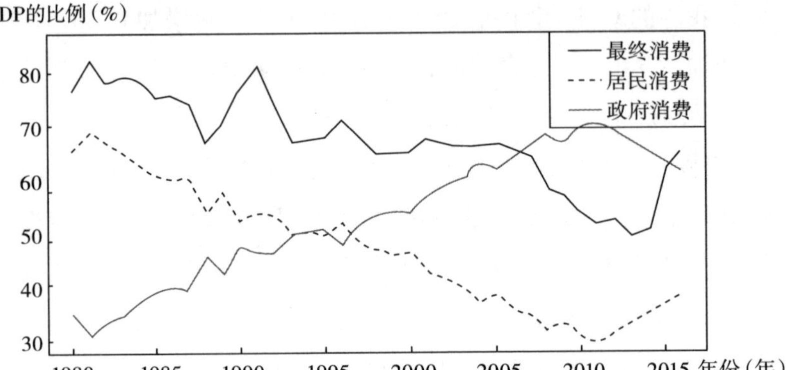

图7-8　1980—2016年青海省三种最终消费占GDP的比例

资料来源:青海统计信息网,http://www.qhtjj.gov.cn/.

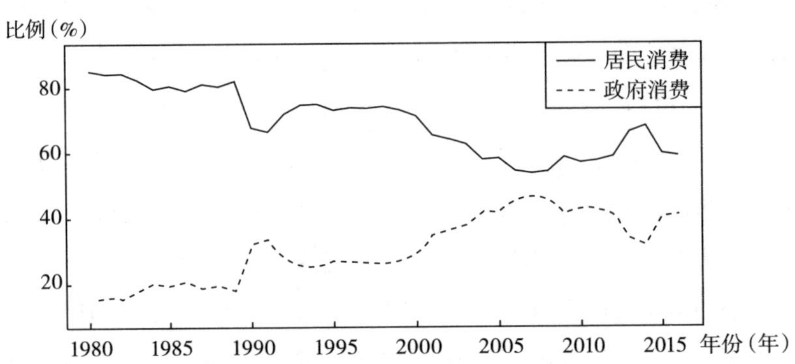

图7-9　1980—2016年青海省最终消费中居民消费与政府消费的比例变化

资料来源:青海统计信息网,http://www.qhtjj.gov.cn/.

图7-9反映了1980—2016年青海省的最终消费支出中居民消费支出与政府消费支出的组成比例变化过程,从图中可以看出居民消费支出占最终消费的比例呈现出总体下降趋势,而政府消费支出占最终消费的比例则一直呈现出上升状态,这导致在相当长的时期内青海省居民消费水平长期处于较低水平,直到2008年美国次贷危机之后,可能是由于出口贸易急剧萎缩,因

此我们采用扩大内需的方法比如“家电下乡”的政策，刺激国内消费，从而使得居民消费支出逐步上升，但是上升幅度并不太大。

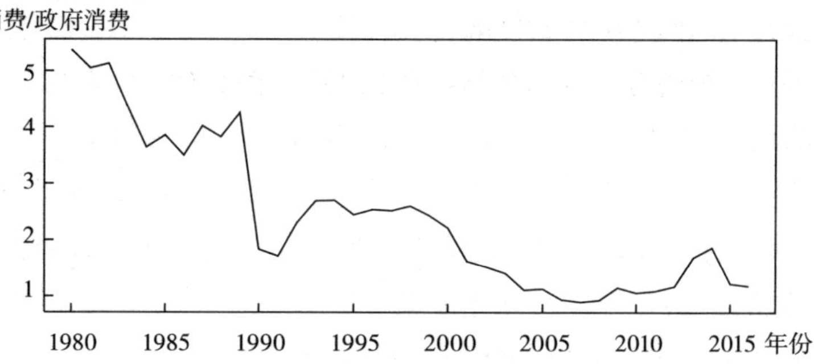

图 7 - 10　1980—2016 年青海省居民消费/政府消费的变化

资料来源：青海统计信息网，http://www. qhtjj. gov. cn/.

图 7 - 10 说明从 1980—2016 年，青海省的居民最终消费支出与政府消费支之比呈现持续下降，从 1980 年的 5. 65∶1 下降到 2016 年的 1. 44∶1，说明相对于政府消费支出，居民消费支出下降了很多。

由于收入水平的高低直接决定消费支出水平，因此可以推测得到，在 1980—2016 年，青海省的国民收入分配结构发生了重要变化。

7.4　青海省能源生产与消费结构分析

由于能源的生产与消费对国民经济和居民的生产生活具有重大影响，因此分析青海省能源生产与能源消费的结构特征和变化过程，能够为地区经济发展和居民生产生活活动提供基础参考。

7.4.1　青海省能源生产与消费特征

根据青海统计信息网（http://www. qhtjj. gov. cn/）提供的数据，能够得到 1990—2016 年青海省地区能源生产与能源消费的变化过程（见图 7 - 11）。具体分析，青海省的能源生产变化可以划分为三个阶段：第一阶段是 1990—2003 年，在此阶段内青海省的能源生产是缓慢增长的，产量从 1990 年的 606 万吨标准煤增长到 2003 年的 990 万吨标准煤，平均年增长量约为 24 万吨标准煤。第二阶段是 2003—2013 年，青海省的能源生产与消费量都快速增长，能源产量从 2003 年的 990 万吨标准煤增长到 2013 年的 5068 万吨标准煤，平均年增长量约为407万吨标准煤。第三阶段是2013年后,能源生产量则开始下降,从2013年的5068万吨标准煤下降到2016年的3003万吨标准煤,平均年增长量约为407万吨标准煤。

1990—2016年青海省地区能源消费的变化过程,可以划分为两个阶段:第一阶段是1990—2002年,青海省的能源消费量是缓慢增长的,数量从1990年的504万吨标准煤增长到2002年的1018万吨标准煤,平均年增长量约为39.54万吨标准煤。第二阶段是从2002年后,青海省的能源消费量快速增长,能源消费量从1018万吨标准煤增长到2016年的4110万吨标准煤,平均年增长量约为206万吨标准煤。

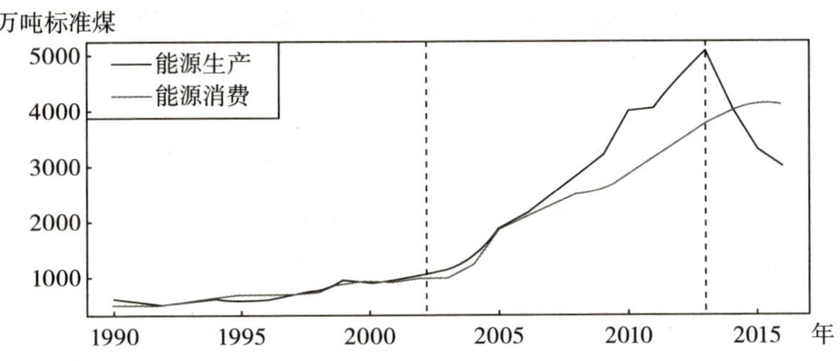

图7－11　1990—2016年青海省能源生产与能源消费总量

资料来源:青海统计信息网,http://www.qhtjj.gov.cn/.

在青海省能源生产总量的构成中(见图7－12),从总体上分析,在1990—2013年之间,煤炭和一次电力的占能源生产总量的比例都较大,其中煤炭生产比例在2013年后急剧下降,从2013年的33.47%下降到2016年的18.51%,而同一时期的电力生产比例则长期处于30%～50%,石油的产量在2008年以后下降到10%以下,天然气的比例则在2000年以后逐年上升,在2016年时已经达到27%。这个变化特征与我国能源生产结构调整和青海省的资源构成一致,同时也与我国逐步推行节能减排的政策是协调一致的,即逐步增加低碳能源的生产,减少高碳能源的开发,提高能源的利用效率,降低碳排放量。

从图7－13中可以看出,青海省能源消费总量的构成中,煤炭和一次电力占能源消费总量的比例都较大,两者的消费比例长期位于30%～45%,而

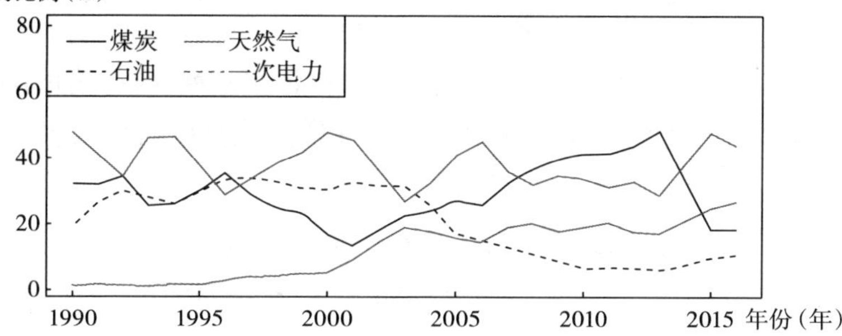

图7-12 1990—2016年青海省各种能源生产量占能源生产总产量的比例

资料来源:青海统计信息网,http://www.qhtjj.gov.cn/.

石油和天然气的消费比例则长期在20%以下。这个比例特征说明青海省的能源消费构成长期稳定,其中煤炭消费量还是比较大,需要在能源消费结构上进行优化,增大非化石能源消费,加大低碳能源消费,比如增大风电和水电生产,从而提供更多的电力资源。

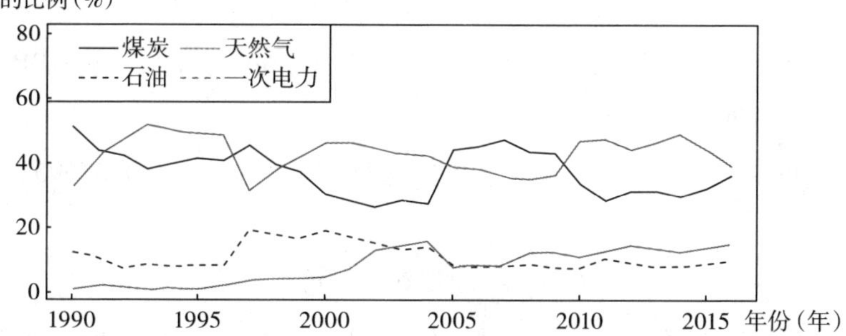

图7-13 1990—2016年青海省各种能源消费量占能源消费总产量的比例

资料来源:青海统计信息网,http://www.qhtjj.gov.cn/.

7.4.2 青海省能源生产与消费特征对经济的影响

由于青海省是一个资源丰富的地区,因此能源的生产与消费对地区经济具有非常重要的作用,下面我们建立两个简单的定量模型来分析青海省的能源生产与能源消费对经济的影响程度。①

① W.格林.计量经济学(5th)[M].费剑平,译.北京:中国人民大学出版社,2012:302.

首先考虑能源生产对 GDP 的影响,建立模型(7.1):

$$gdp_t = \beta_0 + \beta_1 produce_t + \varepsilon_t \tag{7.1}$$

其中 gdp_t表示第 t 年青海省的 GDP 值(亿元),$produce_t$表示第 t 年青海省的能源产量(万吨标准煤),利用青海统计信息网提供的数据进行分析,得到以下结果:

$$gdp_t = -151.7851 + 0.4954 produce_t$$
$$(-1.30) \qquad (10.27)$$
$$n = 27, s = 366.7, R^2 = 0.8083, F = 105.4 \tag{7.2}$$

模型(7.2)的结论表示,能源生产的产量增加一个单位时,青海省的 GDP 总量将平均增加 0.4954 个单位,具体分析,即能源生产量增加 1 万吨标准煤时,GDP 将平均增加 4954 万元。

还可以建立相应的弹性模型:

$$\log(gdp_t) = -3.8523 + 1.3730\log(produce_t)$$
$$(-6.86) \qquad (17.84)$$
$$n = 27, s = 0.3168, R^2 = 0.9272, F = 318.3 \tag{7.3}$$

从模型(7.3)发现,能源生产的产量增加1%时,青海省的 GDP 总量将平均增加 1.3730%。

由于 $\log(produce_t)$对应的系数估计量的标准误差 $s = 0.07695$,因此

$$t_{\hat{\beta}_1} = \frac{\hat{\beta}_1 - 1}{s_{\hat{\beta}_1}} = \frac{1.3730 - 1}{0.07695} = 4.85 \tag{7.4}$$

因此可以拒绝 $H_0: \beta_1 = 1$ 的原假设,接受 $H_1: \beta_1 > 1$,说明青海省的 GDP 值对于能源生产是富有弹性的。

利用类似方法,可以建立青海省能源消费与 GDP 的定量模型:

$$gdp_t = -325.34 + 0.6280 consum_t$$
$$(-6.22) \qquad (26.34)$$
$$n = 27, s = 156.2, R^2 = 0.9652, F = 693.6 \tag{7.5}$$

模型(7.5)说明能源消费量增加 1 万吨标准煤时,青海省的 GDP 值平均上升 6280 万元,相比能源生产对 GDP 的影响,青海省的能源消费量对 GDP 的影响程度更加大一些。对于弹性模型:

$$gdp_t = -4.8046 + 1.5101 consum_t$$
$$(-16.74) \qquad (38.07)$$
$$n = 27, s = 0.153, R^2 = 0.983, F = 1450 \tag{7.6}$$

经过检验分析,也能够获得与能源生产模型(7.3)类似的结论,即GDP产值相对于能源消费而言是富有弹性的。

事实上,青海省能源生产数据与能源消费数据是高度相关的两个变量,其相关系数为0.9369,因此模型(7.2)与(7.5),(7.3)与(7.6)具有一定的替代性。

7.5 青海省居民家庭收入—消费支出结构分析

7.5.1 青海省城镇居民家庭收入—消费性支出特征描述

利用青海统计信息网(http://www.qhtjj.gov.cn/)提供的数据,绘制图7-14,该图反映了1990—2016年青海省城镇居民家庭人均可支配收入构成特征。从图中可以发现,在构成城镇居民家庭可支配收入的四个主要组成部分中,工资性收入占有决定性的作用,而另外的三个收入类型中,转移性支付占据较大比例。相比而言,经营性收入和财产性收入几乎可以忽略不计,这在一定程度上说明了城镇居民家庭收入的单一性特征,这种特征的存在,表明如果城镇居民因为某些不可抗拒因素失业的话,其家庭收入将会急剧下降,从而可能导致家庭立即陷入困境。

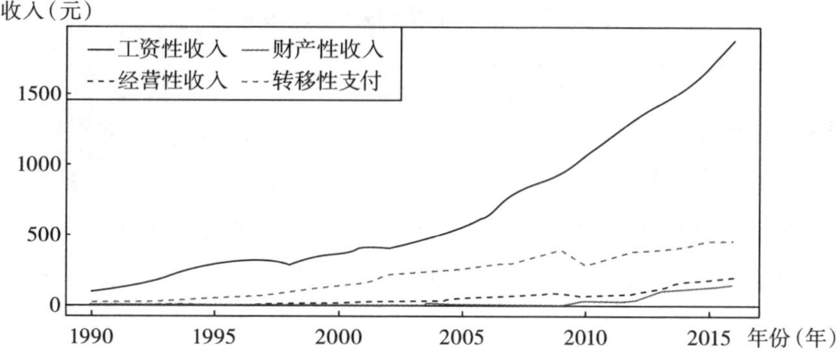

图7-14 青海省城镇居民家庭人均可支配收入构成(1990—2016年)

资料来源:青海统计信息网,http://www.qhtjj.gov.cn/.

为了进一步说明青海省城镇居民家庭除工资性收入外的收入结构,我们绘制了青海省城镇居民家庭人均经营性收入、财产性收入与转移支付收入的构成。从图7-15可以看出,其中转移支付收入的数量较大,这个特征与我们的民族政策、青海省的地区特征和经济水平具有较大相关性。

由于青海省地处青藏高原,自然条件艰难,制约国民经济发展的因素相当多,比如基础设施落后、人力资源匮乏、经济发展自身的造血功能弱等诸多方面的因素,使得国家每年都会有大量的财政上的转移支付,这必然导致居民收入中的转移支付收入比财产性收入与经营收入要大得多。但是由财政转移支付引致的城镇居民的转移收入上升并不是居民收入增长的长期有效方法,因此需要在经营性收入和财产性收入方面进一步加强,使得居民收入类型全面均衡地发展,从而实现居民收入长期有效的增长。

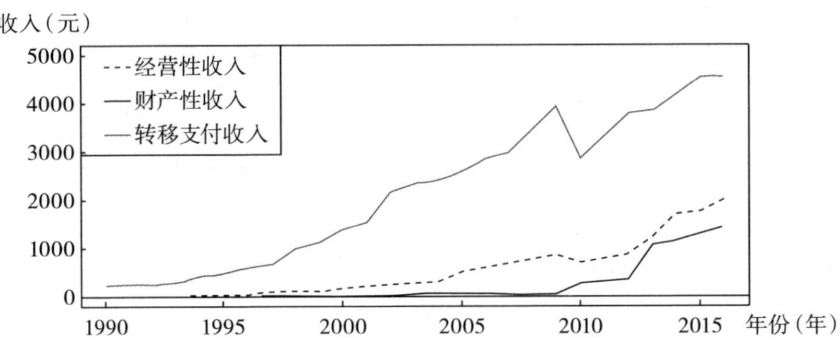

图7-15　青海省城镇居民家庭人均经营性收入、财产性收入与转移支付收入的构成(1990—2016年)

资料来源:青海统计信息网,http://www.qhtjj.gov.cn/.

图7-16反映了1981—2016年青海省城镇居民家庭人均消费性支出的构成特征。从中可以发现,在城镇居民家庭消费支出的主要组成部分中,食品消费支出占有最大的比重,而另外的几个消费类型的比例在1981—2009年间比较接近,不过居住消费支出和医疗保健消费支出量在2009年后出现巨大的增加,这说明在此之后青海省城镇居民消费支出的结构可能出现了结构性转化。

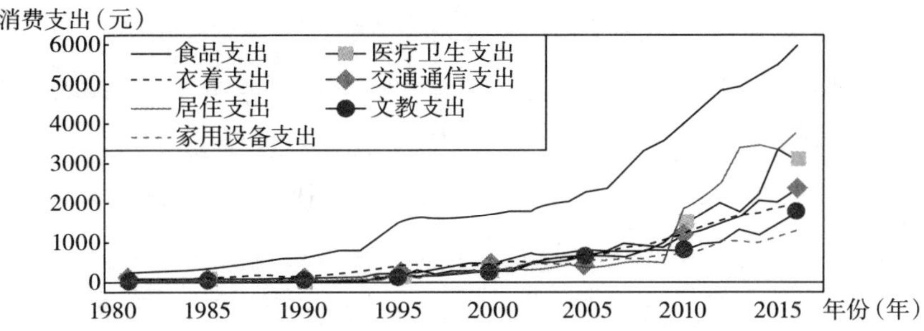

图7-16　1981—2016年青海省城镇居民人均生活消费支出结构

资料来源:青海统计信息网,http://www.qhtjj.gov.cn/.

为了进一步详细分析青海省城镇居民除去食品消费支出以外的其他消费支出,我们给出图7-17。可以发现在1981—2009年,这几类城镇居民家庭人均消费支出都低于1000元;2009年之后,居住消费、医疗卫生消费、交通通信消费和衣着消费支出超过了1000元,而且在以较快的增长速度增长。

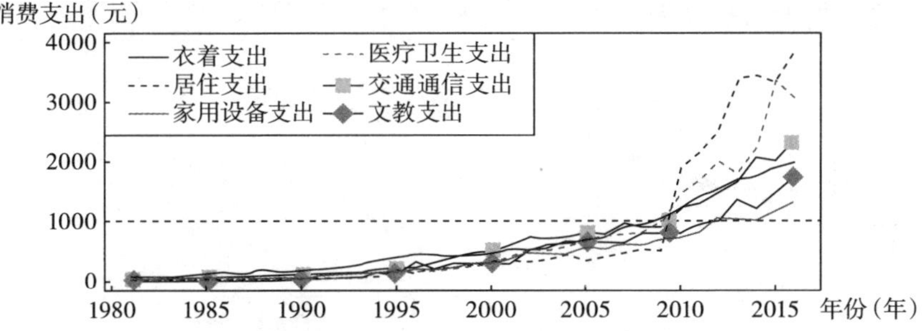

图7-17　1981—2016年青海省城镇居民人均生活消费支出结构(不含食品支出)

资料来源:青海统计信息网,http://www.qhtjj.gov.cn/.

从构成比例上分析,如图7-18所示,青海省城镇居民家庭的食品消费支出比例在2012年之后下降到30%以下,达到了富裕的生活水平标准;2009年之后居住消费和医疗卫生消费支出的比例都以较快的速度增长,但是其比例也没有超过20%。

因此从总体上而言,青海省城镇居民家庭的收入主要还是以基本消费支出为主,消费等级的提升还需要经济和制度的进一步调整和优化。

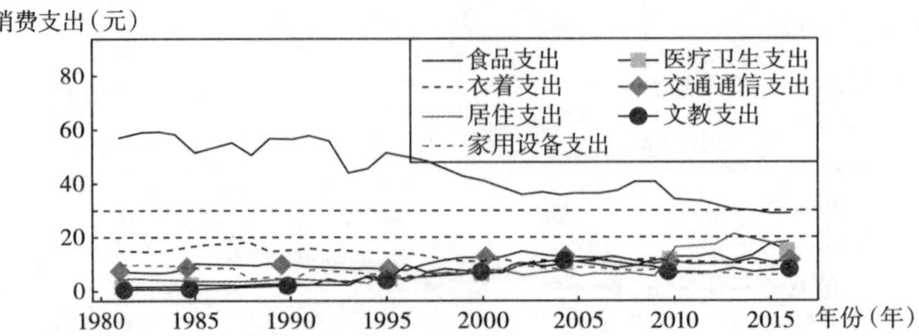

图7-18　1981—2016年青海省城镇居民人均生活消费支出的比例结构

资料来源:青海统计信息网,http://www.qhtjj.gov.cn/.

7.5.2　青海省农村居民家庭收入—消费性支出特征描述

图7-19给出了1990—2016年青海省农村居民家庭现金收入的变化过程,可以看出,青海省农村居民家庭的现金收入以家庭经营收入为主,工资性收入其次,财产性收入几乎可以忽略不计。当然,也可以发现在2008年之后,转移性收入增长速度较快,但是其数量仍然较小。

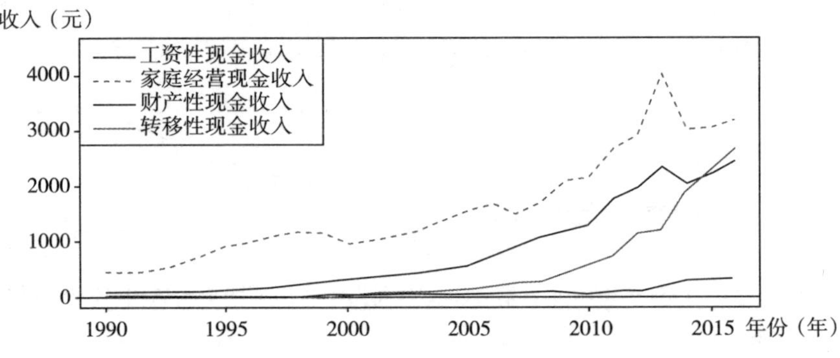

图7-19　1990—2016年青海省农村居民家庭现金收入

资料来源:青海统计信息网,http://www.qhtjj.gov.cn/.

图7-20是1990—2016年青海省农村居民家庭现金收入中各部分的比例及变化特征。从中可以看出,在此期间,青海农村居民家庭经营收入的比例在逐步下降,工资性收入和转移性支付的比例在上升,这在一定程度上说明了青海省农村居民家庭逐步从传统的以单位家庭经营为主的收入方式向以劳动性的工资收入方向转化,这将有利于青海省地区经济的长期发展和农村居民生活的持续改善。

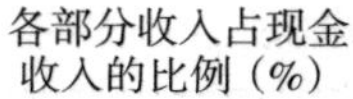

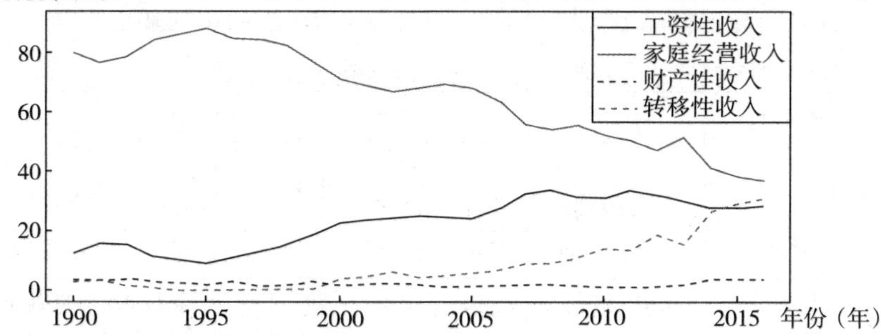

图7-20　1990—2016年青海省农村居民家庭现金收入中各部分的比例

资料来源：青海统计信息网，http://www.qhtjj.gov.cn/.

7.5.3　青海省居民家庭收入—消费性支出长期结构特征

为了进一步探寻青海省城镇居民家庭与农村居民家庭收入—消费支出结构特征，我们考虑建立几个定量模型。①

7.5.3.1　青海省居民家庭收入—消费性支出长期关系

为了考虑居民家庭收入对消费支出的影响程度，从总体上寻找影响居民家庭消费的因素，分别考虑建立城镇居民家庭和农村居民家庭的收入—消费支出两个模型。

城镇居民家庭收入—消费支出模型：

$$Expend_t = 19.8207 + 0.4072 disposable_t + 0.4319 Expend_{t-1}$$

$$(0.238) \qquad (3.36) \qquad (3.05)$$

$$n = 32, s = 309.8, R^2 = 0.9968, \bar{R}^2 = 0.9966, F = 4574 \qquad (7.7)$$

模型的结果表明，影响青海省城镇居民家庭的消费支出的因素主要是当期的可支配收入和上一时期的消费支出，这两个因素对当前消费支出的影响具有相同的边际效应，因此要促进青海省城镇居民家庭消费持续发展，除了提高城镇居民收入外，还要合理进行消费规划，使得消费支出长期稳定发展。

农村居民家庭收入—消费支出模型：

① SHUMWAY R H, STOFFER D S. Time series analysis and its applications with R examples, 3rd [M]. New York: Springer, 2010: 178-200.

$$Expend_t = 40.4097 + 0.5624 cash_t + 0.2942 Expend_{t-1}$$
$$(1.11) \quad (7.46) \quad (3.96)$$
$$n = 32, s = 145, R^2 = 0.9949, \bar{R}^2 = 0.9945, F = 2824 \quad (7.8)$$

模型的结果表明,影响青海省农村居民家庭的消费支出的因素主要是当期的现金收入和上一时期的消费支出,其中当期的现金收入影响程度大约是前期消费的两倍,因此要促进青海省农村居民家庭消费持续发展,重点是提高农村居民收入,同时合理引导农村居民家庭制订消费规划,使得消费支出长期稳定发展。

7.5.3.2 青海省居民家庭消费性支出结构特征

(1)城镇居民家庭的消费支出结构特征

$$Expend_t = 1.95 + 0.933 food_t + 1.626 cloth_t + 0.925 resid_t + 0.946 facil_t$$
$$(.07) \quad (8.73) \quad (3.97) \quad (18.29) \quad (3.10)$$
$$+ 0.872 health_t + 1.395 TCom_t + 0.707 educ$$
$$(12.6) \quad (9.07) \quad (4.24)$$
$$n = 36, s = 68, R^2 = 0.9999, \bar{R}^2 = 0.9999, F = 3.6E+4 \quad (7.9)$$

模型中的变量依次是消费性支出、食品支出、服装支出、居住支出、家庭用品及服务支出、医疗卫生保健支出、交通通信支出、文教娱乐及服务支出。从模型的结果分析,在消费支出的各大类别中,服装和交通通信的支出系数是最大的两个,其余类别的消费支出比例基本一致,说明城镇居民家庭在满足基本消费需求的条件下,开始追求更高层次的消费,这个特征在长期消费过程具有一个比较稳定的特征。

对模型(7.9)进行序列相关性检验,Durbin - Watson test 的结果是 DW = 1.3361,对应的 p - value = 0.002928,这说明模型(7.9)回归残差存在自相关性,利用对应变量的差分变量需要建立新的模型.

$$dExpend_t = 0.889 dfood_t + 1.839 dcloth_t + 0.909 dresid_t + 1.04 dfacil_t$$
$$(7.90) \quad (5.23) \quad (13.03) \quad (3.48)$$
$$+ 0.822 dhealth_t + 1.309 dTCom_t + 0.820 deduc$$
$$(11.84) \quad (7.89) \quad (5.73)$$
$$n = 36, s = 76, R^2 = 0.9938, \bar{R}^2 = 0.9923, F = 641 \quad (7.10)$$

模型(7.10)对应的 Durbin – Watson test 的结果是 DW = 2.17,对应的 p – value = 0.7748,这说明模型回归残差不存在自相关性,因此这一新的模型具有稳健性,其估计量的统计性质是可靠的。模型(7.10)的经济含义与模型(7.9)是一致的,因此利用该新模型分析青海省城镇居民消费支出的长期结构是一个合理的选择。

(2) 农村居民家庭的消费支出结构特征

$$\begin{aligned} Expend_t = & 386.261 + 0.962food_t - 2.33cloth_t + 1.01resid_t - 2.59facil_t \\ & (9.71) \quad (10.34) \quad (-14.26) \quad (4.59) \quad (4.40) \\ & + 2.669health_t + 2.916TCom_t - 0.489educ \\ & (9.20) \quad (9.69) \quad (-1.83) \end{aligned}$$

$$n = 36, s = 67, R^2 = 0.9994, \bar{R}^2 = 0.9992, F = 4624 \qquad (7.11)$$

模型(7.11)对应的 Durbin – Watson test 的结果是 DW = 2.67, 对应的 p – value = 0.8815,这说明模型回归残差不存在自相关性,因此该模型具有稳健性,其估计量的统计性质是可靠的。从模型的结果分析,在农村居民家庭消费支出的各大类别中,医疗卫生保健和交通通信的支出系数是最大的两个,而服装、家庭用品及服务和文教娱乐及服务的消费支出系数是负数,说明这几个类别的消费会随着消费支出的增加呈现出下降的趋势,其中文教娱乐的比例系数最小,这在一定程度上说明农村居民家庭在文教娱乐方面的消费还需要进行开发,从而促进农村居民家庭消费在将来有更好的发展前景。

7.6 青海省国民经济发展的长期分析

为了促进青海省国民经济有效持续的发展,我们尝试从三个方面讨论影响国民经济发展的一些可能的因素。

7.6.1 产业发展对国民经济的影响

我们考虑工业、农林牧渔业、建筑业和第三产业的产值对国民经济的影响,从而探寻制约青海省经济发展的一些产业因素。

$$\log(gdp_t) = 0.5488 + 0.4587\log(industry_t) + 0.1024\log(agricu_t)$$
$$(12.43) \quad (10.34) \quad (2.42)$$
$$+ 0.0496\log(construct_t) + 0.3568\log(tertiary_t)$$
$$(4.40) \quad (4.86)$$
$$n = 26, s = 0.0184, R^2 = 0.9998, \bar{R}^2 = 0.9997, F = 2.55E+4 \quad (7.12)$$

其中变量分别是国内生产总值(*gdp*)、工业产值(*industry*)、农林牧渔业产值(*agricu*)、建筑业产值(*construct*)和第三产业产值(*tertiary*)。

由于 DW = 1.5102,p - value = 0.01655,模型(7.12)的回归误差具有弱自相关性,此时误差的自相关系数大约为 0.25,因此模型是可以接受的。从模型(7.12)分析,建筑业和农林牧渔业对 GDP 的影响相对较小,工业和第三产业则对青海省地区经济发展起着重要的支撑作用。这可能有两个原因,其一是青海省地区自然环境的制约,造成部分产业无法进行发展,其二可能是资金的技术制约,例如建筑业,这是一个资金密集型领域,如果没有足够资金,建筑业的发展必然受到限制。

7.6.2 最终消费对 GDP 的影响

考虑最终消费中政府消费、城镇居民消费和农村居民消费对国民经济的影响,从而探寻消费因素对青海省经济发展的影响程度。

$$\log(gdp_t) = 0.9418 + 0.3099\log(Urban_t) + 0.5683\log(Rural_t) + 0.2550\log(gover_t)$$
$$(12.79) \quad (7.77) \quad (11.92) \quad (5.51)$$
$$n = 26, s = 0.06, R^2 = 0.9976, \bar{R}^2 = 0.9973, F = 3177 \quad (7.13)$$

其中变量分别是国内生产总值(*gdp*)、城镇居民最终消费(*Urban*)、农村居民最终消费(*Rural*)和政府最终消费(*gover*)。模型(7.13)的 Durbin - Watson test 的结果为 DW = 1.1308,p - value = 0.001283,因此该模型回归误差是序列相关的,需要重新建立模型:

$$d\log(gdp_t) = 0.4554d\log(Urban_t) + 0.5372d\log(Rural_t) + 0.0885d\log(gover_t)$$
$$(7.94) \quad (8.89) \quad (1.28)$$
$$n = 26, s = 0.05, R^2 = 0.9029, \bar{R}^2 = 0.8903, F = 71.32 \quad (7.14)$$

由于 DW = 1.81,p - value = 0.2652,模型(7.14)的回归误差没有自相

关性,因此模型是可以接受的。从模型(7.14)分析,政府最终消费对地区GDP作用不明显,而城镇居民最终消费和农村最终消费对GDP的影响则显著,这可能是政府最终消费主要在进行基础设施建设,从而导致短时期内无法体现出政府最终消费对GDP的作用。

7.6.3 劳动者报酬等因素对GDP的作用

劳动者报酬、生产税净额和营业盈余对GDP也具有重要影响能力,下面分析这三者对青海省地区GDP的影响程度。

$$\mathrm{dlog}(gdp_t) = 0.6509\mathrm{dlog}(Compen_t) + 0.2109\mathrm{dlog}(Tax_t) + 0.1405\mathrm{dlog}(Surplus_t)$$

$$(11.36) \qquad\qquad (4.71) \qquad\qquad (6.50)$$

$$n = 26, s = 0.024, R^2 = 0.9767, \bar{R}^2 = 0.9737, F = 321.8 \qquad (7.15)$$

其中变量分别是劳动者报酬(*Compen*)、生产税净额(*Tax*)、营业盈余(*Surplus*),具体数据是变量值的对数再取差分。模型(7.15)表明劳动者报酬对GDP的影响很大,生产税净额的影响也是不可忽视的。

7.7 结论

从1978开始提出改革开放的经济政策,到1992全面推行经济和社会的改革开放,中国经济已经创造了举世瞩目的辉煌成就,但是由于历史原因和恶劣的自然环境,青海省的经济发展长期处于低水平,同时速度缓慢。

西部大开发战略和"一带一路"倡议为青海省经济和社会发展提供了良好机会,我们利用比较详细的统计数据分析了青海省近40年来的社会经济发展变化过程,从多个角度分析了改革开放以来青海省经济发展的辉煌成就,同时也尝试寻找制约青海省经济快速发展的因素,为青海省今后发展提供一些建议。

8. 改革开放40年宁夏的经济发展

王焱霞[①]

摘　要:改革开放后,宁夏回族自治区发生了巨大的变革,不论是从对内还是从对外经济发展来看,不论是从绝对数量还是从相对增长率来看,不论是从社会整体还是从人民个体来看,宁夏都发生了翻天覆地的变革。然而这样的以数量增长为目的的发展在进行了近40年后,面临着一定的窘境。西方许多国家认为中国会难以避免地陷入"中等收入陷阱"。但通过对宁夏经济的分析,发现宁夏经济可以通过数量增长实现质量改进的追求目标,这个过程是实现宁夏经济结构转型的必然要求,也是宁夏经济持续发展的动力,同样中国经济结构的转型也将是中国经济持续发展的助推剂。

关键词:宁夏回族自治区;经济发展;成就;回顾

8.1　引言

宁夏回族自治区在地理上位于中国中部偏北的内陆,黄河的上中游中段,毗邻陕西省和内蒙古自治区。在历史上,旧石器时代晚期的"水洞沟文化"即诞生于此,公元1038年,李元昊建立大夏国即西夏,以宁夏为中心,定都于今天的银川市。西夏被元灭了后,取名宁夏,意为"夏地安宁"。1958年正式成立宁夏回族自治区。

新中国成立后,宁夏凭借其丰富的煤炭、石油和天然气储备等自然资源优势,加强基础设施建设,工业、农业、畜牧业、林业、水利、交通、邮电等领域都取得了极大的发展。尤其是改革开放后,宁夏的经济建设更是以大踏步的

① 西南民族大学经济学院教师。项目支持:中央高校课题2015 SZYQN15,西南民族大学教改项目"国际贸易专业计算机实践课程设置与学生就业情况的相关性研究"的阶段性成果。

速度前进，人民的生活水平获得了极大的提高。近年来，宁夏经济发展战略进行结构调整，同样也取得了新的成就。通过大力发展能源、煤化工、新材料、装备制造、特色农产品加工及高新技术等优势特色产业，产业的集聚度不断提高，工业结构开始展现全新的格局。尤其是“一带一路”倡议实施以来，宁夏作为丝绸之路上的重要的连接点，正在发生着越来越惊人的变化。

8.2 宁夏对内总体经济建设成就

1978 年改革开放以来，不仅宁夏的国民收入总量和人均收入都保持高速增长的态势，而且经济发展结构也在逐步优化。1978—2016 年，宁夏的 GDP 值由 13 亿元增长到 3150 亿元，年均增长率为 15.5%；人均 GDP 值由 370 元增长到 46919 元，年均增长率为 13.6%。与此同时，宁夏的产业结构中第一产业占国民经济的比重从 23.54% 下降到 7.6%，第三产业占国民经济的比重从 25.69% 上升到 45.6%，总体产业结构逐渐从以传统农业为主向以非农业为主的结构转变。

宁夏自改革开放以来取得的经济成就使宁夏人民的生活水平得到了迅速的提高。如果没有过去近 40 年持续快速的经济增长，就不能持续创造就业岗位，不断增长的劳动人口的就业需求就难以满足，人民的生活保障就难以实现。所以改革开放后的近 40 年时间里，以 GDP 增长为发展目标是正确的、合理的。事实证明，1985—2015 年的 30 年间，全区就业人数从 177.4 万人增长到 362.2 万人；城镇居民家庭居住面积由 69.58 平方米增加到 90.90 平方米；城镇居民人均家庭总收入从 735 元增长到 28640 元，以 1985 年价格为 100 的 2015 年全区城市居民消费价格总指数为 537.9，所以人均家庭总收入真实年均增长率为 6.8%。改革开放对宁夏的直接影响就是人民的生活水平显著提高了。

虽然宁夏的经济结构整体呈现比较良好的发展趋势，但若是将时间点进行分割，就会发现其经济增长发展趋势不甚平稳，呈现出个别年份急剧增长，然后又迅速回落的态势。图 8－1 是根据宁夏统计局 2017 年公布的《2016 年宁夏统计年鉴》提供的数据绘制而成的宁夏各年份 GDP 增长率折线图，从中我们能很好地观察到这一趋势变化。

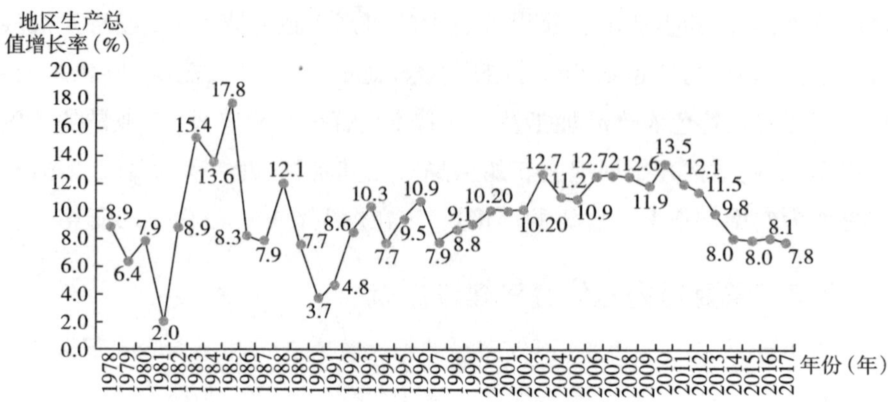

图 8-1　宁夏 GDP 年均增长率(1978—2017 年)

数据来源:《2016 年宁夏统计年鉴》。

由图 8-1 可以看出宁夏的 GDP 增长在 1990—1995 年出现第一个增长高峰,这主要是由邓小平 1992 年南方谈话前后固定资产投资大幅增长和政府加大采购力度造成,同期的固定资产投资增长率达到 26.1%。第二个高峰期出现在 2008—2011 年,2008 年时最高甚至达到 12.6%,这主要是因为 2007 年国际金融危机爆发,中国经济面临出口负增长,大批农民工返乡,经济硬着陆的风险加大,中国政府于是在 2008 年 11 月推出了进一步扩大内需、促进经济平稳较快增长的十项措施。同期的固定资产投资也出现快速增长的趋势,2008 年的固定资产投资增长率高达 38.1%。政府采购支出从 2000 年一直到 2012 年都维持着年均 20% 以上的增长。图 8-2 是宁夏固定资产投资和政府采购支出年均增长率图。

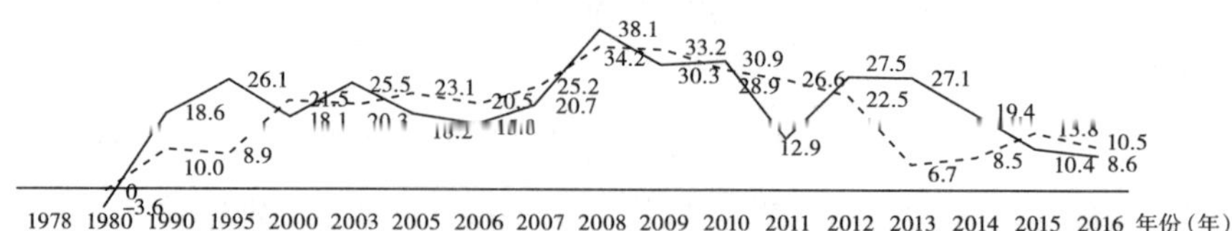

图 8-2　宁夏固定资产投资和政府采购支出年增长率(1978—2016 年)

数据来源:《2016 年宁夏统计年鉴》。

由图 8-1 和图 8-2 可以看出,宁夏经济的增长在很大程度上受到固定资产投资和政府采购变动的影响。在研究过程中，对影响经济增长率的因素进行了回归分析，结果得到如下回归方程：

$$Y = -1.05 + 0.23R + 0.16I + 0.04EX - 0.02IM + 0.36C + 0.40G \quad (8.1)$$

其中 Y 表示宁夏回族自治区的经济增长率，R 表示第三产业占国民经济比重变化率，I 表示年度固定资产投资增长变动率，EX 表示年度出口增长率，IM 表示年度进口增长率，用年度的最终消费年均增长率 C 来表示全社会消费水平的变化率，G 表示政府采购支出年度增长率。

回归结果表明 1978—2016 年，对宁夏经济增长影响比较大的因素是消费和政府采购支出。其中消费每增长 1 个百分点，GDP 增长 0.36 个百分点，政府采购支出每增长 1 个百分点，GDP 增长 0.40 个百分点。从全国来看，GDP 的增长在很大程度上受到固定资产投资增长的拉动，在宁夏，固定资产投资每增长 1 个百分点就能拉动经济增长 0.16 个百分点。因为地处内陆，以海洋运输为主的进出口贸易变动对宁夏经济增长的影响比较微弱，以第三产业占国民经济比重衡量的产业结构的改善对宁夏经济增长的影响力比较大，系数为 0.23。

宁夏各产业增加值占国民经济比重的变化情况是：第一产业的比重是持续并且稳定地下降，从 1978—2016 年，年均下降 2.9%，2016 年第一产业的比重是 7.6%；第二产业的比重始终最高，但保持比较平稳的发展态势，始终维持在 50% 左右，2016 年时，与第三产业的差距只有 1 个百分点；第三产业的比重在持续稳定地升高，年均增长 1.5%。到 2016 年时，第三产业的比重占到 45.6%，同期全国第三产业增加值的比重是 51.6%（见图 8－3）。

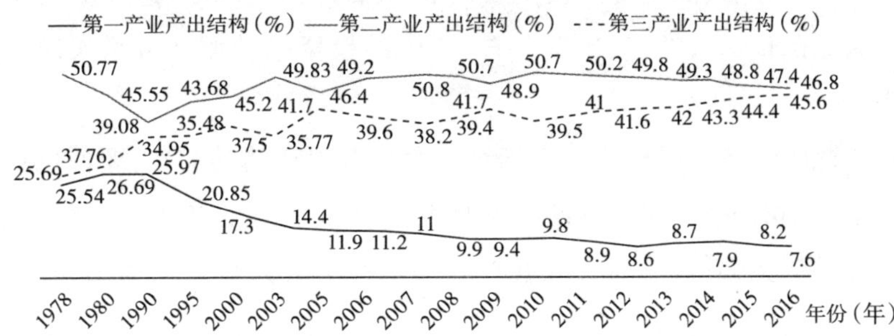

图 8－3 宁夏各产业占国民经济比重结构图（1978—2016 年）

数据来源：《2016 年宁夏统计年鉴》。

2014 年,美国以金融服务业为主的第三产业占 GDP 的比重就已达到 77.98%,以农业为主的第一产业只占 GDP 总值的 1.2%,以新能源、新材料、生物科技、高新技术产业为主的第二产业占 GDP 总值的 20.69%。美国服务业就业人口占全部就业人口的比例达到 70%以上,居民社会消费总额占 GDP 总值的 80%。2015 年德国第三产业占 GDP 的比重是 69%,英国是 79.2%,俄罗斯是 62.8%,巴基斯坦是 55.5%。而 2016 年宁夏第三产业产出占 GDP 的比重为 45.6%,由此可见,宁夏的产业结构改善空间还很大,而且现代服务业占据产业链的最高端,具有较高的附加值,并且对第一产业、第二产业有巨大的整合功能。如果能进一步实现产业结构的升级,对经济增长、人民生活水平改善都会起到积极作用。产业结构的调整与经济增长模式密不可分。

事实证明,宁夏在改革开放的近 40 年时间里采用的是传统经济发展模式,选择的是一种以强调数量增长和以外延方式为主的发展模式。这是一种以高速增长为主要目标,借助政府的行政力量实施的发展模式。这种传统的经济发展模式尽管在特定的历史条件下起到了积极作用,但随着时间的推移,它的弊端日益显露。因为其显著特征是追求外延型扩大再生产方式,通过大量的劳动力和资金的投入来不断增加产品数量,是一种粗放型发展模式,结果导致经济结构发展不合理,高积累、高投入与低效益、低产出相联系,区域发展失衡,资源浪费严重,经济发展呈大起大落格局,而且依靠固定资产投资来拉动经济增长的路越来越难走。由上述回归方程可以看出,要使 GDP 增长 1 个百分点,固定资产投资要增长 6 个百分点以上,这样的付出和收益之间的比例是惊人的,从数据上看,传统的投资拉动型经济增长模式走到了尽头。

传统的经济发展模式与市场经济存在着内在的冲突性,要使国民经济长期稳定协调的发展,实现资源的最优配置和最有效的利用,经济发展模式的转换已是势在必行。为此,习近平总书记在十九大报告中指出,我国经济已由高速增长阶段转向高质量发展阶段,正处在转变发展方式、优化经济结构、转换增长动力的攻关期,建设现代化经济体系是跨越关口的迫切要求和我国发展的战略目标。据此,推演出现代化经济体系的四点核心要求:一是增强国际竞争力,要在高技术产业上占领技术制高点,并培育全球主导权;二是提高产品和服务的质量,不断满足人民群众对美好生活的需要;三是优化产业结构,使企业能够根据社会需求的升级,淘汰落后产能、化解过剩产能,同时推动战略性新兴产业、高端服务业的发展;四是向科技含量高、资源消耗低、环境污染少的产业结构和生产方式转变,走绿色发展、循环发展、低碳发展的产业发展途径。在全国经济结构升级的大环境下,宁夏的经济结构转型也是势在必行。

自2012年开始,宁夏GDP增长放缓,到2013年回落到改革开放以来的最低水平10.2%,同期全国的GDP增长率为7.7%。自2015年开始,中共中央开始研究经济结构性改革,2016年研究供给侧结构性改革方案,2017年习近平同志在十九大报告中指出,深化供给侧结构性改革,建设现代化经济体系,必须把发展经济的着力点放在实体经济上,把提高供给体系质量作为主攻方向,显著增强我国经济质量优势。在这样的背景下,宁夏的经济增长模式开始转变,提出"把发展的基点放在创新上,大力实施创新驱动战略,以科技创新带动全面创新,以全面创新引领全面发展,让创新成为新时代宁夏发展的鲜明特征,成为宁夏发展的核心竞争力和支撑"。宁夏的经济在经过了近40年改革开放的快速增长后,如果能转变经济增长模式那么就还能取得持续的增长。

8.3 宁夏对外贸易发展成就

宁夏的对外贸易发展有着悠久的历史,2000多年前,起于中国的丝绸之路,横贯欧亚非,而宁夏正是这条走廊上的必经驿站,肩负着穿越中亚前往欧洲的历史使命,促进了当时经贸的繁荣发展。千年后,宁夏对外贸易正不断刷新着历史纪录,对宁夏当地经济社会发展作出了重要贡献。从前述的回归分析中可以看出,宁夏的进出口在过去近40年的时间里对经济增长的影响的确比较有限,这与宁夏所处的地理位置有紧密的关系。中国改革开放以来,对外贸易的重点始终是东南沿海城市进行的海上贸易,当然基于其运量大和运费低的特点,海洋货物运输也是过去国际上最重要的运输方式,宁夏这样的内陆省份在对外贸易业务中没有竞争力也在情理之中。但不能否认的是,随着国家"一带一路"倡议的实施,对外贸易对宁夏经济增长将会产生的巨大影响。

从总体上看,宁夏的对外贸易呈现持续增长的趋势。如图 8 - 4 所示,出口额从 1978 年的 0.23 亿美元增长到 2016 年的 26.87 亿美元,年均增长率为 13.1%,进口额从 1978 年的 0.07 亿美元增长到 2016 年的 8.64 亿美元,年均增长率为 13.5%。但如图 8 - 5 所示,宁夏进出口额的年增长率情况显示出其进出口贸易波动比较大,出口增长最大的年份是 2014 年,达到 68%,这一年的进口增长率是 70%。而在 2006 年,进口增长率高达 76%,出口增长率为 37%。在个别年份,宁夏的进出口贸易又呈现出大幅下跌的格局,如 2009 年的出口下滑了 41%,进口下滑了 26%。虽然宁夏的进出口额从大趋势上看是在持续增长,但却呈现急剧的波动,这也体现出宁夏进出口贸易还存在需要改进的地方。

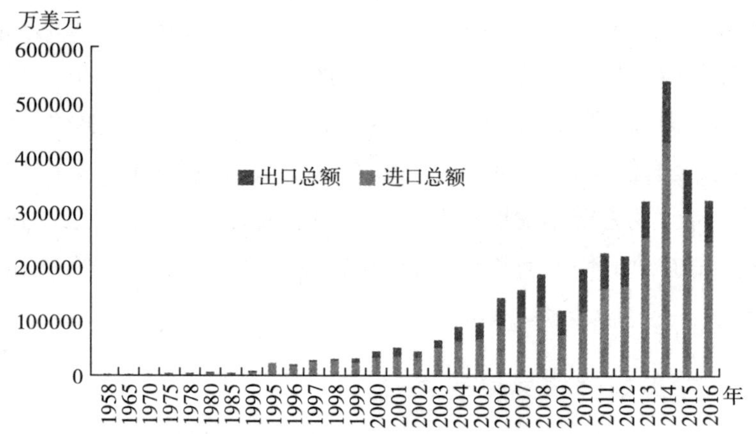

图 8 - 4 宁夏进口与出口总额(1958—2016 年)

数据来源:《2016 年宁夏统计年鉴》。

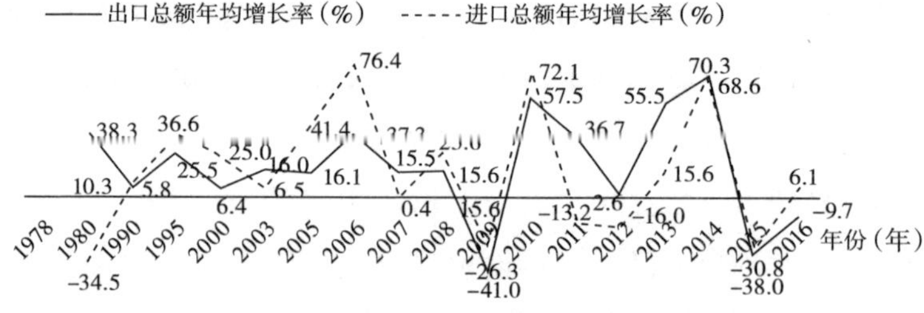

图 8 - 5 宁夏进出口年均增长率(1978—2016 年)

数据来源:《2016 年宁夏统计年鉴》。

宁夏的进出口存在的问题集中表现在:①贸易主体较少;②进出口市场相对集中;③进出口商品附加值低,贸易结构还不太合理。

长时间内,宁夏的外贸企业中一直是国有企业占据较大比重。随着近年来内陆开放型经济试验区的建设、综合保税区等的建立,宁夏从事进出口贸易的主体明显增加。2015年,宁夏进出口总额的37.9亿美元中,77.7%由民营企业完成,11.9%由国有企业完成,外商投资企业的份额为9.8%,集体及其他企业占0.6%。虽然民营企业在进出口中占有的份额在增加,但其中真正从事贸易的企业只有300来家,贸易主体的数量少,所以个别进出口企业业务量的波动就会造成整个宁夏对外贸易额的大幅波动。

宁夏进出口市场分布比较集中,主要集中在亚洲、欧洲、北美洲。2015年宁夏进出口总额中,亚洲占的份额为56.4%,欧洲为20.1%,北美洲为10.8%。从国别(地区)结构来看,在宁夏进出口总额中,中国香港占15.7%,美国占9.8%,韩国占9.6%,紧随其后的是日本、德国等国家(地区),对非洲、拉美的贸易比重非常小。进出口市场分布集中,造成其对外部个别市场依赖性较大,抗风险能力较弱。特别是2007年后,欧盟、美国、日本受次贷危机影响,外需下降,且普遍加大对来自中国进口产品的管制,不断设置并提高贸易壁垒,造成中国产品的出口受阻,宁夏也受制于高技术贸易壁垒,进出口大幅下滑,2009年的出口下降了41%,进口下降了26%。宁夏对外贸易的市场结构比较集中,如果能更好地开拓那些传统的弱势市场,充分利用非洲和拉美这两个地区较大的增长潜力,同时又保持在优势市场中的份额,就可以克服进出口市场集中造成进出口额大幅波动的风险。

宁夏的进出口商品附加值较低,并且商品结构比较单一,产品主要由农副产品、轻纺产品、机电产品、高新技术产品、冶金制品构成。如果进行产品细分,就可以看出,宁夏出口的工矿产品中以资源为主的有硅铁、金属镁等,代表高新技术类的产品为钽粉及钽制品、高纯银、高纯铅、碳化硅、活性炭等新材料产品,双氰胺、子午线轮胎等化工产品,红霉素、泰妙菌素等生物医药制品,机电产品则主要有锻轧钽及其制品、柴油机零件、机床零件、轴承等。其进出口商品基本为加工制造业的中间产品,高附加值的高端技术类产品较少。这类产品在国际上的竞争主要以价格优势取胜,随着宁夏生产成本的不断上升,竞争优势不断减弱,进出口商品的结构迫切需要改进。

随着国家“一带一路”的不断推进,宁夏因其所处新欧亚大陆桥国内段中间位置,以及对内联接中国东西部与对外通往中亚、西亚的特殊陆空优势,作为我国向西开放的空中门户,宁夏被国务院批复为内陆开放型经济试验区。宁夏作为中阿博览会的永久会址,是“一带一路”沿线阿拉伯国家“向东看”和中国“向西走”的新窗口与新平台。在这样的背景下,宁夏如果能够充分利用自身地理优势,发挥国家政策带来的优势,就能够实现对外贸易的持续健康发展。对外贸易作为拉动沿海地区经济发展的两驾马车之一,终将会借助古老的丝绸之路,乘着国家经济政策调整的东风,发挥其力量,成为推动宁夏经济发展的动力源。

8.4 宁夏未来经济发展展望

宁夏的经济经过改革开放近 40 年的发展,不管是对内还是对外都取得了巨大的成绩,人民的生活也因此得到极大的改善。在过去的近 40 年时间里,中国的经济增长主要得益于对内的改革和对外的开放,而宁夏因为在地理位置上属于内陆省份,对外贸易虽然也积极推动了其经济的发展,但对经济的影响力还远没有发挥出来。

经济高速、持续增长近 40 年,这不仅在整个中国历史上是罕见的,即使在世界经济发展史上也是很罕见的,于是便有许多人悲观地以为中国经济已是强弩之末,开始怀疑中国的经济是否还能维持增长或者将陷入“中等收入陷阱”。回顾过去,我们能发现即使是宁夏这样一个中国西北部边疆地区及典型的经济欠发达地区,也深深地得益于对内改革和对外开放带来的高速经济增长。但与沿海开放城市经济增长模式不完全相同的是,在过去近 40 年时间里,宁夏的经济增长主要受政府采购和固定资产投资驱动,而沿海城市的经济增长主要依靠的是固定资产投资和对外贸易。西方发达国家的经济增长已经从劳动、资本投入驱动型模式转向管理、知识创新带来的生产效率提高型模式,在这一过程中,服务业(比如:物流、教育、医疗等)兴起并占据很重要的地位和份额。在这个方向上,宁夏的产业结构调整、对外贸易发展等都还距离所谓的“陷阱”很远,还有很长的路可以前进,经济增长的潜力还非常大。

如果能实现经济增长从数量扩张的粗放型向质量效率集约型的转变，能实现资源的有效配置和高效利用，宁夏的经济发展又可以迈上一个新台阶，同时中央政府也多次提出我们的经济增长要实现从高速度到高质量的发展。正是在这样的背景下，宁夏也积极对经济增长模式进行调整，反映出来的是2015年和2016年的固定资产投资和政府采购支出的显著下降。如果说改革开放最初的40年是要以经济总量增长和人民生活水平提高为目标，无疑我们是成功的。但此后的经济发展如果继续以投资驱动，以资源消耗为动力，无疑宁夏乃至中国的经济都将陷入“中等收入陷阱”。但倘若我们能够转变经济增长模式，实现质量效率集约型的增长，经济继续增长的神话是能够成为现实的。

9. 改革开放 40 年新疆的经济与社会发展

安　果[①]

9.1　引言

新疆,古称西域,意为中国西部疆域。1884 年,清政府正式在新疆设省,并取“故土新归”之意,从此西域改称为“新疆”。1949 年 9 月 25 日,新疆和平解放,人民解放军进驻新疆,开创了新疆历史发展的新纪元。1955 年 10 月 1 日,新疆维吾尔自治区成立,开启了新疆经济社会建设与发展的新篇章。在中国共产党的民族区域自治政策指导下,新疆建立起了平等、团结、互助、友爱的新型民族关系,取得了社会主义事业和现代化建设事业的伟大胜利。特别是党的十一届三中全会后,随着中国改革开放的重大转折与经济体制改革的深入,新疆也走向了经济迅速发展的快车道。40 年来,新疆积极响应、坚决贯彻党中央、国务院的各项特殊政策,基础设施建设极大改善,工业化进程向纵深推进,人民生活水平不断提高。

9.2　经济建设和社会建设事业取得重大进展,综合实力与水平大大提升

改革开放以来,新疆认真落实党中央各项宏观调控政策,主动把握西部开发的重大机遇,贯彻落实中央新疆工作会议精神,全区经济快速发展,综合实力不断增强。

---

① 作者简介:安果,经济学博士,西南民族大学经济学院教授,硕士生导师。主要研究方向:产业经济学。

表9－1　1978—2015年主要年份新疆经济发展的综合指标及对比

指标	1978	2000	2015	2016	2016/1978
年末总人口(万人)	1233	1849.41	2359.73	2398.08	1.95
城市人口占比(%)	26.7	—	47.23	48.35	1.81
就业人员(万人)	491.25	672.5	1195.09	1263.11	2.57
地区生产总值(亿元)	39.07	1363.56	9324.8	9617.23	246.15
社会消费品零售总额(亿元)	21.89	374.5	2605.96	2825.9	129.1
全社会固定资产投资(亿元)	13	610.38	10729.32	9983.86	767.99
进出口总额(亿美元)	0.23	22.64	196.78	179.63	781
税收收入(亿元)	4.34	64.53	861.73	—	198.56
能源生产总量(万吨标准煤)	1410.75	5419.77	19779.97	—	14.02
能源消费总量(万吨标准煤)	979.27	3316.03	15651.2	—	15.98
家庭总户数(万户)	481.91	639.86	689.94	—	1.43
城市居民人均可支配收入(元)	319	5645	77641	28463.43	89.22
农村居民人均可支配收入(元)	119	1618	7365.9	10183.18	85.57
铁路营业里程(境内)(公里)	1031	2775	5868	6166(含境外)	5.98
公路营业里程(公里)	23818	80875	178263	182100	7.65
航空(公里)	4783	152941	209300	229900	48.07

资料来源:《新疆统计年鉴2016》,2016年数据来自新疆2016年统计公报,凡是2016年数据缺失的指标,倍数是2015/1978计算得出。

如表9－1所示,1978年,新疆年末总人口为1233万人,到2016年达到2398万人,是1978年的1.95倍;2016年新疆就业人口是1978年的2.57倍;铁路与公路营业里程分别是1978年的16.69和7.65倍;民用航空是1978年的48倍。改革开放以来,特别是到20世纪90年代末,新疆抓住西部大开发的重大历史机遇,深化以“一黑一白”为重点的产业优势资源转换战略,经济增长速度明显加快。1978年,新疆地区生产总值仅为39.07亿元,1997年突破1036亿元;2004年又突破2000亿元大关;到2006年跨越3000亿元大关;到2016年,全区生产总值达到9617.23亿元,是1978年的246倍之多。同时,新疆人均生产总值也由1978年的313元提升至2015年的40427元,是1978年的129.16倍。2016年与1978年相比,新疆居民消费增长128倍;全社会固定资产总投资增长767倍;进出口总额增长780倍;城市居民可支配收入增长88倍。这些建设成就极大改变了新疆相对落后的经济社会面貌，为新疆在21世纪中期迈向现代化打下了良好的基础。

9.3 三次产业全面发展,产业结构不断升级

以产业结构升级为基础的经济发展才是适应社会需求的可持续发展。如表9－2所示,1978年,新疆三次产业增加值占GDP的比重分别为35.8∶47.0∶17.2,表现出“二一三”的产业排序格局,初级产业占的比重较大。到2015年,三次产业增加值的比重演变为16.7∶38.6∶44.7,农业比重下降,第三产业比重大幅上升,形成“二三一”的现代化产业结构格局。到2016年,按可比价计算,第一产业增加值1648.97亿元,第二产业增加值3585.22亿元,第三产业增加值4383.04亿元,三次产业结构比为17.1∶37.3∶45.6,第三产业首次超过第一、二产业,增加值结构为“三二一”。第三产业比重上升表明新疆生产的社会化、市场化程度加深,新疆产业结构基本实现了由农业经济为主向工业经济主导的现代化升级。

表9－2 新疆主要年份的产业结构(%)

年份	第一产业	第二产业	工业	第三产业
1978	35.8	47	37	17.2
1990	39.81	31.82	27.35	28.37
2000	21.13	39.42	30.7	30.7
2010	19.84	47.67	39.75	32.49
2014	16.59	42.57	40.84	34.29
2015	16.7	38.6	—	44.7
2016	17.1	37.3	—	45.6

与此同时,其就业结构也发生相应的调整(见表9－3)。不仅第二产业的主导地位有所巩固,而且第三产业也加速发展,产业结构正在向现代化迈进。

表9－3 1978与2015年新疆的就业结构(%)

年份	第一产业	第二产业	第三产业
1978	72.1	14.3	13.6

续表

年份	第一产业	第二产业	第三产业
2015	44.1	15.2	40.7

资料来源:《新疆统计年鉴 2016》,2016 年数据来自新疆 2016 年统计公报。

产业结构的升级只有建立在产业内部的现代化基础上,才具有稳定与实质性转变的意义。接下来分析二次产业的内部发展。

9.4 农业产业化取得新的进展

农业是新疆的基础产业。1978 年以来,新疆始终把发展农业和农村经济放在经济工作的首位,通过政策支持、资金投入和科技推广,加快水土开发和特色农产品基地建设,加大农业结构调整力度,已经形成了具有新疆特色的农业产业体系。十一届三中全会以后,新疆与全国一样普遍实行了家庭联产承包责任制,从体制上突破了单一生产与单一种植结构,发展多种经营激活农产品流通,农业和农村经济都发生了巨大变化,到 1983 年新疆实现粮食自给有余,从此结束了吃调进粮的历史。1978 年,全区第一产业总产值 13.97 亿元,2015 年,按不变价格计算的农、林、牧、渔业总产值为 1559.08 亿元,是 1978 年的 112 倍。在近 40 年的产业结构演进中,其第一产业的比重虽然不断下降,但是总量持续增长,基础更加稳固,农业内部结构开始向多元化发展,生产经营也更趋规模化、现代化,初步实现了向高效生态农业、高科技农业的转化。

9.4.1 从基地建设看,“粮、棉、果、畜”四大基地建设成效显著

第一,种植结构优化的同时,粮食产量增产稳产。1978 年的粮食产量为 370 万吨,2015 年达到 1501 万吨,比 1978 年增长 3.06 倍,人均粮食占有量超过全国平均水平。与此同时,粮食种植面积占总种植面积的比重由 1978 年的 52.21% 下降到 2015 年的 38.61% 。经济作物比重上升,为产业结构调整与优化奠定了良好的基础。

第二,棉花生产优势显著。1978 年的棉花产量为 5.5 万吨,2015 年达到 420 万吨,增长 75.4 倍,占全国棉花总产量的 38.0 % 。作为新疆的优势农产品,棉花的总产、单产、播种面积、收购量长期位居全国第一。

第三,瓜果生产成为新的增长点。1978 年瓜果产量为 44 万吨,2016 年

产量达到1790万吨,是1978年的40.68倍。其中由专业化果园生产的产品达到1011万吨,专业化、规模化生产比重提高,林果业已成为新疆经济发展的新支撑点和后备产业。

第四,牲畜出栏率上升,使人均拥有量不断提高。1978年末出栏460.41万头(只),到2015年达到4621万头(只),是1978年的10倍多。与此对应,下游肉类总产量1978年为9.65万吨,2016年达到150.6万吨,增长14.6倍,畜牧业已成为新疆农民增收的重要支柱产业之一。

9.4.2 从农业规模化水平看,以基地建设为依托,新疆农产品平均生产规模不断扩大

基地建设提高了农产品单产水平,推动农副产品深加工链的延伸,独具特色的纺织、绿色食品加工业迅速崛起。新疆番茄酱的生产能力占到全国的90%以上,也是亚洲最大的番茄生产、加工基地,这一项使我国成为继美国、意大利之后的世界第三大番茄制品生产国。随着农业经营规模扩大,新疆农业种植布局结构和农业机械化水平不断优化,已形成了南部棉、粮、果,北部粮、油、糖,中部粮、棉、糖等多元化产业种植区域,专业化生产区域从规模上支持了新疆农业机械化进程的加深。2016年末,农业机械总动力达到2581.96万千瓦,大中型拖拉机48.68万台,小型拖拉机26.74万台,农作物机耕率99.27%,农作物机播率94.49%,化肥施用量(折纯)250.21万吨,农村用电量108.16亿千瓦,全区机耕、机播、机收率均高于全国平均水平,跨入全国农业机械化大省行列。

大规模机耕经营奠定了农业产业化组织的技术基础。新疆基本实现农产品生产、加工、营销等环节一体化,形成了有机结合、相互促进的农业组织形式和经营机制,推动了自治区以棉纺、粮油加工、制糖、酒类、瓜果、番茄、红花以及奶业、细毛羊为支柱的农产品的产业化经营。到2016年,新疆拥有农业产业化经营组织12682家,省级以上农业产业化重点龙头企业507家,并涌现出中粮屯河、冠农股份、新农开发、新赛股份、新天国际、香梨股份、新疆天业、啤酒花、天山纺织、新中基、天康生物、麦趣尔集团等一大批技术先进、实力雄厚的特色产品龙头企业。农产品加工(流通)企业14165家(其中规模以上企业达到1030家),实现农产品加工(流通)业总产值1895.02亿元,自

治区级以上休闲观光农业示范点达到183家,其中,国家级示范点达到19家。①

9.5 工业经济实力不断增强,工业主导作用日益突出

改革开放以来,新疆工业依托本地优势资源,以市场为导向,大力实施优势资源战略转换,工业经济步入快速增长期,目前,已形成了以石油工业为主导,以纺织工业、煤炭工业、钢铁工业、电力生产、食品工业、有色金属冶炼为支柱的工业体系。1978年,全区工业总产值为33.91亿元,2015年达到8668.64亿元,是1978年的261倍。工业增加值在1978年仅有14.5亿元,1992年突破100亿,2003年跨越500亿,2006年超越1000亿,到2015年已达3179亿元,是1978年的219.24倍。

在工业生产总量增长的同时,工业内部结构开始升级,由劳动密集型的轻工业为主向以资金、技术密集型的重工业为主转变。全区轻重工业产值比重由改革开放初期的41.6∶58.4升级为2015年的12.35∶87.65,重化工业化进程加快。从总量指标看,轻工业比重有所下降,但产业结构、技术结构、产品档次已发生了根本转变。虽然先进设备制造业增加值占工业增加值的比重仅为4.1%,但是产值增长幅度依然较大。

改革开放以来,新疆以做大做强资源型产业为主导,支持一批特色优势产业快速发展,产品产量稳步增长。目前,石油、钢铁、化工、建材、有色、电力等6大行业,其产值已占到全部规模以上工业总产值的78.4%。从20世纪80年代中期开始,国家实施"稳定东部、发展西部"的石油开发战略,石油天然气的勘探开发在准噶尔盆地、塔里木盆地和吐鲁番—哈密盆地全面展开并取得重大突破,石油、石化工业增加值占全区工业比重超过60%,已成为新疆重要的主导产业。新疆已形成了准噶尔盆地、塔里木盆地和吐哈盆地三大石油天然气生产基地,三大基地也成为全国重要的能源生产基地和战略接替区,推动新疆乃至全国石油化工较快发展。新疆相继建成了克拉玛依石化、独山子石化、乌鲁木齐石化等一批大中型石油化工项目,初步形成了克拉玛依、独山子、乌鲁木齐、库尔勒、泽普等不同规模、

① 新疆维吾尔自治区2016年国民经济和社会发展统计公报,http://www.xjtj.gov.cn.

各具特色的石油化工基地。

煤炭工业也已成为支撑新疆工业发展的重要力量。40年来,新疆相继建成了乌鲁木齐、哈密三道岭、艾维尔沟三大煤炭生产基地和克孜勒苏州康苏、拜城铁力克、库车俄霍布拉克、塔城铁厂沟等一批中小型煤矿区。1978年,新疆原煤产量为1079.01万吨,2015年,全区原煤产量达15221.48万吨,比1978年增长13.01倍。近几年来,新疆积极推进煤电、煤化工基地建设,发电量2478.51亿千瓦小时,比1978年的21.17亿千瓦小时增长116倍。新疆电网与西北电网联网工程为实现"西电东送"奠定了基础。2015年新疆原油产量2795.09万吨,比1978年的353万吨增长6.92倍;天然气293.02亿立方米,增长116.2倍;钢材增长163.5倍;水泥4279万吨,增长54倍。在自治区重点监测的十大产业中,产品增加值创出新高:石油工业741.44亿元;有色金属工业233.18亿元;电力工业320.46亿元,化学工业273.02亿元,钢铁工业11.40亿元,煤炭工业129.37亿元;纺织工业80.40亿元;农副食品加工工业91.49亿元;装备制造工业101.55亿元;建材工业120.31亿元。

从工业的产业组织结构看,新疆大型集团企业从无到有,园区建设有序发展。40年中,新疆涌现出以八钢集团、特变电工、新疆天业、美克集团、广汇集团、博湖苇业集团、天山建材集团等为代表的产业龙头企业。截至2015年底,新疆拥有企业集团85家,其中资产总计在100亿元以上的有3家,50亿~100亿元的有4家,5亿~50亿元的有32家,还有6家企业集团跨入中国制造业500强企业。在企业集团不断发展壮大的同时,也带动了新疆经济园区的建设。目前,全区经"两级政府"(国务院和省级政府)审批的工业园区(开发区)由1992年的1个发展到32个,其中国务院批准设立的8个,自治区人民政府批准设立的24个。

9.0 固定资产投资持续增加,投资主体多元化加深,城市化加快发展

改革开放以来,随着西部大开发战略的战略纵深,特别是中央新疆工作会议精神的落实,新疆依靠国家支持性政策、对口援疆政策和自身努力,着力推进工业、商贸流通业、旅游业、房地产业以及城市基础设施等领域的重大项目建设,全区固定资产投资规模空前扩大,投资总量持续增加,投资

结构不断优化。

1978 年固定资本形成总额为 13.25 亿元，到 2015 年达 8755.72 亿元，2016 年又完成 9983.86 亿元。在这个过程中，2003 年固定资产投资突破 1000 亿元大关，达到 1002.1 亿元，实现了历史性的跨越。三次产业投资结构由 1978 年的 15.4∶52.7∶31.6 转变为 2015 年的 3.41∶48.29∶48.3①。

值得注意的是，随着经济体制改革的深入，新疆投资主体结构发生明显变化，以国有经济投资为主的格局被打破，非国有经济投资持续加大，成为投资增长的新动力，新疆逐步形成了多层次、多元化、多渠道相辅相成共同投资的格局。目前股份制经济、个体私人经济、集体经济和外商及其他非国有经济的投资环境得到空前的发展空间。1978 年非国有经济投资总量仅有 0.04 亿元，到 2007 年就已经达到了 842.2 亿元，占全社会总投资的 45.5%。2015 年，非国有经济投资达到 4440 亿元。2016 年经济增长放缓，民间投资总额虽有所下降，只有 3411 亿元，仍然占全社会固定资产投资的 34%，成为新疆社会投资的重要力量。

工业化带动新疆城市化加快发展。1978 年以前，新疆全区只有建制城市 7 个，其中，地级市仅乌鲁木齐市一个，县级市有克拉玛依、石河子、伊宁、奎屯、喀什、哈密。40 年来，自治区党委、政府在确定全区经济发展战略中，加速以政治、经济、文化为中心的乌鲁木齐市城市化建设，以工业化为重点的昌吉市城市化建设，以维吾尔族风情、古丝绸之路、瓜果之乡经典旅游为特色的吐鲁番市城市化建设，以能源生产为重点的克拉玛依市、库尔勒市城市化建设，而且，把这些城市建设作为全区经济新跨越的城市中心辐射增长点，以点带面，以城带乡，使全区各行各业取得新成就，实现新辉煌。当前的“一带一路”倡议再次为新疆的城市化建设提供重大机遇。从 2015 年的数据看，新疆城市已经由 1978 年的 8 个增加到 2015 年的 19 个，城市建成区面积达到 1109 平方公里，比 1978 年扩大 5.6 倍。

① 三次产业投资比例根据 2016 年《新疆统计年鉴的数据计算》。

9.7 经济开放扩大,对外贸易发展迅速

对外贸易规模逐年扩大,私营企业成为对外贸易的新生力量。近 40 年来,新疆充分发挥地缘优势,加快向西开放,不断完善全方位、多层次、宽领域的开放格局,境外贸易长足发展。1978 年,出口总额、进口总额分别为 937 万美元和 1409 万美元,到 2015 年,分别达到 175.06 亿美元和 21.72 亿美元。其中私营企业成为外贸的新生力量。2016 年私营企业的外贸额为 154.44 亿美元,虽然略低于 2015 年,也比 1978 年增长 583.7 倍,年均增长 24.6%。随着对外经营权的逐步放开,私营外贸企业必将成为发展最快的外贸队伍,成为新疆对外贸易的新的增长点。

招商引资成效显著,外商投资来源多元化。从 1980 年国家批准成立新疆首家中外合资的新疆天山毛纺织有限公司,到 2016 年,新批准设立外商直接投资企业 74 个;外商直接投资合同金额 4.97 亿美元;实际利用外商直接投资 4.01 亿美元。新疆累计批准外商直接投资合同项目 1636 个,金额 28.5 亿美元,实际利用外商直接投资 8.1 亿美元,年均增长 14.2%。截至 2015 年底,新疆登记的外商投资企业 296 家,产业活动的单位数达 555 家,并与 148 个国家和地区建立了贸易关系,形成了以与中亚、美国、澳大利亚、俄罗斯等国家为主的多元化对外贸易格局。

9.8 基础设施建设大发展,推动新疆旅游业加快发展

党的十一届三中全会以来,在党中央和国务院的大力支持下,新疆始终把基础设施建设作为经济建设的重点,建成投产了一大批对新疆经济发展有重大影响的项目。1978 年,新疆疆内铁路铺设里程为 796 公里,公路仅为 23818 公里。“六五”期间,新疆建成了全长 475 公里的南疆铁路吐鲁番—库尔勒西段,结束了南疆没有铁路运输的历史。“七五”期间,兰新铁路向西延伸到阿拉山口,使东起连云港西至鹿特丹的第二座亚欧大陆桥贯通。“八五”期间,完成了兰新铁路复线建设。“九五”期间,完成了南疆铁路西延至喀什工程建设。“十五”期间,新疆第一条电气化铁路——精伊霍铁路开工建设。1996 年 9 月 6 日南疆铁路西延工程库尔勒至喀什段开工,1998 年 11 月 30 日开通至阿克苏,1999 年 5 月 6 日提前铺轨至南疆重镇喀什;南疆喀什—和田

铁路工程也已启动。到2015年,已经铺设铁路5868公里,公路178263公里。新疆基本上已经形成了以乌鲁木齐为中心,以国道干线为主骨架,环绕准噶尔盆地、塔里木盆地,穿越古尔班通古特沙漠、塔克拉玛干沙漠,横贯天山,连接南北疆,辐射地、州、市、县、乡镇和主要工矿区、经济开发区、农牧团场、开放口岸,东联甘肃、青海,南接西藏,西出中亚、西亚各国,四通八达的干支线公路运输网络。特别是2000年实施西部大开发战略后,建设速度加快,这样的建设规模和速度在中国铁路、公路建设的历史上是罕见的。随着北疆铁路和南疆铁路的相继建成,新疆铁路运输的格局发生重大改变,铁路营运能力得到空前提高,形成了横贯东西、连接南北疆、衔接内地、贯通亚欧的运输新格局。公路建设使新疆形成对外运输线路101条(客运51条、货运50条),连接17个国家一类口岸,11个国家二类口岸,成为全国开通直达国际道路客货运输线路最多、运输里程最长、运输班次最多、辐射国家最广的省区。

同时,新疆持续加大对农业基础设施的建设,如农业灌溉、水利枢纽等重点工程的实施,极大地改善了农业生产条件,有力地促进了农业资源开发和农村经济发展。大规模基础设施的建设,也使其交通运输和邮电通信业的规模、质量、技术装备水平发生了翻天覆地的变化。

在经济持续稳定增长、城市功能日趋完善、交通运输四通八达、邮电通信网络化的带动下,旅游产业也得到全面升级,旅游业发展实现新的突破,成为新疆经济新的增长点。1978年以来,随着经济发展和对外开放的扩大,以及交通通信等基础设施的改善,新疆以得天独厚的地理与人文旅游资源,全方位、多角度地向全国、全世界宣称推介新疆,同时各级部门积极采取措施,全面提升旅游综合服务水平,实现以游促生产、以游促销、以游促富的兴新大计,使“丝绸之路”为主导的旅游品牌日益显现,名牌精品逐渐形成。目前,全区共有景区(点)近500处,形成了以丝绸之路为主线、以“五区三线”为重点的旅游发展格局。接待境外游客由1978年的88人次增加到2015年的168.35万人次,境外旅游收入由1978年的4.6万美元,增加到2015年旅游消费的9.08亿美元;①国内旅游人数在2007年为2126

① 从2015年开始,旅游部门对旅游主要经济指标进行了调整,将“旅游收入”调整为“旅游消费”。

万人,2015 年是 5929 万人,目前,全区拥有国际旅行社 51 个,国内旅行社 375 个。

9.9 科教兴疆成为主导,科技事业成效显著

近 40 年来,新疆社会事业蓬勃发展,成就辉煌,支持经济建设取得重大成效。改革开放以来,新疆坚持以人为本,大力发展教育事业,进一步解放和发展科技生产力,为新疆加快发展和社会全面进步提供有力的支撑。

9.9.1 教育事业在改革中创新,在创新中发展

新疆立足全民素质的培养与提高,优化教育结构和合理配置教育资源,使各级各类教育取得了长足发展。1978 年新疆普通高校仅有 10 所,中等学校 2078 所,小学 9891 所,到 2016 年末,新疆共有普通高等学校 41 所,中等学校 1583 所,小学 3526 所。1978 年在校研究生、本科生只有 1.023 万人,中等学校在校学生 83 万人,小学生 202.88 万人,2016 年在校研究生、本科生达到 33.91 万人,是 1978 年的 33 倍;目前中等学校有在校学生 168 万人,是 1978 年的 2.02 倍;小学生 204.89 万人,是 1978 年的 1 倍多。2016 年小学学龄儿童净入学率 99.87%;小学毕业生升入初中升学率 99.60%;初中阶段适龄少年净入学率 98.84%;初中毕业升入高中阶段升学率 92.15%。

作为新疆教育的特色内容,"双语"教学体系也在改革中不断发展壮大,支持了新疆人力资源的社会化。从生源看,少数民族学生人数增长快。普通高校、中等学校、小学的少数民族在校生人数,1978 年分别为 0.789 万人、31.1 万人与 106.58 万人,到 2016 年分别为 13.944 万人、105.1 万人和 149.45 万人,是 1978 年的 133 倍、13.38 倍和 1.4 倍,增长速度远高于新疆平均水平。改革开放以来,新疆始终坚持把加强少数民族中小学"双语"教学作为提高民族教育质量的突破口,从小学起,就为少数民族学生开设汉语课,积极推广中小学"双语"授课实验班教学模式、民汉合校和混合编班制。积极鼓励少数民族学生进入汉语言学校就读,努力提高少数民族学生的汉语水平。目前,新疆"双语"教学体系基本形成,并由城市延伸到乡(镇),从数、理、化三科使用汉语教学发展到除母语课外,其他学科均使用汉语教学的新模式。

9.9.2 科技事业繁荣,科技成果丰硕

改革开放以来,新疆在"经济建设必须依靠科学技术,科学技术必须面向经济建设"的方针引领下,科技队伍不断壮大,科技投入稳步增长,科技人员结构不断优化,科技机构遍布各行各业,科技对经济增长的贡献率也不断提高。目前,新疆基本建立起了学科门类比较齐全、专业比较配套的科学技术体系,取得了一大批具有国内外先进水平的科技成果。新疆研究与发展经费支出由1997年的1.6亿元增加到2007年的10亿元,2015年达52亿元。1978年6月末,新疆各类科技人员为8.5万多人,到2015年达47.8万多人,是1978年的5.62倍。1978年新疆获准的专利只有139个,到2015年一年批准专利8761项,是1978年的63倍。例如,畜牧业的冻精配种、胚胎移植等先进技术的示范和推广,使牛的改良周期由15~20年缩短到5年左右。新疆生产的奶牛胚胎占全国的60%,为20多个省区提供技术服务。科技攻关解决了细羊毛品质及其商品价值等技术问题,使新疆细羊毛品质大大提升,技术辐射在项目区带来直接经济效益,拉动国内细羊毛价格上涨30%以上,使技术辐射地区近百万的养羊牧民增收数亿元。新疆制订的《新疆细羊毛标准体系》成为我国第一部羊毛标准。

从20世纪80年代初引进推广"地膜棉"到"宽膜棉"的创新,从优良品种的"矮、密、早"到膜下滴灌,一系列技术创新成果大大提高了新疆棉花生产的规模和效益,棉花的平均单产由1980年的不足30公斤,提高到目前的100公斤以上。优质棉产量、高产面积、病虫害防治水平一直在全国保持领先水平。科技创新与进步推动了天然彩色棉花产业发展,新品种选育及产业化,使新疆的彩棉产业走在全国前列,总产量约占世界的15%。在国际组织的支持下,自20世纪90年代开始,中澳绵羊育种中心、国际玉米小麦改良中心(CIMMYT)新疆小麦试验站、中国新疆—亚美尼亚生物工程研发中心等先后建立。

工业创新方面,新疆研制的"调径变矩节能抽油机"达到国内领先水平,被列为全国重点推广的首选机型,已占国内市场的40%。特变电工依靠科技进步与创新发展成为国内上市大企业集团,生产的220千伏变压器销往美国,生产的500千伏输变电成套技术出口塔吉克斯坦,并联合研制了具有世

界先进水平的超导变压器。金风科技从引进技术到自主创新,经过二十余年的发展,目前已成为国内风机制造的领军企业。从600千瓦的国产化开始,经过750千瓦,跨越1.2兆瓦、1.5兆瓦等大型机组的制造,金风企业已经掌握了风力发电机组的核心技术,其产品在全国风机市场占有40%左右的份额。众和股份经过技术创新,生产的高纯铝、电子铝箔和电极箔达到世界先进水平,产品出口到同类产品原来居世界垄断地位的日本。科技进步还促进了新疆医药产业的崛起,涌现出新疆制药、奇康哈博、华世丹药业、维吾尔药业、加斯特药业等医药骨干企业,形成了以雪莲注射液、结合雌激素、祖卡木颗粒、一枝蒿颗粒等现代维药,以及佳加钙、骨密钙、阿胶钙为代表的优势产品,在国内享有一定的知名度。

9.10 文化事业异彩纷呈,卫生资源和条件极大改善

1978年以来,新疆文化事业也进入新的繁荣阶段。经过40年的建设,2016年末新疆共有文化馆119个,公共图书馆107个,博物馆90个,艺术表演团体110个。国家综合档案馆111个,开放档案62.75万卷。全区拥有广播电台6座,电视台8座,广播电视台91座,中、短波广播发射台和转播台68座;广播综合人口覆盖率96.82%,电视综合人口覆盖率97.25%。有线电视用户198.39万户,其中,有线数字电视用户193.16万户;广播电视农村直播卫星用户340.67万户。

医疗卫生事业大发展,造福新疆各族群众。经过40年的努力奋斗,新疆形成了医疗、预防保健、卫生科研、民族医药、卫生行政执法等门类齐全、专业完善的医疗卫生队伍,建立了遍及城乡医疗卫生服务体系,卫生基础建设全面加强,规模不断壮大。2016年末全疆共有医疗卫生机构15721个,其中,医院、卫生院1637个,妇幼保健院(所、站)91个,专科疾病防治院(所、站)3个。医院、卫生院拥有床位13.64万张,增长11.0%。卫生技术人员14.44万人,其中,执业医师和执业助理医师5.09万人,注册护士5.63万人。疾病预防控制中心121个。卫生监督检验机构1个。乡镇卫生院929个,拥有床位2.68万张,乡镇卫生院卫生技术人员2.10万人。82个县(市)开展了新型农村合作医疗试点工作,覆盖农村人口1129.81万人。实际参加农村合作医疗的农民有1125.75万人,参合率为99.64%。

回顾改革开放 40 年的历程，新疆的建设成就是空前的。当前的“一带一路”倡议，使新疆再次获得重大机遇。随着国务院《关于进一步促进新疆经济社会发展的若干意见》的出台，正处在新型工业化发展的重要时期的新疆，完全能够依托得天独厚的石油、天然气和煤炭、有色金属、黑色金属、非金属等资源优势，再创辉煌。可以预见，不远的将来，新疆的产业结构、经济总量和社会事业将实现进一步现代化，人民的生活水平将再上新台阶。